上一节有价值的
德育课

河南省基础教育教学研究室 编

本册执行主编 杨伟东

中原出版传媒集团
中原传媒股份公司

大象出版社
·郑州·

图书在版编目(CIP)数据

上一节有价值的德育课／河南省基础教育教学研究室编.— 郑州：大象出版社，2022.12
ISBN 978-7-5711-1653-8

Ⅰ.①上… Ⅱ.①河… Ⅲ.①德育-教案（教育）-中学 Ⅳ.①G631

中国版本图书馆CIP数据核字(2022)第221978号

上一节有价值的德育课
SHANG YI JIE YOU JIAZHI DE DEYU KE

河南省基础教育教学研究室　编
本册执行主编　杨伟东

出 版 人	汪林中
责任编辑	刘丹博　赵晓静　陈　洁
责任校对	陶媛媛　倪玉秀　毛　路
装帧设计	付锬锬
封面设计	王莉娟
责任印制	郭　锋

出版发行　**大象出版社**(郑州市郑东新区祥盛街27号　邮政编码450016)
　　　　　发行科　0371-63863551　总编室　0371-65597936
网　　址　www.daxiang.cn
印　　刷　新乡市龙泉印务有限公司
经　　销　各地新华书店经销
开　　本　787 mm×1092 mm　1/16
印　　张　21.5
字　　数　395千字
版　　次　2022年12月第1版　2022年12月第1次印刷
定　　价　58.00元

若发现印、装质量问题，影响阅读，请与承印厂联系调换。
印厂地址　河南省新乡经济开发区中央大道中段
邮政编码　453731　　　　　电话　0373-5590988

前　言

为贯彻《中小学德育工作指南》《新时代爱国主义教育实施纲要》及《河南省教育厅关于进一步做好中小学德育工作落实立德树人根本任务的意见》（教基〔2020〕206号）等文件要求，增强中小学德育工作的针对性和实效性，进一步推进我省德育教学工作，挖掘一批新时代中小学德育教学实践中的优秀方法和经验，河南省基础教育教学研究室组织开展了2021年河南省中小学德育优秀教学案例评选暨观摩活动。我们从全省征集的近500篇案例中评选出一等奖100篇，将其中的中学德育优秀教学案例结集出版。全书分为三篇，包含初中道德与法治课优秀教学案例15篇，高中思想政治课优秀教学案例12篇，其他课程德育教学案例、心理健康教育教学案例、中小学德育（含共青团、少先队、学生会、主题班会、心理辅导等）活动教学案例共12篇，每篇末尾均附有专家点评。这样才有了我们手中这本《上一节有价值的德育课》。

《中共中央关于党的百年奋斗重大成就和历史经验的决议》指出："党的十八大以来，中国特色社会主义进入新时代。党面临的主要任务是，实现第一个百年奋斗目标，开启实现第二个百年奋斗目标新征程，朝着实现中华民族伟大复兴的宏伟目标继续前进。"人无德不立，国无德不兴。提高公民道德素养是促进社会全面进步、人的全面发展的必然要求。青少年正处在人生"拔节孕穗期"，要扣好人生第一粒扣子，尤其需要精心引导和培育。因此，进一步做好中学德育工作，落实立德树人根本任务，是新时代党和国家交给我们的光荣使命。充分发挥德育课程教学的主阵地和主渠道作用，将中学德育内容细化落实到道德与法治、思想政治以及各学科课程的教学目标之中，融入教育教学活动全过程，春风化雨，润泽心灵，能够提升学生思想政治素质，培养学生科学精神、责任担当精神、道德修养、法治素养、人格修养等，增强学生做中国人的志气、骨气、底气。总之，上一节有价值的德育课，应当成为全体德育工作者的价值追求。

古人说："合抱之木，生于毫末；九层之台，起于累土；千里之行，始于足下。"立德树人、铸魂育人，要靠全体德育工作者日复一日、年复一年辛勤耕耘，要靠上好每一节课、开展好每一个活动、教育好每一个学生。上出了一节有价值的德育课，就可能影响带动教师自己和同事们上出更多节有价值的德育课，共同为培养以实现中华民族伟大复兴为己任的有理想、有本领、有担当的时代新人作出更大的贡献。

如何上一节有价值的德育课？本书的39篇优秀案例为我们提供了看得见、摸得着、听得懂、学得会的示范展示，徐大柱、周忠振、魏俊起三位老师在不同的篇章为我们总结得失、廓清迷雾、指明方向，相信读者阅读本书会有较大的收获。另外，笔者提出两条建议：

一是上好德育课，关键在教师。德育课教师要发挥积极性、主动性、创造性，不断提高自己的理论水平和专业素养，按照习近平总书记提出的"六要"和"八个相统一"的要求，增强德育课的思想性、理论性和亲和力、针对性。要立足核心素养，制订彰显铸魂育人的教学目标；及时丰富和充实教学内容，反映党和国家重大实践和理论创新成果；把握思想教育基本特征，实现说理教育和启发引导有机结合；丰富学生实践体验，促进知行合一。

二是认真学习研究相关文件和新版课程标准，建立真正以人为本、以核心素养为导向的新型的育人方式和培养模式，从三维目标走向核心素养，实施新教学。新教学承上启下，是中学德育课落实立德树人根本任务的关键所在。教师应该积极探索方向正确、基于情境、任务驱动、高阶思维、积极参与、真实体验、深度学习、重视评价的核心素养培育路径，高度重视活动型学科课程的教学设计、辨析式学习过程的价值引领、综合性教学形式的有效倡导、系列化社会实践活动的广泛开展。

"历尽天华成此景，人间万事出艰辛。"本书在一年多的编写过程中，有河南省教育厅基础教育处、省基础教育教学研究室李海龙主任和李芳、赵阳、丁武营、陈保新等同志的正确领导，有中学教研部刘俊凯主任和崔秀玲、刘岩华、王永玉等同志的大力支持，有教育评价研究部董琦主任和韩京里、荣咏鑫等同志组织协调并承担很多具体、烦琐的工作，有大象出版社多位编辑老师克服重重困难的精心编校，成书可谓历经磨难、来之不易。在此，我们对各位领导、同事和朋友表示衷心的感谢！由于编者学术功底不深、理论水平有限，对基础教育课程改革的深化发展难以很好把握，加上本次案例评选收稿时间较早，书中许多案例创作成文于 2020 年前后，给本书的编校工作带来很多困难，虽然我们付出了很多心血、做出了很多努力，但书中错漏之处在所难免，敬请广大读者批评指正。

编者

2022 年 10 月

目 录

第一篇　初中道德与法治课优秀教学案例　　001

做负责任的人　　周艺超　002
依法履行义务　　靳珂珂　008
活出生命的精彩　　韩芬艳　017
家的意味　　张六梅　025
悄悄变化的我　　朱 静　032
在品味情感中成长　　杨 光　038
青春有格　　孙嘉俐　046
少年当自强　　姚 远　055
共圆中国梦　　刘珍珍　062
增强生命的韧性　　楚林林　070
共圆中国梦　　谢 齐　077
坚持国家利益至上　　张 瑜　084
延续文化血脉　　盛海燕　091
中国担当　　田 静　097
增强生命的韧性　　周晋阳　103
专家点评：耕耘书案上　收获在课堂　　徐大柱　111

第二篇　高中思想政治课优秀教学案例　　117

正确认识中华传统文化
　　——让中华优秀传统文化的芬芳沁入学生心田　　张同秀　118
弘扬中华民族精神
　　——抗疫精神　激励奋进的新动力　　娄鹏飞　125

抗疫践初心　聚力担使命		
——始终坚持以人民为中心	严　蕾	134
文化创新的途径	王红超	143
世界是普遍联系的	刘晓彤	152
坐着高铁看中国　开启复兴新征程		
——中国特色社会主义进入新时代	王培迪	159
小菜园　大市场		
——从农田经营看市场配置资源	刘　熙	167
价值的创造与实现	孙丽平	176
践行社会责任　促进社会进步	张凤帆	186
中国特色社会主义进入新时代	李娓燕	193
社会历史的本质及发展	马丹丹	201
"做新时代的劳动者"小初高一体化教学　杨伟东　郑素华　李倩倩	孙秋云	209
专家点评：立德树人显情怀　教学探索结硕果	周忠振	226

第三篇　其他德育活动优秀教学案例　　　　　　　　　　235

唱响自信之歌	赵金利	236
美好之旅		
——你眼中的"世界"和"世界"眼中的你	弋松伟	244
正确认识负面情绪	王富洋	250
我的"优势树"与"周哈里窗"		
——端正自我认知，学会自我欣赏	安芷萱	256
学习好榜样　传递正能量	吴凤娇	264
行星的运动	张献辉	272
生态系统的物质循环　　　　　　　　　　　　　　　赵庆锋	蔡丽丽	280
发现更好的自己	张艳华	287
以"卢氏好人"为线索，践行友善价值观	吕建国	292
青春心向党　建功新时代		
——18岁成人礼德育活动案例	程　霞	303
"美丽淮滨我可爱的家"主题实践活动	李　淼	310
诈骗花样多　防范有对策		
——防诈骗主题班会	郭晨光	321
专家点评：践行德育工作指南　培养全面发展的人	魏俊起	331

第一篇

初中道德与法治课优秀教学案例

做负责任的人

郑州市第七十一中学　周艺超

作者简介：

　　周艺超，女，1993年5月出生，2019年毕业于华中师范大学学科教学（思政）专业，中小学二级教师，现从事八年级道德与法治教学工作。

一、教学背景分析

1. 教学内容分析

本节课讲授的是人教版《道德与法治》八年级上册第六课第二框题，旨在引导学生结合生活事例，在体验和争论中感受负责任的意义，明白要对自己和他人负责的道理，并通过自省与反思，在讨论中形成构建和谐社会的责任意识。

2. 学情分析

通过对一直任教的八（1）、八（2）两个班级学生的观察，我发现升入八年级后，大部分学生的独立意识较七年级的时候更为强烈，他们独立完成事情的能力更强，但在负责任的时候容易停留在口头上。通过与八（2）班一部分同学的进一步交流，我发现班级整体班风良好，尤其班委同学认真负责、领导力比较突出，但有小部分学生在学习生活中责任意识和行动力不强。学习本节课可以逐步提高学生对负责任的认识，使学生懂得负责任不能停留在口头上，而应从小事做起。

3. 整体教学思路

本节课通过案例分析、视频播放，以及合作探究活动，设置问题，层层深入，引导学生分析问题、解决问题，突破重点和难点，完成教学目标。在授课过程中，采用个人自主探究和小组合作结合的方式，尊重个体差异，培养合作分享精神，充分发挥学生学习的主体性。

二、教学目标

（1）通过组织学生演绎《班委竞选》情景剧，使学生知道承担责任会得到回报，也要付出一定的代价，学会对自己的选择负责。

（2）通过观看视频《大连小伙儿的经历》，引导学生学会用积极的态度承担那些并非自愿选择的责任。

（3）通过观看视频《最美逆行者》以及制作"我的青春责任卡"，培养学生责任意识，鼓励他们从小事做起，用实际行动做一个负责任的公民。

三、教学重难点

1. 教学重点
使学生认识到履行责任的代价，能够正确评估承担责任的代价与回报。

2. 教学难点
使学生正确评估承担责任的代价与回报，有勇气承担责任的代价与回报，做一个负责任的公民。

四、教学方法

1. 情境体验法
基于学生真实的学习生活，在环节一设计情景剧《班委竞选》的演绎活动，让学生有话可说，切身体验承担责任的代价与回报。

2. 案例分析法
选取当下时政热点，在环节二让学生观看视频《大连小伙儿的经历》，目的是通过案例引导学生思考如何正确面对那些并非自愿选择的责任。

3. 合作探究法
在环节三让学生观看视频《最美逆行者》并进行活动探究引导学生思考，最终使其明白应把责任落实到自身并从身边小事去履行责任。

五、教学过程

环节一：责任及于身

探究一：组织学生演绎情景剧《班委竞选》

开学了，班上要进行班委改选，老师提倡大家自愿参加竞选，并说："担任班委，你会有更多的机会为同学服务、参与班级管理……"我也想试试，但是身边出现了几种不同的声音。

同学说：我们帮你拉票，选上之后，你要给我们打"掩护"！

妈妈表示反对：占用学习时间，何必凑热闹！

爸爸提醒他：和同学一起娱乐的时间也许会减少，可能有同学不理解，你能承受吗？

（学生演完后，教师提出问题）

师：剧中"我"选择的责任是什么？如果承担这个责任，"我"可能付出什么？如果承担这个责任，会对"我"有什么帮助？有没有哪种选择不需要付出代价？

师：（总结）参加班委竞选，对班集体负责，为同学服务，有付出也有回报。付出包括耗费时间和精力，而且还可能因做得不好而受到责备，甚至受到处罚。回报包括获得良好的自我感觉，他人的赞许或肯定，获得新的知识或能力，等等。

【设计意图】基于学生真实的学习生活经历，通过演绎情景剧，让学生懂得如何评估责任，并合理选择承担责任。

师：（过渡）通过上面的情景剧，同学们对责任的理解深刻了许多，知道任何责任都是有付出和回报的。但是生活中总会遇到那些并非我们自愿选择的事情，该怎么办呢？让我们共同了解一个大连小伙儿的经历。

环节二：责任行于世

探究二：观看视频《大连小伙儿的经历》

（播放视频，展示课件资料）

- ◆ 蒋文强曾想去长沙，却误入武汉被滞留。
- ◆ 蒋文强误打误撞当上志愿者。
- ◆ 当时的武汉，让蒋文强感受到它对他的需要，于是他挺身而出。
- ◆ 回到家乡大连，又遭遇突发情况。他主动请缨重新干起了"老本行"，做起了志愿者。他说，要为家乡做点事。

◆ 生活中涌现出很多像蒋文强这样的人，他只是一个缩影。

师：结合材料，请大家思考下面两个问题。

（1）这个大连小伙儿留在武汉做志愿者的初衷是什么？

（2）在大连遇到这种情况时，他是如何行动的？

由这个大连小伙儿的经历联系自己并思考下面三个问题。

（1）生活中你有没有这样的经历？如果有，请分享出来。

（2）当你选择承担责任时，你是什么样的态度？

（3）选择承担责任后你是如何应对的？

生1：我遇到过这样的情况，爸爸妈妈不在家，让我照顾弟弟，我感觉弟弟是个累赘，影响我出去玩，但是当我硬着头皮做完这件事的时候，发现还挺有成就感的。

生2：妈妈让我去买菜，我不想去，但买完菜之后发现能帮助父母，我感到很开心，感觉自己也能为家里作贡献了。

师：（总结）即便是并非自愿选择的责任也应改变态度，积极承担。

【设计意图】通过分析热门案例，让学生明白如何面对那些并非自愿选择的责任，再通过问题链的设计，引导学生学会改变自己的态度，勇于承担责任，一旦选择就应尽力承担好。

师：（过渡）生活中总会遇到那些并非我们自愿选择的事情，该怎么办呢？2020年，疫情来袭，让我们知道我们身边总是有那些不言代价与回报的人，让我们知道责任是如此厚重且有力量。接下来，让我们一起观看视频《最美逆行者》。

环节三：责任见于我

探究三：观看视频《最美逆行者》

师：看完视频，你有什么感悟？

下面四人一组，分工协作，进行小组合作探究，探究完毕选代表进行小组展示。要求：分享时观点明确、条理清晰、语言简洁。

（各小组代表发言）

师：（总结）我们的周围有许许多多承担社会责任却不计代价和回报的人；正因为他们敢于担当，我们的生活才能更加安全，更加温暖，更加充满阳光和希望。接下来，请同学们按要求制作"我的青春责任卡"。

```
            我的青春责任卡
我的青春责任：_____
我的责任路径：_____（例如，我打算……可以从学习、家庭、同
学关系、师生关系、社会实践等角度考虑，一定要切实可行）
我的责任寄语：_____
我的责任见证人：_____
                                责任人：
                                2020年12月9日
```

【设计意图】通过观看视频，以及合作探究，让学生明白我们身边不言代价与回报的人也能成为英雄。

师：同学们，我们正值青春年华，我们要勇于承担责任，不言代价与回报。我承担，我无悔。下面，让我们一起朗诵《青春宣言》。

（出示课件）

青春宣言

我是七十一中的一员，我以青春的名义宣誓：

责任将至，我从今天开始守望，奋斗不休。

自今日起：

不问归途，脚踏实地，坦然奔赴。

不畏险阻，寒来暑往，绝不辜负。

我将热血和荣耀献给青春年华，

今日如此，日夜皆然！

【作业设计】

师：同学们，经过今天的学习，我们对责任又有了更深刻的认识。课下，请你以"做负责任的人"为主题写一份倡议书。要求：内容具体，可落实。不少于300字。

【板书设计】

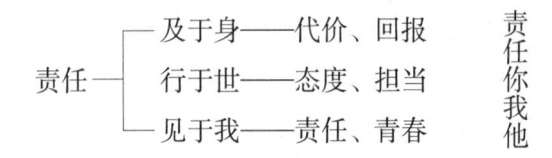

```
         ┌── 及于身──代价、回报      责
   责任 ─┼── 行于世──态度、担当      任
         └── 见于我──责任、青春      你
                                    我
                                    他
```

六、教学反思

本节课内容有些抽象，所以我采用创设情境的方式引导学生从身边的事思考探讨如何对待责任。同时，我在教学过程中拓展了一些有关社会现象的材料，帮助学生理解正是因为许许多多的人不言代价与回报地奉献社会，才使我们的生活如此美好。这些正面教育有利于达成本课的情感、态度、价值观目标，突破重难点。但是在实际教学过程中，我还需要在教学语言的精准运用上下功夫，也要深入思考如何使学生把价值引领更好地融入实际行动层面。

专家点评

本节课内容比较贴近学生的生活。这个年龄阶段的学生面对社会事件中所体现出的责任会有很多不理解，如果单纯讲解责任的内涵和要求，学生会感到无趣，很难融入课堂，甚至会因为老生常谈而产生抵触情绪。因此在教学过程中，不仅要使学生在思想上感悟知识，更要促使他们明白人与人之间必须相互承担责任的原因，从而在行动上落实所学知识。

教师通过"责任及于身""责任行于世""责任见于我"三个课堂环节，理清了对自己、他人负责的要求，以及人与人之间必须相互承担责任的原因。本节课真正从学生实际出发，从学生所关心的问题出发，把学生生活作为教学原点与意义归宿，真正体现了道德与法治课的功能与价值。

全课较好地呈现了素养培育的要求和方向，理例结合比较充分，教学环节紧凑，值得肯定。不过教师在引导学生思维过程的展开方面，还需要再做优化，细节处的语言也需要再仔细打磨。

（李晓东，北京师范大学，副教授）

依法履行义务

洛阳市第二十三中学　靳珂珂

作者简介：

　　靳珂珂，女，1987年3月出生。2009年毕业于天津师范大学法学院法学专业，现任教于洛阳市第二十三中学，中小学一级教师。从教13年来，教育教学效果显著。2011年获洛阳市中小学优质课比赛一等奖，2014年撰写的论文《弘扬社会主义核心价值观　弹奏新时代正能量最强音》获省级二等奖，2015年作为第一完成人参与的市级课题"社会主义核心价值体系教育实践研究"顺利结题，2016年执教的示范课"中国的声音很响亮"受到领导和同事的一致好评，2020年获河南省中小学优质课评选一等奖、河南省"一师一优课"一等奖。

一、教学背景分析

1. 教学内容分析

　　本节课讲授的是人教版《道德与法治》八年级下册第二单元第四课第二框题的内容，旨在引导学生探究权利与义务的对立统一关系，不同义务的不同要求，以及违反义务须承担的责任，自觉增强责任意识。本框题共三目：第一目"权利义务相统一"，全面阐释公民的权利与义务的关系，旨在帮助学生澄清认识误区，引导学生正确把握和处理权利与义务的关系，增强权利意识和义务观念；第二目"法定义务须履行"，具体阐释"为什么必须履行法定义务"和"如何履行法定义务"两个问题，旨在帮助学生理解履行法定义务的必要性，引导学生依法履行公民义务，自觉承担社会责任；第三目"违反义务须担责"，主要介绍公民违反法定义务的法律责任，旨在帮助学生理解违反法定义务的不同行为，依据其性质和违反的法律，应承担相应的法律责任，引导学生增加义务观念。

2. 学情分析

初中是学生成长的一个重要阶段，是学生树立义务观念和形成责任感的重要时期。然而，个别初中生义务观念淡薄、责任感缺乏已成为不容忽视的教育问题。有的学生只懂得强调自身的权利，不愿尽义务或在尽义务时提出诸多要求。他们没有认识到权利与义务相互依存、相互促进，只有履行义务才能实现自己的权利。因此本课将帮助学生进一步理解权利与义务的关系，以及违反义务应当承担相应的法律责任，引导学生增强权利意识、义务观念，懂得正确对待公民义务，依法履行义务。

3. 整体教学思路

本课内容抽象，法理性强，需要联系学生实际，引发学生共鸣。因此，在设计本框题时，将贴近学生生活的案例"共享单车的使用"融入课堂教学，在引导学生思考社会现象的同时，采用情境讨论、案例教学、漫画赏析以及法条解读等方法，找准教学内容与学生情感和认知水平的契合点，有针对性地开展教学，帮助学生正确认识权利与义务的关系，增强义务意识、责任意识和公民意识。最后设计"拓展空间，提升自我"活动，为学生依法履行义务指明方向，升华主题，全面达成育人目标。

二、教学目标

1. 情感、态度与价值观目标

（1）增强社会责任感、义务意识，自觉履行自己的义务。

（2）坚持权利与义务相统一，勇于承担自己的责任。

2. 能力目标

（1）理解权利与义务的关系，提高辩证思维能力。

（2）正确对待公民义务，增强履行义务的能力。

（3）提升公民素养，自觉承担对他人、社会和国家的责任。

3. 知识目标

（1）懂得权利与义务的关系，理解权利与义务相统一。

（2）知道违反义务应承担的责任。

三、教学重难点

1. 教学重点

权利与义务的关系。

2. 教学难点

法定义务须履行。

四、教学过程

导入新课

师：春暖花开，随着气温逐渐升高，使用共享单车出行的人越来越多。老师今天早晨没赶上公交，也是骑共享单车来学校的。我骑共享单车走到学校门口时，想到放学后这辆车可能会被别人骑走，于是我准备给它加把锁，大家觉得这样做合适吗？

生：不合适。

师：（总结）不合适。共享的意义就在于每个人都享有使用的权利，同时每个人都有不私占的义务。如果大家都加把锁，最终我们自己也骑不成了。当我们在享受美好生活、享受权利的同时，如果忽视权利背后的义务，不履行义务，就会发现我们的权利也很难实现。马克思说"没有无义务的权利，也没有无权利的义务"，那么我们应该如何正确认识权利与义务的关系，怎样自觉履行义务呢？下面，我们一起走进今天的课堂"依法履行义务"。

【设计意图】通过生活情境导入，使学生在情境体验中初步感知权利与义务的关系，激发学习兴趣，引发学生思考。

环节一：畅聊单车　理关系

1. 探究活动一：权利义务相统一

师：我们来探讨权利与义务二者的关系。我们以共享单车为例，分析单车使用者和单车公司分别享有哪些权利，需要履行哪些义务。我们全班同学分为权利组和义务组两组，请权利组列举使用者和公司分别享有哪些权利，请义务组列举使用者和公司分别履行哪些义务。

（学生分组讨论，做好记录，选定小组发言人。讨论结束后，小组代表发言，其他小组成员补充）

师生共同小结：（1）使用者的权利有使用权、安全权、自主选择权、公平交易权等；公司的权利有投放单车权、合法营利权、设计单车权、定位监督权等。（2）使用者的义务有扫码付费、合理停放、遵守交通规则、确保车辆完好无损等；公司的义务有确保用户安全、管理和维护单车、按需退还押金等。

师：从权利与义务的关系角度来看，你发现了什么？

（学生回答略）

师：（1）使用者和公司既有权利也有义务。（2）使用者权利的实现和公司权利的实现都需要履行相应的义务；同时，使用者和公司履行各自的义务既保障了对方权利的实现，也为自身权利的实现提供了条件。

师：如果我们在使用共享单车的过程中没有履行相应的义务，会产生什么影响？从上述讨论中，我们可以得出什么结论？

（学生回答略）

师：如果部分公民在使用单车的过程中没有责任心、法治观念不强，随意停车、故意损坏单车、私自占有单车，会破坏市容市貌，损害公司财产权益，影响他人使用，自己也会受到法律的制裁。因此，履行义务不仅仅是个人的私事，也是我们在承担对他人、对社会和对国家的责任。结论：公民的权利与义务是相统一的。公民的权利与义务相互依存、相互促进。权利的实现需要义务的履行，义务的履行促进权利的实现；公民既是合法权利的享有者，又是法定义务的承担者。公民的某些权利同时也是义务，如劳动和受教育。

【设计意图】通过对社会生活中的具体事例进行剖析，聚焦权利与义务的关系，引导学生理解权利与义务的统一，体会权利与义务相互依存、相互促进的关系，引领学生对自己所享有的权利和所承担的义务进行思考，从而突破教学重难点。

2. 探究活动二：如何挑"担子"

结合以上两幅漫画，联系生活实际，与同学交流应如何正确对待权利与义务。

师：（1）漫画表明，如果找准了自身权利与义务的平衡点，正确处理好二者的关系，就能在人生之路上大踏步前进。否则，只重视权利而轻视义务，人生之路就会磕磕绊绊。（2）坚持权利和义务相统一，任何公民既不能只享受权利而不承担义务，也不应只承担义务而不享受权利。我们不仅要增强权利意识，依法行使权利，而且要增强义务观念，自觉履行法定的义务。

【设计意图】通过形象的漫画呈现日常生活中人们对待权利与义务的不同态度。将两种情形加以对比，引发学生对于生活中如何正确对待权利与义务的思考，引导学生正确处理二者的关系。

3. 归纳总结

在课件上呈现权利与义务相统一的关系（表1）。

表1　权利与义务相统一

相互关系	公民的权利与义务相互依存、相互促进
	公民既是合法权利的享有者，又是法定义务的承担者
	公民的某些权利同时也是义务
要求	公民既不能只享受权利不承担义务，也不应只承担义务不享受权利
	我们不仅要增强权利意识，依法行使权利，而且要增强义务观念，自觉履行法定的义务

环节二：以案说法　知须行

1. 探究活动三：如此"报酬"

小明骑共享单车回家时将手包放在车篮内，锁车后忘记取走，再返回寻找时发现车和手包都已不见，手包内有手机、现金和身份证等物品。小明急忙借一部手机给自己的手机打电话，电话很快接通了，原来手包被下一位共享单车使用者小亮捡到。两人约好地方，小亮将手包还给小明，但他向小明索要200元作为报酬。本来心存感激的小明顿时觉得心情不悦，但还是照办了。

思考：归还遗失物该不该索要报酬？请谈谈你的看法。

（学生回答略）

师：拾金不昧是中华民族的传统美德，是一个人道德品质高尚的体现。《中华人民共和国民法典》第三百一十四条规定："拾得遗失物，应当返还权利人。拾得人应当及时通知权利人领取，或者送交公安等有关部门。"所以，捡到遗失物主动归还失主是法律要求公民必须作出的行为，是公民的一种法定义务，如果拒不归还可能构成违法甚至犯罪。

法律链接：我国法律要求公民必须作出的行为还有爱护公共财产；被确诊患有

恶性传染病的，应接受隔离、及时就医；遵守宪法和法律；依法纳税；保守国家秘密……

【设计意图】设置情境，围绕"归还遗失物该不该索要报酬"的认知冲突，引发思想碰撞，培养学生的辩证思维和批判思维，引导学生形成正确认识，明确法律要求做的必须去做。如果没有实施法律要求做的行为，必须依法承担相应的法律责任。

2. 探究活动四：以案说法

韩某在其租住楼门口发现一辆共享单车好几天无人骑用，遂在一天深夜将共享单车直接搬入家中。后通过多种方式均无法开锁，也无撬锁工具，便将该共享单车闲置家中。几日后，警察找上门。2016年11月，上海市闵行区人民法院以盗窃罪判处被告人韩某拘役三个月，缓刑三个月，并处罚金人民币1000元。

思考：韩某为什么会受到刑事处罚？这对我们履行义务有什么启示？

（学生回答略）

师：韩某实施了法律所禁止的行为，没有依法履行法定义务，违反刑法，构成犯罪，应当受到刑事处罚。启示：法定义务具有强制性，必须履行；自觉履行法定义务，是公民不可推卸的责任；法定义务须履行，违反义务须担责；我们要依法履行义务，法律要求做的必须去做，法律禁止做的坚决不做；同时提高自身道德修养也有利于我们自觉自律、履行义务。

法律链接：我国法律禁止公民实施的行为还有禁止对公民侮辱、诽谤和诬告陷害；禁止虐待老人、妇女和儿童；不得传播谣言，扰乱社会公共秩序；不得携带易燃、易爆物品乘坐飞机、火车……

【设计意图】通过具体案例，以案说法，引导学生了解法律的相关规定，自觉做到依法履行公民义务，法律禁止做的坚决不做。如果实施了法律所禁止的行为，必须依法承担相应的法律责任。

3. 归纳总结

在课件上呈现法定义务须履行的原因及要求（表2）。

表2 法定义务须履行

原因	法定义务是由我国宪法和法律规定的，具有强制性。自觉履行法定义务，是公民不可推卸的责任
要求	法律要求做的必须去做，法律禁止做的坚决不做

4. 探究活动五：违反义务须担责 法律责任如何定

《中华人民共和国民法典》第二百六十七条 私人的合法财产受法律保护，

禁止任何组织或者个人侵占、哄抢、破坏。

《中华人民共和国民法典》第一千一百六十五条　行为人因过错侵害他人民事权益造成损害的，应当承担侵权责任。

《中华人民共和国治安管理处罚法》第二十六条　有下列行为之一的，处五日以上十日以下拘留，可以并处五百元以下罚款；情节较重的，处十日以上十五日以下拘留，可以并处一千元以下罚款：……（三）强拿硬要或者任意损毁、占用公私财物的。

《中华人民共和国刑法》第二百六十四条　盗窃公私财物，数额较大的，或者多次盗窃、入户盗窃、携带凶器盗窃、扒窃的，处三年以下有期徒刑、拘役或者管制，并处或者单处罚金；数额巨大或者有其他严重情节的，处三年以上十年以下有期徒刑，并处罚金；数额特别巨大或者有其他特别严重情节的，处十年以上有期徒刑或者无期徒刑，并处罚金或者没收财产。

结合法律条文思考：侵占他人财物可能会触犯哪些法律？应分别承担什么责任？

师：侵占他人财物触犯民法典，应依法承担民事责任；触犯治安管理处罚法，应依法承担行政责任；触犯刑法，构成犯罪的，应依法承担刑事责任。

小试牛刀：完成课本第56页"探究与分享"，小组交流分享。

【设计意图】结合八年级下册所学的相关内容以及法律条文，引导学生对法律责任的性质进行准确定位，指出不同性质法律责任的具体承担方式，让学生感知行为的危害程度与法律责任之间的关系。

5. 归纳总结

在课件上呈现法律责任的分类（表3）。

表3　法律责任

分类	
	公民违反民事法律，应当依法承担民事责任
	公民违反行政法律，应当依法承担行政责任
	公民违反刑事法律，构成犯罪的，应当依法承担刑事责任

环节三：责任担当　我践行

拓展空间，提升自我

师：当然，不违法只是我们行为的底线。国家的发展、社会的进步，离不开每一位公民的依法自律和踏实付出。我们能为美好的社会做些什么呢？请同学们从家庭、学校、社会、国家等任一领域，撰写履行义务承诺书。

写完之后请几位同学郑重地说出你们的承诺。

（学生回答略）

师：每一份承诺书背后都折射出我们依法履行义务的决心，每一个承诺都需要我们从此刻开始忠实履行。每个人依法履行义务的一小步，就会成就社会文明发展的一大步。让我们从这个承诺开始，将义务化为使命，忠实践行！

【设计意图】通过活动，将学生生活和教材知识紧密相连，由感性上升到理性，点明主旨，升华主题，使学生真正得到思想教育，达成育人目标。

【板书设计】

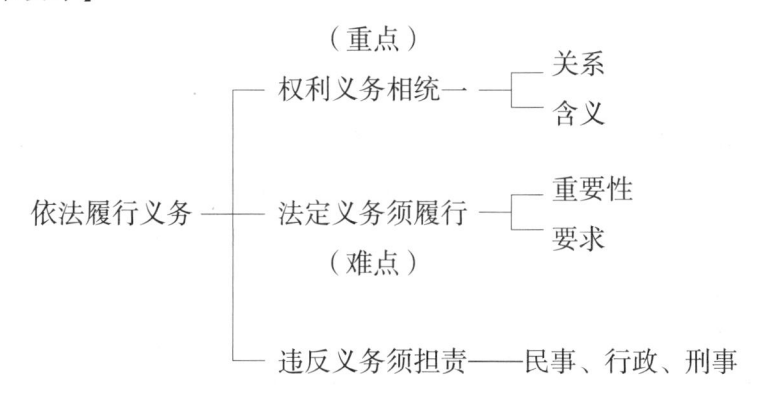

```
                        （重点）
                   ┌── 权利义务相统一 ──┬── 关系
                   │                    └── 含义
                   │
   依法履行义务 ───┼── 法定义务须履行 ──┬── 重要性
                   │    （难点）         └── 要求
                   │
                   └── 违反义务须担责 ── 民事、行政、刑事
```

【设计意图】帮助学生构建知识体系，突出重难点。

五、教学反思

本课内容抽象，法理性强，与学生在认知上、情感上有距离。因此，教学中采用案例教学、情境讨论、漫画赏析以及法条解读等多种方法，找准教学内容与学生情感和认知水平的契合点，开展有针对性的教学。

本节课充分发挥了学生的主体作用，将活动、讨论贯串教学始终，引导学生积极主动地参与到教学过程中。

当然，教学过程中仍存在一些不足。对于一些较为抽象的内容，如不同性质的法律责任，如果能够从学生身边精选案例，并在此基础上剖析案例，阐释法律知识，效果会更好。

专家点评

本节课基于真实情境，采用问题导向、深度思维、高度参与的教育教学模式，引导学生自主、合作、探究学习，落实立德树人的根本任务，堪称一节精品课。主要有以下几个亮点：

1. 立意高远

从核心素养出发，在整体把握教材的基础上，培养学生的法治意识。引导学生正确理解权利与义务的关系，明白没有无义务的权利，也没有无权利的义务，从而增强学生的义务观念和责任意识，提高学生的社会责任感和崇高使命感。

2. 思路清晰

教学目标明确、具体，符合课程标准和学生实际，以贴近学生生活的案例"共享单车的使用"作为主线贯串教学始终，把鲜活的事例引入课堂，在突破教学重难点的同时，引导学生由知到行，教学层次清晰，逻辑严谨。

3. 以生为本

授课教师尊重学生的主体地位，以学生已有的生活经验为依托，巧设环节，不断追问，科学评价，培养学生思辨能力，充分发挥学生在学习中的主动性、积极性和创造性。学生的积极性和参与度很高，其分析问题和解决问题的能力也得以提升。

4. 深挖教材

授课教师在深入研究课标和教材文本的基础上，灵活使用教材栏目，如材料取舍、活动转化，并加以创造性改编，把抽象的理论知识变得通俗易懂，符合学生情感和认知水平，使学生更容易理解重难点。

（刘军芳，洛阳市教育局中小学教研室，中小学高级教师）

活出生命的精彩

洛阳市实验中学　韩芬艳

作者简介：

　　韩芬艳，女，1981年11月出生，2005年毕业于郑州大学思想政治教育专业，中共党员，中小学一级教师，从教17年，现承担七年级道德与法治学科的教学工作。教学中乐学善思，敢于创新，勤于总结，多次参加洛阳市优质课大赛，均获一等奖；2017年在洛阳市中招备考会上做示范课，受到与会老师的一致好评；所撰写的论文获省、市一等奖；参与市级课题两次，已顺利结题。

一、教学背景分析

1. 教学内容分析

本节课讲授的是人教版《道德与法治》七年级上册第十课"绽放生命之花"的第二框题内容，是在第一框题"感受生命的意义"的基础上对生命意义和价值的进一步探讨。本框题安排三个重要议题："贫乏与充盈""冷漠与关切""平凡与伟大"。

"贫乏与充盈"从16岁中学生的生活切入，让学生认识到"对待生活的不同态度，会影响生命的质量"的道理，进而激发学生思考让自己的生命充盈起来的具体方法。"冷漠与关切"从三个角度论述了拒绝冷漠、关切他人的原因，通过"传递生命的温暖"的"探究与分享"活动，引导学生将传递温暖、关切他人落实到具体的行动上。"平凡与伟大"通过几位名人及其成就的展示和普通人忠于职守的场景，让学生懂得"伟大在于创造和贡献""平凡的生命也有自己的价值"等道理，最后明确生命如何从平凡中闪耀出伟大，这是对本议题的总结，也是对生命教育的升华。

总之，本框题分别从对自己、对他人和社会、对国家和人类三个层次探讨如何活出生命的精彩，鼓励学生丰富自己的生命、关心他人、亲近社会、关注国家，让生命从平凡中闪耀出伟大。三个议题由小到大，既紧密联系又螺旋递进，既引导学生关注自身精神生命需求、丰富充盈自己生命，又鼓励学生关切他人，关注国家和社会，在自己的生活经历中构建有意义、有价值的人生。

2. 学情分析

初中阶段是一个人人生观、价值观初步形成的时期，初中生比小学生有更丰富的知识、更开阔的眼界，但他们的分辨能力、理解能力以及自控能力还有待提高，因而对于发生在自己身上的事情以及所见到的社会现象不能全面分析，容易陷入迷茫和彷徨。

初中生由于知识、阅历的限制，对于生命的意义缺乏全面的认知，可能产生一些认知上的偏差，如对生存的意义和生命的价值产生怀疑，或者认为只有英雄人物的生命才有价值，平凡人的生命没有价值。本课试图通过对生命意义的思考和探寻，唤醒学生珍惜生命的意识，引导学生从点滴做起，实现生命的价值。

3. 整体教学思路

本课教学思路的设计以榜样人物的事例为线索，将"贫乏与充盈""冷漠与关切""平凡与伟大"三个议题有机串联起来，同时立足学生的生活经验设置了贴近学生生活的活动，帮助学生从意识层面到行为层面升华其对生命价值的认识，主要通过以下五个教学环节来呈现。

环节一：呈现典型案例——张桂梅的感人故事，点明本课将借助榜样的事例来探寻"生命的价值"这个话题。

环节二：通过对比张桂梅老师和小李的日程安排，让学生理解对待生活的不同态度会影响生命的质量，借助学生活动"规划寒假生活"，促使学生明晰"充盈生命"的具体做法。

环节三：结合视频呈现张桂梅老师和她的学生互相关切、成就彼此的故事，引出拒绝冷漠、关切他人的原因，并引导学生通过活动"畅所欲言谈做法"重温自己关切他人的做法，强化学生的正面行为，丰富学生的道德体验。

环节四：呈现钟南山、袁隆平等英雄人物和平凡人的照片，借助"猜猜他是谁"这个活动，通过小组讨论，引导学生理解"伟大在于创造和贡献""平凡的生命也有价值"的道理，在此基础上，借助视频《再见2020，感谢有你》、国家主席习近平2021年新年贺词突破"生命从平凡中闪耀出伟大"这个知识点，启发学生立足当下，从生活点滴做起，活出生命的精彩，创造生命的意义。

环节五：课堂小结，梳理升华。老师带领学生对本课内容进行总结，并启发学生思考如何以实际行动活出生命的精彩。

二、教学目标

（1）通过案例分析，引导学生将个体生命和社会进步、国家发展紧密相连，厚植爱国情感，培育政治认同的核心素养。

（2）通过学习促使学生理解生命意义和人生价值，培养积极向上的人生观、价值观，落实学生发展核心素养、健全人格的基本点。

（3）引导学生关切他人，拒绝冷漠，培养学生的责任意识和道德修养。

三、教学重难点

1. 教学重点

（1）伟大在于创造和贡献。

（2）平凡的生命有自己的价值，生命从平凡中闪耀出伟大。

2. 教学难点

（1）人们对待生活的不同态度，会影响生命的质量。

（2）平凡的生命也有价值，也能创造伟大。

四、教学过程

导入新课

启发学生用一个词回顾不平凡的2020年，引出"生命"这个话题，继而导入新课。

【设计意图】通过回顾不平凡的2020年，一方面，凸显生命的珍贵，连接前面所学内容；另一方面，由生命的珍贵自然引出生命价值，顺利导入新课，自然、流畅、简明。

环节一：呈现典型案例

案例呈现：通过视频播放时代楷模张桂梅的感人故事。

【设计意图】"生命的价值"这个话题，对中学生而言稍显抽象，所以呈现张桂梅的感人事例，依托榜样的事例来探寻生命的价值，可以化抽象为具体，激发学生的情感共鸣。

环节二：贫乏与充盈

分别呈现张桂梅老师和小李的日程安排，引导学生进行对比、分析，感受贫乏与充盈的生命状态。

张桂梅老师的日程安排

清晨，华坪女子高中的学生5点半起床，张桂梅起得更早，手持喇叭，唤醒学生开始新的一天。课间操时间，张桂梅守着做操的学生们。晚自习，她又雷打不动地巡查课堂。深夜，她便等在宿舍楼，催促学生入睡。每到寒暑假，张桂梅挨家挨户做家访，足迹遍布高山峡谷。高考时，张桂梅坚持12年送考、陪考，从不缺席。"我们要把女高的学生培养成国家的人才！"张桂梅说。

——《二十大代表张桂梅：点亮山里女孩的梦想》，《人民日报》2022年10月9日

小李的日程安排

10：00—10：50　起床吃饭

10：50—14：00　追剧

14：00—18：00　打游戏

18：00—21：00　迪厅蹦迪

21：00—0：00　酒吧喝酒

0：00—10：00　睡觉

组织学生从三方面开展活动：①分析张桂梅老师的日程安排，总结生命充盈的表现；②从小李的日程安排中总结生命贫乏的表现；③小组活动"集思广益做规划"——如何安排自己的寒假生活使自己的生命充盈。

师：同学们，有人说，你如何对待自己的每一天就是如何对待自己的生命。对比张桂梅老师和小李的日程安排，可以清晰地看到，我们对待生活的不同态度会影响生命的质量。生命是一个逐渐丰富的过程，我们要积极对待生活，热爱学习，乐于实践，敢于探索；敞开胸怀，与他人、与社会、与自然建立联系；丰富道德体验，增强对生命的感受力、理解力。我们要热爱生活，认真过好每一天，让我们的生命充盈而有意义。

【设计意图】"贫乏与充盈"这个知识点有些抽象，这里借助张桂梅老师和小李的日程安排，让学生直观感受到贫乏与充盈；学生活动"集思广益做规划"的设置旨在引导学生将"充盈生命"的认知落实到行为层面，也是对教材第116页"探究与分享"的运用。总之，"分析日程安排"和"寒假规划"的设置目的都是将"贫乏

与充盈"这个比较抽象的、"高大上"的知识点具体化、"接地气化",便于学生理解和践行。

环节三:冷漠与关切

讲述张桂梅老师对孤儿、对学生及家长、对教育事业的关切和奉献;观看短视频《张老师,谢谢您!》。

面对失学女孩求知的渴望,她毅然决定创办一所免费女子高中,用知识改变命运;面对孤儿爱的渴求,她说:136个孤儿,背后是136个不幸的故事,我要用爱去融化孩子们心中的寒冰,让他们找到光明、温暖和希望;面对家长的不支持,身患20种疾病的她行走11万公里路,走访1300多名家长,还将自己的新棉袄送给家长;穿着破洞牛仔裤的她将各类捐款和大部分工资捐给教育事业,成立丽江华坪桂梅助学会。她关切他人的生命,传递温暖……

老师老了,我们长大了。我们要继续她未竟的事业。

——周云丽

是张老师,让我懂得了奉献和感恩,我要将她的精神传递下去。

——吕朝丽

何先慧,华坪县中学的初中数学教师。每到周末,她就会去华坪县儿童福利院帮忙。

邓婕,南方医科大学学生,是学校公益爱心社团的负责人之一。课余时间,她总会带领社团的同学一起前往敬老院看望、慰问老人,并为老人义诊。

组织学生从两个方面开展活动:①从张老师关切他人、照亮自己的故事中,从学生成人成才后帮助他人、传递温暖的故事中,思考我们为什么要拒绝冷漠,关切他人。②"畅所欲言谈做法"——传递生命的温暖,你愿意为此做些什么?

师生共同小结:①失学女孩面临辍学危机,渴求帮助和关切,张老师遭遇家庭变故,身患重病,也渴求爱和关切。是的,每个人都渴求温暖和关切。②张老师伸出援助之手,用心关切学生和福利院的孤儿,在关切他人的同时张老师也从失去亲人的痛苦中慢慢走出来,感受到自身存在的价值和意义,活得越来越有劲头,关切他人,照亮自己。③张老师关切学生,学生成才后感恩张老师,将爱传递下去去帮助更多的人,我们感受到了一个温暖、友善、和谐的社会。

同学们,我们从这三个层面明白了我们为什么要拒绝冷漠,关切他人。

生活中,我们在公交车上给老人让座,主动做家务,给贫困山区的孩子捐款捐物,参加志愿服务活动……我们都是在以实际行动传递生命的温暖，关切他人。

【设计意图】借助张桂梅关切他人、奉献教育的事例和张桂梅的学生传递温暖的故事，引导学生从三个层面思考"拒绝冷漠、关切他人"的原因；通过学生分享关切他人的例子并给予肯定，将友善的价值理念深植于学生心中，也是对培养学生责任意识和道德修养核心素养的落实。

环节四：平凡与伟大

教师通过组织"猜猜他是谁"这个活动，引导学生思考"为什么他们被称为伟大的人"和"平凡的生命是否有价值"；然后播放视频《再见2020，感谢有你》，呈现国家主席习近平2021年新年贺词，并提出问题：生命如何从平凡中闪耀出伟大？

学生在教师的组织下，积极参与活动，各抒己见，热烈回答教师提出的问题。

师生共同小结：每个人的生命都有独特的使命。

伟大在于创造和贡献，他们运用自身的品德、才智和劳动，创造出不平凡的社会价值，创造出宝贵的物质财富和精神财富。他们是熠熠闪光的明星，是我们的人生偶像。

平凡的生命也有自己的价值，千千万万各行各业的劳动者都在用勇敢、勤劳、坚持、责任书写自己的生命价值。

生命虽然平凡，但也能时时创造伟大。当我们将个体生命和他人的、集体的、民族的、国家的，甚至人类的命运联系在一起时，生命便会从平凡中闪耀出伟大。

【设计意图】首先，设置"猜猜他是谁"抢答活动既是为了活跃课堂氛围，也是为了对比伟大的人和普通的人，为后面的分析做铺垫；其次，开展小组合作讨论，引发学生深度思考，得出结论；再次，在此基础上，播放视频，激发学生的情感共鸣，并进一步论证"平凡的生命也有价值"，也是对本课导入——"回顾2020年"的呼应；最后，呈现习近平主席2021年新年贺词，结合前面的视频，引发学生思考，突破"生命如何从平凡中闪耀出伟大"这个难点。习近平主席2021年新年贺词的选取，一方面因为它与这个知识点高度契合，另一方面也彰显了思政学科时政性的特点。

环节五：课堂小结，梳理升华

通过课件呈现这节课的核心内容，引导学生通过学习和体味张老师的感人事迹，结合自身的实际，谈谈作为十二三岁的初中生如何活出生命的精彩。

活出生命的精彩

03　关心社会，心系祖国

02　关切他人，照亮自己

01　学习实践，充盈生命

学生与老师一起梳理本节课的内容，并结合自身实际，谈谈如何活出生命的精彩。

师生共同小结：同学们，活出生命的精彩并不遥远，它就蕴含在我们日常学习生活的点滴之中。认真参加升国旗仪式，表达对祖国的尊敬和祝福；上课认真听讲，热爱学习；物理课上，专注做实验，乐于探究；积极参加学校组织的各项活动，激发潜能；乐于助人，帮同学解答难题，给老师送杯热水；爱护学校的环境，用心呵护一草一木；参加志愿服务，去城市书屋当志愿者，去清洁家园。总之，我们要从学习生活的点滴做起，努力活出生命的精彩，成为了不起的自己！（展示图片）

【设计意图】本节课的结尾部分首先是知识小结，引导学生梳理这节课的核心内容；升华部分是用学生当志愿者、参加集体活动等图片呈现初中生如何活出生命的精彩。此环节的设置将"活出生命的精彩"这个看似"高大上"的内容与学生学习生活紧密联系，旨在引导学生将本课时所学的理论知识落实到行为层面，做到知行合一。

五、教学反思

本节课以时代楷模张桂梅的动人事迹为线索，将三个议题"贫乏与充盈""冷漠与关切""平凡与伟大"有机串联，整节课线索清晰，节奏紧凑，主题鲜明，浑然一体。

本节课以"回顾2020年"为"首"，以视频《再见2020，感谢有你》和习近平主席2021年新年贺词为"尾"，首尾呼应，文脉相通，强调主题。结尾升华部分，选取了大量我校学生参与集体活动、志愿者活动的图片，贴合学生实际，不仅有效引发了学生的情感共鸣，而且将学生对"活出生命的精彩"的理论认知落实到行为层面，从而促使学生从道德认知上升到道德践履。此外，在设置教学活动时，充分考虑学生的认知水平，对教材中的"探究与分享"进行选择性的使用、创造性的使用，如让学生结合自己平时的所见所闻和自己的经历具体地谈"平凡的生命是否有价值"。学生谈到自己的父母、老师等，感触更深，体验更强，自然对这个知识点理解得更透彻。

但本节课的节奏过快，没有给学生留下充分思考和讨论的时间，这是需要改进的地方。

专家点评

本节课线索清晰，重点突出，紧紧围绕"活出生命的精彩"展开教学设计，层层递进，环环相扣。

课堂上教学情境创设到位、高效，对张桂梅老师的感人事迹充分挖掘、多角度阐述，使生动案例和课本知识点高度契合，带给学生浓烈的情感熏陶，达到了启发心灵和讲解知识的有机统一，教学效果良好。

在教学环节的设计上，韩芬艳老师将教师引导和学生活动协调安排，充分发挥了教师的主导作用和学生的主体作用。韩老师在课件制作上用心构思，将图片呈现、视频播放、文字说明、表格罗列有机结合，使多媒体技术与课堂高效融合。

本节课案例生动、典型、全面，既选用了学生耳熟能详的榜样人物，又选取了生活中的普通人，特别是选取了学生的生活学习案例，能够使学生真切感受到国家、社会和自己的紧密联系，产生深刻的情感共鸣，大大增强了课堂效果。此外，榜样人物、习近平主席2021年新年贺词等鲜活的时政素材，不仅体现了教学的时代性和教育性，也凸显了教学的立意高远，而来自学生学习生活的实例又将立意高远与立足平实有机结合。

本节课注重实践性，将课堂效果落实到学生具体可操作的小事上，引导学生从小事做起，从自己做起，一点点、一步步活出生命的精彩。

本节课教学目标落实到位，教学内容充实、处理得当，教学氛围和谐，教学效果好。

（王玮玮，洛阳市实验中学，中小学一级教师）

家的意味

洛阳市第五十五中学　张六梅

作者简介：

张六梅，女，1985年3月出生，2007年7月毕业于华中师范大学国际政治专业，中小学二级教师，11年教龄，现任洛阳市第五十五中学九年级道德与法治教师。曾荣获洛阳市中小学优质课大赛一等奖，多次讲授市级研讨会观摩课并获得广泛好评，作为主要参与人完成市级课题。

一、教学背景分析

1. 教学内容分析

本节课讲授的是人教版《道德与法治》七年级上册第三单元第七课"亲情之爱"的第一框题内容，分为两个层次：其一通过对家庭功能的分析和对亲情的情感体验，引导学生理解"家"的内涵和"家"的意义；其二通过体悟"中国的春运"这一中国独有的社会现象，让学生理解在中国的家庭文化中家的深厚意味和丰富内涵。通过对我国传统文化中家规、家训的探究，引出中国的家庭文化中"孝"的精神内涵，引导学生对中华民族的传统美德深入思考。

2. 学情分析

初中生有时不理解父母的关爱之情，不能体会父母的养育之恩，不能体谅父母的苦衷，甚至个别初中生家庭责任意识比较淡薄，较少关心父母和家人，对于"孝"的文化认同程度不高。因此，引导学生认识家庭对于个人成长的重要性，感受父母之爱，珍惜亲人亲情，从情感、道德、法律等层面认同"孝"的精神内涵并落实为具体行动，意义重大。

3. 整体教学思路

第一部分侧重引导学生感悟家庭的重要性，体味家中亲情。首先，请学生结合自己的生活经验说说"家"是什么，引出家庭的含义和家庭关系的确立情形，将对家的认识从感性层面上升到理性层面；其次，结合生活经验，请学生分享对家庭功能的认识，引导学生认识家庭对个人成长的重要性；最后，请学生分享自己的家庭故事，引导学生感受平凡琐事中的亲情之爱，珍惜亲人亲情。

第二部分侧重引导学生认同"孝"的精神内涵并将其落实为具体行动。通过观看视频《风雨回家路》，引导学生感悟中国人对"家"的深厚情感；通过观看视频《筷子》，引导学生感悟中华文化中"家"的深层内涵；通过搜集、展示、分享家规、家训，引导学生发现在家文化中"孝"一直是重要的精神内涵；通过小组活动，引导学生从情感、道德、法律等层面理解"孝"的精神内涵，明白尽孝在当下，将"孝"付诸实际行动。

二、教学目标

1. 情感、态度与价值观目标

体会家人对我们的付出，体验家人之间亲情的温暖和爱，感受家是身心的寄居之所，是心灵的港湾；体会父母对自己的关爱之情，认同中华文化中"孝"的价值观念，形成热爱父母、孝敬父母、关爱家人的意识。

2. 能力目标

提高传承中华民族的传统美德的能力，增强孝亲敬长的行动力；提高与家人共建共享家庭美德的能力。

3. 知识目标

理解"家"的内涵与功能，知道"家"对我们成长的重要意义；知道孝亲敬长是中华民族的传统美德，也是每个中国公民的法定义务。理解中国家庭文化中"孝"的内涵，知道中华民族的传统美德需要继承和发展。

三、教学重难点

1. 教学重点

知道"家"对我们成长的重要意义；知道孝亲敬长是中华民族的传统美德，也是每个中国公民的法定义务。

2. 教学难点

理解中国家庭文化中"孝"的内涵,知道中华民族的传统美德需要继承和发展。

四、教学过程

结合生活体验,导入新课

师:"十五彩衣年,承欢慈母前",家是子女承欢膝下的乐园;"慈母手中线,游子身上衣",家里有父母满满的爱;"人言落日是天涯,望极天涯不见家",家是远方游子内心深处的羁绊。家的意味值得我们每个人细细品读。家意味着什么?让我们带着这个问题,走进今天的课堂一起品读家的意味。首先,请同学们结合自己的生活经验,说说"家"是什么。

(学生回答略)

【设计意图】采用发散思维的方式,请学生结合生活体验说出对"家"的感受,促进学生多角度思考"家"的内涵。

环节一:师生互动,明确家庭内涵

师:同学们对家都有一定的认识和感悟。我们每个人都有自己的小家,都生活在家庭中。一般来说,家庭是由婚姻关系、血缘关系或收养关系结合成的亲属生活组织。基于对家庭含义的理解,同学们认为哪些情形可以组建家庭呢?

师生共同小结:家庭关系的确立情形——依照法定条件和法定程序结婚而组成的家庭,因血缘关系组成的家庭,依照法定条件和法定程序收养而组成的家庭,随父或母再婚组建新的家庭。

【设计意图】通过概念的明确,使学生对家庭的认识从感性层面上升到理性层面。

环节二:小组讨论,认识家庭功能

师:家庭作为社会的细胞,承担着很多功能。结合自己的生活体验,分享你对家庭功能的认识。

(学生活动与发言略)

师生共同小结:家是我们身心的寄居之所。我们的生命是父母给予的,我们的成长也离不开家庭的哺育和支持。

【设计意图】通过小组讨论和充分发言，引导学生感悟理解家庭对于个人成长的重要性。

环节三：分享故事，感悟温暖

师：在家里，每天都有平凡而温暖的故事发生。让我们一起分享这几位同学的家庭故事，共同回味家里的温暖与幸福。

（学生分享略）

师：平凡的琐事里流露着甜蜜的温暖与感动，只要我们静静地用心去感悟和发现，我们就能收获很多的爱和幸福。

师生共同小结：家是我们心灵的港湾，家里有亲人，家中有亲情。

【设计意图】通过家庭故事的分享，使学生回味平凡琐事中的深情暖意，引发情感共鸣。

环节四：观看视频，体会中国人对家的深厚情感

师：温馨的家庭对我们每个人至关重要，"家"对于我们中国人这个群体更有深厚的意味、丰富的内涵。让我们一起通过春运来感受"家"对中国人的深厚情感。

（观看视频《风雨回家路》）

师：千里奔波，只为回家。你能体会我们中国人对家的这种深厚情感吗？

（学生回答略）

师生共同小结：在我们中国人的心目中，家是代代传承、血脉相连的生活共同体，是甜蜜、温暖、轻松的避风港。

【设计意图】通过观看视频《风雨回家路》，让学生直观地感受中国人对家的深厚情感。

环节五：观看视频，领悟家的深层内涵

师：家，是温暖的牵挂。在中华文化中，家有着更深厚的意味和内涵。我们一起来观看视频《筷子》。（播放视频）通过观看视频，大家对家的认识是否更深刻了呢？

（学生回答略）

师生共同小结：家里有亲情，是温暖的牵挂，家更是传承，家里也有规则和秩序。

【设计意图】通过观看视频，使学生明白：家，不仅是温暖的港湾，在中华文化中，家有更深刻的文化内涵——家是传承，家中更有规则。

环节六：分享家规、家训，传承弘扬家文化

师：接下来，请同学们分享自己收集的家规、家训，并说说哪些内容应该继承并发扬光大。

组织学生进行以下两个活动：

（1）分享提前收集的我国传统文化中广为流传的家规、家训。

（2）分析这些家规、家训的内容，说说哪些内容应该继承并发扬光大成为新时期的家风。

教师展示课件材料：

> 家规是指一个家庭的行为规范，一般是由一个家庭传承下来的教育、规范后代子孙的准则。家训是指对子孙立身处世、持家治业的教诲。家风是指一个家庭或家族的传统风尚，家规、家训是它的承载形式。

师生共同小结：通过同学们的分享，我们发现中国的家庭文化内容丰富，为我们当今的家庭建设提供有益启发。从《三字经》《弟子规》这样的开蒙之作，到《孝经》这样的经典著作，从言行举止上的要求到孝治天下的理念……在中国的家文化中，"孝"一直都是重要的精神内涵。

【设计意图】通过家规、家训的分享展示，了解我国家庭的传统美德，并引导学生发现，在家庭文化中"孝"一直是重要的精神内涵。

环节七：我思我行，尽孝在当下

组织学生分组活动：

（1）你还知道哪些与孝有关的故事？请与大家分享。

（2）为什么要孝敬父母？请谈谈你的想法。

师生共同小结：父母给了我们生命，养育我们成长，为我们付出很多，理应得到爱的回报。孝亲敬长是中华民族的传统美德，也是每个中国公民的法定义务。

师：接下来，我们来了解关于孝亲敬长的法律规定。

《中华人民共和国宪法》规定：成年子女有赡养扶助父母的义务。

《中华人民共和国民法典》规定：成年子女对父母负有赡养、扶助和保护的义务。成年子女不履行赡养义务的，缺乏劳动能力或者生活困难的父母，有要求成年子女给付赡养费的权利。有负担能力的孙子女、外孙子女，对于子女已经死亡或者子女无力赡养的祖父母、外祖父母，有赡养的义务。

《中华人民共和国老年人权益保障法》规定：赡养人应当履行对老年人经济上

供养、生活上照料和精神上慰藉的义务，照顾老年人的特殊需要。

师：部分同学认为，自己还是初中生，是未成年人，缺乏孝敬父母的能力，无须履行孝亲敬长的义务。你认为这种想法对吗？为什么？

（学生讨论回答略）

师生共同小结：孝敬双亲长辈，关爱家人，不仅仅是长大成人以后的事，也应该尽孝在当下。作为中学生，你怎样以实际行动表达对父母长辈的孝敬之心？

（学生回答略）

师生共同小结：让我们用心去感受家中的爱与温暖，用尊敬、倾听、感恩的实际行动，与家人一道共筑温暖之家、美德之家。

【设计意图】通过充分的讨论、发言，使学生从情感、道德、法律等层面理解认同"孝"，并明白尽孝在当下，能从生活小事着手将孝付诸实际行动。

五、教学反思

本节课最让我触动的是学生分享家庭故事的过程。当一名女同学站起来说"她睡下后偶然发现妈妈还没有休息，她觉得妈妈一定是在玩手机"时，台下听课的老师和学生顿时哄堂大笑，每个人都觉得自己有同款妈妈。女同学接着讲："我决定偷偷起来，看看妈妈究竟在做什么。顺着灯光，从卫生间的门缝里，我看到了妈妈正洗衣服的身影……"说到这里，大厅里的几百人都静默了，很多人和我一样热泪盈眶。所谓情感共鸣，大概就是这样。

这不禁让我思考思政课应怎样把情感、态度与价值观落到实处。我想我们应把课堂还给学生，让学生畅所欲言地表达自己真实的情感和观点，顺着学生的生活和思想去感知教材，这样才能更好地上好思政课；我想我们更应该深入地挖掘生活，运用好、挖掘好生活中鲜活的素材，讲好生活中的故事，用真实的故事去诠释教材的内容，达到价值引领的目的。

专家点评

　　一节好的思政课究竟是怎样的？当学生哽咽、全场静默、很多人眼前都浮现出自己父母的身影而满眼热泪的时候，我想我们就找到了答案。一节好的思政课首先应该有丰富饱满的情感，能让人产生情感的共鸣，能从情感上真正打动他人。

　　一节好的思政课也应该是富有深度的。如果说这节课的前半部分是感性的，极力让我们去感受家庭的温暖和美好，这节课的后半部分就是理性的。授课教师用自己的思路引领着学生，像剥洋葱一样，将"中国人的'家'"层层打开呈现在我们每个人面前，让我们看到中国人的"家"不仅有温暖，也有规则，而层层包裹之下的核心是"孝"。

　　本节课后半部分教学思路的设计，让我们看到了授课教师对教材的把握不仅是准确的，也是深刻的，使我们对"家"的认识从生活经验上的体悟上升到了文化层面的认知，又通过尽孝在当下的探讨，使文化层面上的"孝"稳稳落地，落在了琐碎的现实生活中。

　　一节好的思政课也应该是高度关注学生的。这节课的授课过程充分体现了教师主导和学生主体的高度统一。这节课的好，不仅好在教师的设计和思路，更体现在学生表现和课堂生成上。如我们所见，学生的精彩表现犹如画龙点睛，瞬间让课堂真实、精彩而生动。

　　最后，希望我们每位教师都能立足教材、立足学生、立足生活，创造出更多有意思、有意义、有温度、有深度、有教师智慧、有课堂生成的思政课！

　　　　　　　　（刘军芳，洛阳市教育局中小学教研室，中小学高级教师）

悄悄变化的我

安阳市光华中学　朱　静

作者简介：

朱静，女，1980年8月出生，中共党员，大学本科学历，中小学高级教师，从事教育工作18年。先后被评为全国优秀教师、全国优秀共青团干部、省优秀教师、省师德先进个人、省教育厅学术技术带头人、省教学标兵、市优秀教师、市师德标兵、市名师、市优秀班主任、市优秀党员、市五一劳动奖章、市技术英杰等，曾荣获省优质课决赛一等奖。多次参与省、市课题研究，多篇文章发表于《中学生时事政治报》。

一、教学背景分析

1. 教学内容分析

从教材的地位和作用来看，"悄悄变化的我"是人教版《道德与法治》七年级下册第一课的第一框题。本框题由"悦纳生理变化"和"直面矛盾心理"两目组成。教材先从生理变化入手，贴近学生的实际状况，让学生从容面对生理的变化，同时让学生对自己的心理变化有基本的认识，进而学会调控。

2. 学情分析

进入初中以来，学生的身体外形、心理和精神都发生了很大的变化。这些变化都源于身体的发育。在人一生的发育过程中，青春期是第二个发育高峰期。在这个阶段，学生会面临很多生理和心理问题。这节课的学习，可以引导学生以积极的姿态应对青春期身体和内心变化带来的困惑，让青春期成为人生中最美好、最令人期待的一段时光。

3. 整体教学思路

首先，通过让学生欣赏四季图片导入新课，拉近教师与学生的距离。播放校医对青春期的讲解，帮助学生消除对青春期生理变化的误解，从而突破本节课的重点。

其次，让学生欣赏歌曲《小小少年》，过渡到如何直面矛盾心理这一教学难点。为突破这一难点，在这一环节设置争当"排忧王"主题活动，让学生分小组讨论青春期的烦恼，并为排解烦恼提供办法，争当班级"排忧王"。

最后，引导学生总结归纳克服青春期烦恼的好方法。向在青春期遇到烦恼的时候帮助自己的父母、老师、朋友表示感谢。在此基础上再升华，向学生推荐心理咨询热线、网址。播放歌曲《样样红》，结束本课。

作业设计延续本课主线，向学生发出积极应对青春期问题的倡议，同时在音乐的伴奏下完成"青春号"飞机的板书。这样的设计既精彩又前后呼应。

二、教学目标

1. 情感、态度与价值观目标

感受青春成长的力量，体会青春的美好；感受青春发展的差异性，形成接纳自我、关爱他人的心理品质；关心自己的成长，培养追求美的意识，注重外在美，更要提升内在美。

2. 能力目标

学习正确认识和处理心理矛盾的方法；培养学生认识自我的能力，学会与他人交往，提升交往品质。

3. 知识目标

了解青春期生理变化和青春期旺盛生命力的表现；了解青春期矛盾心理的表现；了解青春期是人一生中身体发育的关键期，掌握青春期身体变化的三个方面，并能正确看待。

三、教学重难点

1. 教学重点

正确认识青春期带来的生理和心理变化。

2．教学难点

学会化解青春期的烦恼，悦纳青春、热爱青春。

四、教学过程

导入新课

师：春季，春暖花开，万物复苏；夏季，烈日炎炎，骄阳似火；秋季，秋高气爽，硕果累累；冬季，白雪皑皑，冰天雪地。

四季不停地周而复始，每个季节都有自己独特的信息。那么，同学们，我们步入了初中，我们的身体也发生了一些变化，这又传递着什么样的信息呢？就让我们一起"走进青春"一探究竟吧！

【设计意图】这样的设计符合学生的年龄特征，让学生带着好奇进入"走进青春"这个主题。

环节一：借用多位知名人物不同年龄阶段的照片创设情境

向学生展示课前准备好的多位知名人物不同年龄阶段的照片。提醒学生仔细观察，总结他们的变化。

师生共同小结：青春期已经悄悄来到我们的身边。

【设计意图】借用多位知名人物不同年龄阶段的照片，为学生创设情境，通过分析归纳法总结出每个人都会度过青春期。

环节二：阅读《人的生长发育曲线图》

学生活动：学生通过观察，得出青春期是人的生长发育过程中第二个"生长高峰"的结论。

教师活动：向学生讲解生殖器官发育和成熟的解读。（讲解时要注意与生理卫生课进行区分，凸显生命教育的本质）

师生共同小结：青春期是人一生中身体发育的关键期，是从幼稚走向成熟的过渡期，是为走向成年期做准备。

【设计意图】此环节运用直观演示法，让学生归纳出青春期对一个人的重要性。

环节三：观看青春访谈的视频

学生活动：让学生说说自己的身体发生了哪些变化。

（学生回答长高了、变声了、长痘痘等）

教师活动：引导学生把大家说的内容分分类。

师生共同小结：归纳出青春期的身体变化主要表现在身体外形的变化、内部器官的完善、性机能的成熟三个方面。

【设计意图】通过观看视频，为学生创设情境，引导学生学会自己归纳知识。

环节四：小组讨论

教师提出问题：昨天我听到有位同学这样说："我们身体的成长都是同时开始的，全班同学都应该是一样的，否则就是不正常。"你们认为这位同学的观点对吗？

学生活动：学生分小组讨论，各抒己见。

教师活动：利用多媒体播放校医对青春期的讲解。

师生共同小结：我们的成长有着不同的韵律和节拍。有的快，有的慢，有的先横向发展，有的先纵向发展，即使是同一个人，其不同身体部位的发育速度和水平也是不一样的。我们在追求形体、仪表等外在美的同时，也要提高品德和文化修养，体现青春的内在美。

【设计意图】校医的讲解，可以帮助学生消除对青春期生理变化的误解，这样的教学设计，可以体现以学生为中心，倡导学生主动参与，乐于探究，在合作探究中突破本课重点。

教师活动：（过渡）我们的身体发生生理变化的同时我们的心理也发生变化了吗？刚刚欣赏的歌曲《小小少年》中有这样一句"但有一天，风波突起，忧虑烦恼都来了"，同学们，在成长、学习、生活中你都遇到了哪些烦恼？接下来，让我们走进大家的内心看看究竟有哪些烦恼。

环节五：开展争当"排忧王"主题活动

学生活动：

（1）让学生将自己在青春期（成长过程中）遇到的烦心事写下来，塞进事先准备好的箱子里，不记名。

（2）以小组为单位，每组抽3个纸条，讨论分析该如何为同学排解成长中的烦恼，并派代表说出化解烦恼的方法，其他小组的学生可以补充。

（3）让学生将各组宣读的烦恼归类，归纳出青春期遇到心理烦恼是正常的结论，如果处理不好将成为成长的阻力。

（4）归纳化解青春期烦恼的好方法。

教师活动：在此活动的基础上再升华，向学生推荐心理咨询热线、网址。

【设计意图】此环节以学生为中心，围绕活动开展学习，完全将主动权交给了学生，在生生互动中让问题得以发现和解决，弱化教师的说教，使学生在轻松愉悦的氛围中突破重难点，从而达到更好的教学效果。

课堂小结

首先让学生自己谈谈本节课的收获，以实现这节课的三维目标。然后引导学生课后向全校同学发出青春的倡议书。

结束语：青春，人生最美丽的季节，在这个季节里，即使你是痛苦的，也闪烁着璀璨的光芒。让我们尽情放飞心中的梦想，一起去畅想美丽的青春之歌！

（播放歌曲《样样红》）

【设计意图】课堂小结是对本节课的归纳与升华，通过回顾本课内容，引导学生对本节课有一个整体认识。结束语与导语的呼应，能够更进一步激发学生以积极乐观的心态去面对青春。

【板书设计】

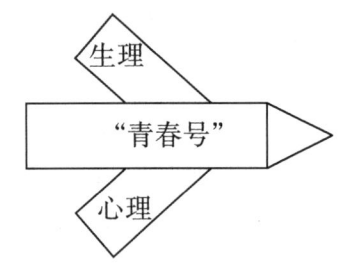

【设计意图】青春就好比一架在天空中飞行的飞机，飞机的两个机翼是生理和心理，只有处理好生理和心理的变化，这架"青春号"飞机才能在天空中自由飞翔。这样的板书，简单明了，重点突出，便于学生理解。

五、教学反思

本节课我根据七年级学生的心理特征及认知规律，采取直观演示法、活动探究法、集体讨论法组织教学，又采取分组合作法、自主探究法、分析归纳法培养学生的学习能力。在教学中，以"教师为主导，学生为主体"，将教师的"导"立足于学生的"学"，以学法为重心，放手让学生自主探索学习，主动地参与到知识形成的整个思维过程中，培养他们的学科学习能力。同时，恰当运用评价手段，落实赏识教育理念，及时激励学生，尊重学生的人格，让学生始终愉快地体验学习过程，完成三维目标。

专家点评

首先，教师让学生欣赏四季美景导入本课，接着充分发挥学生的主体作用，让学生在轻松快乐的氛围中理解青春期是人一生中身体发育的关键时期，从中感悟知识、培养能力。其次，教师利用多位知名人物不同年龄阶段的照片，让学生充分认识到青春期的生理变化，消除初中生在青春期由生理变化带来的心理恐惧。再次，运用小组探究的教学方法，让学生写出青春期的烦恼，并分组讨论如何化解烦恼，通过争当"排忧王"主题活动帮助学生消除青春期焦虑，积极应对青春期心理变化。这一环节设计精彩，把本课推向了高潮。在接下来的作业环节，教师向学生发出积极应对青春期的倡议，将课堂学习延伸到实际生活中，扩大了学生视野，强化了学习效果。最后，教师在总结中完成了飞机形状的板书设计，可谓前后呼应。

综观本课，我们不难发现下列优点：第一，教学目标明确具体，有效发挥了导教导学的作用；第二，教学情境符合学情、生动灵活，充分调动了学生参与课堂、思考感悟、运用迁移的热情，确保了教学目标的充分达成；第三，教师的语言简洁、规范、优美，充满激情，对学生引导及时，评价准确，使学生情绪始终处于积极、兴奋状态；第四，教学方法灵活，教学手段多样，多媒体技术的运用恰到好处，起到了直观、高效、激趣、促思的作用。

（李玉国，安阳市教育局教研室，中小学高级教师）

在品味情感中成长

焦作市第十七中学　杨　光

作者简介：

　　杨光，男，1972年3月出生，1994年6月毕业于焦作教育学院英语专业。中小学一级教师，28年教龄，现从事九年级道德与法治教学工作。主持课题"初中道德与法治课合理利用课程资源的研究"在焦作市山阳区获二等奖，2018年获得焦作市初中道德与法治学科优质课一等奖，2020年获得焦作市初中道德与法治学科教师论文评选二等奖。

一、教学背景分析

1．教学内容分析

　　本节课讲授的是人教版《道德与法治》七年级下册第五课"品出情感的韵味"的第二框题内容，包括两个子目：体味美好情感和传递情感正能量。"品出情感的韵味"依据课程标准"健全人格"的核心素养。具体对应的课标内容是：能够自主调控自身的情绪波动，具有良好的沟通能力，主动建立良好的人际关系。

2．学情分析

　　情感生活是初中生青春成长的重要领域，但七年级的学生具有知识面窄、生活经验不丰富的特点，教师需要据此创设情境，引导学生了解、品味情感。

3．整体教学思路

　　首先，本节课采用以诗传情的方式，利用多媒体导入脍炙人口的诗句，引导学生对诗歌中蕴含的情感进行评议，激发学生对本节课学习的兴趣。其次，通过对一个案例的分析及讨论使学生明确观念、感受情感，再通过分组的角色模拟表演及评议，使学生提高关爱他人、传递正能量的能力。最后，通过实际生活的案例，以小组讨论的形式探究帮助、关心他人的方法与技能，引导学生将传递情感正能量落实在实际生活中。

二、教学目标

（1）了解与美好情感相关的诗歌知识，通过背诵、朗读诗歌和分享生活片段，提高思辨能力，认识到美好情感的意义。

（2）通过探究案例，讨论并分享获得美好情感体验的具体方法、转化负面情感体验的意义，培养学生乐观向上、意志坚强、善于竞争等美好品格。

（3）通过模拟、讨论，认识传递美好情感需要实际的行动，关心他人也要讲究方式方法，培养社会主义核心价值观。

三、教学重难点

1. 教学重点
传递情感正能量的方法。

2. 教学难点
分析负面情感体验对我们的影响。

四、教学过程

导入新课

教师活动：环视全班。检查学生课前准备情况，示意上课。

学生活动：起立问候，精神饱满，声音洪亮。

师：同学们的精神状态真好，你们对道德与法治课的学习态度鞭策着老师更加严谨地上好道德与法治课。这正契合本节课主题。

人非草木，孰能无情？我们每个人的内心都有一个情感世界，不断创造、积累美好的情感体验，而传递情感正能量会让我们的生命更有意义。接下来，老师将用绚烂的画面、动人的诗句，把我们带入情感世界，让我们了解情感对我们的意义。

（教师利用多媒体向学生展示播放视频《中国诗词大会》片头，板书课题）

学生活动：认真观看视频。

教师提问：你能回忆起视频中哪些诗句？你内心有什么感受？

学生回答：等闲识得东风面，万紫千红总是春。——描写春天的景色，人在春风中徜徉的闲适……

【设计意图】就地取材，从生活中抓取片段，让学生感受到情感体验并不只是来自课本上的文字，也与日常生活息息相关，在日常积累中能够形成积极向上的情感体验，能够影响他人，感染他人。另外，通过观看视频，使学生身临其境地感受美好情感体验，产生对本节课学习的兴趣，为学习下一环节打好坚实基础。

环节一：师生互动学习，体味美好情感

1. 运用经验

师：请根据诗句提示，背出整首诗，说出其中表达的情感，与大家分享你在生活中相关的情感。

学生活动：根据诗句提示背诵《游子吟》，并出示自己和家人的生活照，讲述与母亲在一起的温馨场景。

师：这里展示的美好情感是母爱。感谢这位同学，向大家分享了自己与母亲在一起的温馨感人的场景。觉得自己的母亲和这位母亲一样是温和的妈妈的，请举手！好，请放下。觉得自己母亲是一位严厉的母亲的，请举手！母爱中既有温馨的一面也有对我们高期待严要求的一面，因为严也是一种爱。不管是温和还是严厉，都让我们感受到母爱的美好情感，让我们感谢这位同学的分享。

学生活动：根据诗句提示背诵《赠汪伦》，并出示自己和朋友的生活照，讲述与朋友在一起的欢乐场景。

学生点评（教师引导）：这里展示的美好情感是友情。这位同学说得好！这首诗中蕴含了依依不舍的友情。友情表现在我们一同生活的点点滴滴。友情是一种心灵的相遇，是一种亲密的关系。

学生活动：根据诗句背诵《示儿》，并出示自己和同学的升旗照，讲述自己升旗时的感受。

师生共评：美好情感是爱国。这位同学理解得非常好！这首诗表达的是美好的情感吗？当然是。陆游悲壮沉痛，爱国精神光照千秋，这首诗是爱国情感的自然流露。古人尚且如此，何况当今的我们？我们要将爱国之情落实在我们的日常生活中。比如，升国旗时，庄严的注目、嘹亮的歌声、挺拔的身姿都能展示我们对伟大祖国的热爱之情。

学生活动：积极思考并发言。相互讨论美好的情感对我们有什么作用。

师生共同小结：母爱、友情、爱国之情等这些情感能够促进我们的精神发展。

【设计意图】带领学生体会古诗词中的情感体验，能够使学生结合自身生活经历自主探究，并分享自己的情感体验，了解美好情感的作用。教师引领点评、学生互评、师生共评可以调动学生的积极性，活跃课堂氛围。

2. 探讨如何获得美好情感

师：美好情感总是令人难以忘怀，那么我们怎样获得美好情感呢？有人说美好情感是与生俱来的，可以从他人身上索取。你赞同这样的观点吗？为什么？

生：（讨论并展示结论）不赞同。因为：①美好情感不是与生俱来的，它是在人的社会交往、互动中自然引发的。②情由心生，美好情感不能依靠强迫获得，如同我们不愿意被人强迫表现出喜欢或不喜欢，我们也不能强迫他人给予我们美好的情感。

师：请大家回忆我们进行的读诗言情活动，思考美好情感是通过什么方式获得的。

生：通过阅读诗歌、与人交流讨论、与大家在课堂上参与活动等获得。

师生共同小结：通过阅读、与人交往、参与有意义的社会活动等方式获得美好的情感。

【设计意图】通过探讨，使学生对美好情感获得方式的认知由感知上升为理性。

环节二：师生共同探究，对待情感体验

1. 创造正面的情感体验

教师活动：组织学生阅读课本第48页"方法与技能"后播放外卖小哥雷海为视频。

学生活动：自读课本第48页并根据视频回答。

师：根据"方法与技能"说一说，外卖小哥雷海为怎样创造正面的情感体验。

生：热爱背诵诗歌让他内心充满力量，送外卖的过程让他体验到自己的价值，参加汉服活动和听杭州地方戏曲让他感受到艺术的魅力。

师生共同小结：创造正面情感体验，可以通过完成一项自己喜欢的活动，帮助他人，走进博物馆和大自然，观赏艺术作品等多种方式，美好情感对于我们的人际交往和成长具有很高的价值。

【设计意图】组织学生自读"方法与技能"，可以让他们掌握创造正面情感体验的方法和技能；播放外卖小哥雷海为的视频，旨在将课本知识向社会进行延伸和拓展，培养学生学以致用的能力。

2. 正确对待负面的情感体验

师：你觉得雷海为带给你哪些正面的情感？

生：对诗歌的热爱；面对赛场失利的淡定；回答问题时的沉稳、敏捷；临场不乱、观察仔细、胸有成竹。这些都是正面的情感，正面的情感让我们感到愉悦，促进了精神的发展。

师：你觉得他经历过负面的情感体验吗？有哪些负面的情感体验？

生：紧张、失误、没有听清题目要求等带来的焦虑感、挫败感，是负面的情感体验。

师：体验负面情感完全是件坏事吗？

生：不一定是坏事。

师生共同小结：学会承受负面情感并通过改变认知评价、转移注意力、合理宣泄和放松训练等方法将它转变为成长的助力。有一句老话"吃一堑长一智"，还有一句歌词"不经历风雨，怎么见彩虹？"就是告诉我们这个道理。体验负面情感未必是件坏事，可以丰富我们的人生阅历，使我们的生命变得更加饱满丰盈。

【设计意图】通过层层设问，引导学生探究、分享获得美好情感体验的具体方法，创造正面情感体验的方法与技能，转化负面情感体验的意义，让学生对美好情感获得和传递有更多的了解。

环节三：模拟生活场景，传递情感正能量

1.欣赏雷海为获奖图片，探讨传递正能量

教师活动：出示雷海为获奖图片并提问，他是怎样传递情感正能量的？

学生回答：用实际行动通过《中国诗词大会》的平台，向观众传递坚韧不拔、热爱祖国传统文化的正能量。

师生共同小结：当面对人际关系冷漠的环境时，我们可以用自己的热情和行动来影响环境。我们的情感需要表达、回应，需要共鸣。在与他人的情感交流中，我们可以传递美好的情感，传递生命的正能量。

【设计意图】使学生了解要通过实际行动来传递美好情感，为学生模拟生活场景提供了实际事例。

2.模拟生活场景，学会关心他人

师：学会关心他人是人与人之间进行有效深入情感交流的重要条件，在情感交流中，要学会关心他人。请同学们模拟生活场景，说一说应如何关心他人。

（出示课件）

☆ 学校走廊上，老师抱着一摞《道德与法治基础训练》和小喇叭，和你走个对面，你会怎么做？

☆ 同学期中考试成绩下滑，情绪很失落，你会怎么做？

☆ 妈妈工作一天，做完饭后十分疲惫，你会怎么做？

学生活动：模拟生活，学会关心他人。

师：如果你是老师，得到学生的帮助，你有什么感受？

生：心中感到温暖和欣慰。

师：那么，你帮助老师后有什么感受？

生：能够帮助老师感到很自豪、很开心。

师：面对期中考试成绩下滑的同学，你会怎样帮助他？

生：真诚地帮助他，认真聆听他的倾诉，提供笔记或帮他订正试卷。

师：你的方式关注了同学的态度，选择了认真倾听，并用合适的方式向同学提供了帮助，真好！

学生活动：讨论、发言、总结。

师生共同小结：帮助关心他人的方法与技能有如下几种。

（1）认真倾听和观察。

（2）适时应用可能被接受的方式向对方表示关心。

（3）关注对方的态度和反应。

（4）确认对方是否接受这种关心，如果没有接受，试着调整方式，以对方能够接受的方式来表达关心。

正如大家所说和所做的，在学校生活中，我们中学生也在努力创造美好情感。在生活中不断创造美好情感体验，可以让生命更有力量。

【设计意图】以小组讨论的形式模拟生活场景，探究关心他人的方法与技能，能够引导学生将传递情感正能量落实在实际生活中。这一设计既完成了拓展空间的教学任务，也表明了道德与法治课堂与生活紧密相连的特点。

结束语：美好情感是一种健康乐观、积极向上的动力和情感。这种力量，影响着周围的人；这种力量，改变着周围的环境。让我们在体味情感中成长，以实际行动传递正能量，迎接美好的未来！

五、教学反思

1. 找到课程突破口，激发学生积极性

在课堂有限的时间里进行情感体验，对成年人来说也是有一定的难度，更何况

对于七年级的学生。在七年级学生有限的学习体验和生活经历之中，我找到了能够激发学生情感的突破口——以诗传情，即用多媒体方式展示脍炙人口的诗句导入新课。熟悉的诗句容易形成画面感，能够让学生身临其境地感受美好情感体验。学生学习本课的积极性高涨，为本节课的教学开了一个好头。

2. 结合诗歌与事例，体验情感善思考

在环节一、二活动中，首先引导学生结合自身生活经验体味古诗词中的美好情感，并分享自己的情感体验。接着播放外卖小哥雷海为的视频，层层设问引导学生探究分享获得美好情感体验的具体方法，创造正面情感体验的方法与技能，转化负面情感体验的意义，让学生对美好情感的获得和传递有了更多的了解。

3. 模拟生活场景，传递正能量

环节三中通过对案例的分析及讨论，使学生明确观念、感受情感、获得美好情感，再通过分组的角色模拟表演及评议，运用集体的智慧，使学生掌握知识，提高关爱他人、传递正能量的能力。这一环节不仅在课堂教学中很好地完成了新增"拓展空间"的相关内容，还让学生在理解的基础上进行巩固练习，符合学生的认知规律。

这节公开课获得听课教师的一致好评，更让我感到高兴的是——我明白了一个高效的课堂要以学生为主体，要融入学生的生活，要关注学生的身边事，才能走进学生心里。

专家点评

本节课有以下特点：

1. 利用新课程理念指导备课和教学，充分调动学生学习的主动性

该教师利用新课程理念指导自己的备课和教学，充分调动了学生学习的积极性，发挥了学生的主体作用。同时，教师运用多媒体精心设计辅助教学课件，增大了课堂容量，激发了学生的学习兴趣。

2. 尊重学生的生活实际和认知水平，适当取舍材料

该教师明白材料的取舍取决于学习的主体——学生，能够利用材料吸引学生的注意力，调动学生学习的积极性，挖掘学生的潜能。在实际教学中，该教师通过视频、图片等来创设特定的形、声、色情境，借助这些情境的直观性、形象性，对学生的感官产生强烈的刺激，使之进入情境氛围中，积极

主动地与老师一起探究新知。

3. 生活素材贴近学生生活，能够激发学生的情感共鸣

这节课中所选用的素材均来源于现实生活，贴近学生的生活实际，能够激发学生学习的积极性，引起学生的情感共鸣，促进教学相长。

（王小粉，焦作市山阳区教育局基础教研室，中小学高级教师）

青春有格

临颍县颍川学校　孙嘉俐

作者简介：

　　孙嘉俐，女，1995年8月出生。2017年毕业于南阳师范学院思想政治教育专业。现为临颍县颍川学校七年级道德与法治教师，中小学二级教师。

一、教学背景分析

1. 教学内容分析

　　本节课讲授的是人教版七年级下册《道德与法治》第三课"青春的证明"的第二框题内容。"青春有格"重在"格"的解读，有两层含义：一是有底线，青春需要规范和引导，一些基本的规则和界限必不可少，底线不能逾越，行己有耻；二是有格调，追求"至善"的人生境界，是对青春最好的证明，能让青春散发出绚丽的光彩。所以本课内容在于帮助学生认识青春期需要遵循的道德规范，引导学生在日常生活中注意自己的言行。

2. 学情分析

　　七年级的学生有激情、有想法，却又容易冲动。他们渴望有更多的机会来证明自己，但是现实生活和外部环境不可能完全满足他们的需求，当他们的愿望得不到满足时，他们又会很容易陷入失落中，甚至开始逃避或者产生攻击行为。同时，在经济全球化发展的今天，社会生活也日趋复杂化，青少年作为最易于接受新事物的群体，在价值观整合过程中可能会产生价值混乱、无所适从的感受。此时如果我们能够对青少年进行思想和精神上的正确引领，则可以助力他们的生命成长。相反，如果他们没有得到思想和精神上的正确引领，那么，这些年轻气盛的青少年就可能做出一些"出格"的事情，这不仅不利于青少年自身的成长，还会影响到他人、集体、社会和国家的发展。

3. 整体教学思路

首先，利用学生熟悉的田字格，指出青春有格中的"格"即规则、规矩。放飞梦想的青春时代，我们可以张扬自由，但同样有所为，有所不为，从而导出本节课的两个问题，即行己有耻为有所不为，止于至善为有所为，我们要让青春有风格。

其次，运用自主学习，让学生对教材有所熟悉，体会行己有耻、止于至善的含义。探究与分析初中生小军的违法违纪行为，说一说自己做过感到羞耻的事情及在社会生活中要遵守的规则，让学生知耻、辨耻，增强规则意识，树立底线意识，学会对自己的行为负责，做到行己有耻。

最后，利用多媒体播放视频——王焯冉事迹，展示教材材料，概括在追求"至善"的过程中，每个人都可以从点滴小事做起，积少成多，积善成德。在生活中寻找贤人，将他们作为榜样，学习他们做人、做事的基本态度，从而激发自己对人生道路和人生理想的思考，给予自身自我完善的力量。养成自我省察的习惯，检视自己的不足，不盲目自责，积极调整自己，通过自省和慎独，端正自身行为，行走在止于至善的道路上。

二、教学目标

（1）知道行己有耻、止于至善的内涵和要求，懂得如何把握青春。

（2）做到行己有耻，提高明辨是非的能力；懂得积善成德的道理，不断完善自己。

（3）增强公民意识和法治观念，传承中华优秀传统文化，关注自己道德的成长，追求"至善"的人生境界。

三、教学重难点

1. 教学重点

懂得行己有耻、止于至善的道理。

2. 教学难点

体验行为与后果的联系，学会对自己负责；重视修身，养成自我省察的习惯，做到慎独。

四、教学过程

导入新课

多媒体出示田字格,对田字格进行解读。

师:这是我们所熟悉的田字格,田字格有什么作用呢?由此你会联想到什么?

生1:在田字格里写字会让字体工整、美观,书写规范。

生2:风格、格局、格式……

师:那这个"格"字有什么含义呢?我们从"我劝天公重抖擞,不拘一格降人才""言有物而行有格也"等语句中来解读。

(学生从中理解"格"字含义——规则、格调)

师:处在青春期的我们,要重视自己的言行举止,青春可以张扬,但张扬要有度;青春可以自由,但自由中有无形的"格"引导着我们,我们要让青春有格。这一节课就让我们来探讨青春有格的话题。

【设计意图】从学生所熟悉的田字格入手,能够更好地帮助学生理解"格"的含义,证明青春也需引导和规范。

环节一:引导学生自主学习

自学课本第27~32页,找出下列内容:

(1)行己有耻的含义。

(2)行己有耻对我们的要求。

(3)止于至善的含义。

(4)止于至善对我们的要求。

(5)榜样的作用。

【设计意图】发挥学生的主观能动性,引导学生熟知课本内容。

环节二:探究与分析材料

多媒体出示材料一:

初中生小军原本是个好学生,自从结识了社会上一帮游手好闲的"朋友"后,逐渐无心学习,不完成作业,经常旷课,在考试中靠作弊来保持"优异"的成绩,内心还沾沾自喜:"我每天去玩,不用学习也可以取得好成绩。"并且学会撒谎,骗父母要交资料费,以便和"朋友"去网吧。父母给的资料费不够他花,他便偷学校的东西、欺凌同学，因此受到学校纪律的处分。

思考：

（1）你如何看待小军的行为？

（2）现实生活中有些人明明做错了事情，为什么还沾沾自喜，不知悔改？

（3）假如你是小军，在受到处分之后，你会怎么做？

生1：不完成作业、旷课、作弊、偷学校东西、欺凌同学违反校规校纪，甚至违法；撒谎是欺骗，是不尊重父母的表现。这些都属于可耻的行为。

生2：因为他们没有羞恶之心，不认为自己的行为是错误的。比如小军考试作弊，虽然取得了"优异"的成绩，但这是不诚信行为，也是在欺骗自己。

生3：及时认识到自身的错误，并改正。

师：有些时候，同学们也会犯和小军类似的错误，所以我们要树立正确的价值观，知道礼义廉耻，有羞耻之心，作出正确的判断，明确行为选择的理由。

师生共同总结：①行己有耻要求我们要知廉耻，懂荣辱；有所为，有所不为。②行己有耻需要我们有羞耻之心，不断提高辨别"耻"的能力。在行动之前，审查愿望；在行动之中，监督调节；在行动之后，反思效果与影响。

师：（过渡）那我们来看一下小军是如何做的。

多媒体出示材料二：

小军非但没有接受教训，反而变本加厉，在社会上偷窃财产，因此被公安机关拘留，但他仍不悔改。为了凑够到网吧玩游戏的钱，他跟另外两个"朋友"竟拦路抢劫，在短短几天内就作案三起，最终因抢劫罪被判刑。他后悔莫及，自责不已，觉得对不起父母、老师。

思考：小军是如何一步步走上违法犯罪道路的？他的行为给我们带来了什么启示？

生：交友不慎，自己经不住诱惑；受到处分不知悔改；没有意识到自己的行为是可耻的……小军的例子告诫我们要知廉耻，懂荣辱；敢于承认自己的错误，并及时改正错误；要增强意志力、自控力……

师生共同总结：行己有耻意味着我们要真诚面对自我，闻过即改，知耻而后勇。行己有耻要求我们树立底线意识，触碰道德底线的事情坚决不做，违反法律的事情坚决不做。行己有耻更需要我们磨炼意志，拒绝不良诱惑，不断增强自控力。

【设计意图】通过初中生小军的例子，引导学生反观自身，懂得行为和后果的联系，学会对自己的行为负责。

环节三：说一说

结合课本第28页"阅读感悟""探究与分享"层层设问。

师：孔子说"行己有耻"。朱熹说"人有耻，则能有所不为"。你是怎样理解的？

生：行己有耻指一个人行事，凡自己认为可耻的就不去做。

师：你有没有做过什么让自己感到羞耻的事情？

生：抄作业、乱丢垃圾、骂人、打架、撒谎、插队……

师：你认为还有哪些规则需要遵守？

生：校规校纪（纪律）、交通规则（法律）、尊重他人（道德）……

师：虽然有规则存在，但是有些人还会违反规则，就像刚才的小军一样。除了外部的惩罚，自身如何增强自控力呢？

（由自控力较强的学生分享经验）

生：我最开始是寻求妈妈的帮助，让她督促我看书，后来慢慢地我就习惯了，即使没有妈妈的监督我也能够认真阅读……

师总结：我们可以增强"我不要"的力量，增强"我想要"的力量，加强自我监控。

【设计意图】让学生辨耻、知耻，敢于面对、剖析自我，反思自己。引导学生探究生活中的规则，做到行己有耻。

师：（过渡）行己有耻是青春探索的底线，一些基本的规则、界限必不可少，底线不能逾越，要有所不为，那我们哪些方面要有所为呢？我们一起来看青春有格的格调——"止于至善"。

环节四：课本研读

1. 学生阅读教材，师生交流

师：同学们知道"大学之道，在明明德，在亲民，在止于至善"这句话出自我国古代哪部著作吗？

生：《大学》。

师：这句话的大意是什么呢？

生：《大学》的宗旨在于弘扬光明正大的品德，学习和应用于生活，在于使人达到完美的境界。

师：止于至善是一种什么境界呢？

生：是一种"虽不能至，心向往之"的实践过程，是一种向往美好、永不言弃的精神状态。

师：既然是一种不能达到的完美境界，为什么还要做呢？

生：人无德不立。

师：止于至善是中华民族的传统美德。一个人的道德成长在于弘扬高尚的德行，在于关爱他人，在于明大德、守公德、严私德，在于不断追求更高的道德境界。

2.分享阅读感悟

（师提供关于微尘的材料供学生阅读）

师：分享你的感悟，你会如何做？

生：在社会中有很多善举，正如那句歌词"只要人人都献出一点爱，世界将变成美好的人间"。我被"微尘"所感动，也想成为其中的一分子……

师总结：所以我们要从点滴小事做起，"勿以恶小而为之，勿以善小而不为"。积少成多，积善成德。在生活中寻找贤人，将他们作为榜样。

【设计意图】让学生明白在日常生活中要寻找榜样，行小善，拒小恶，证明社会需要传播小善，能够成就社会的大爱。通过师生互动问答的形式，帮助学生理解"止于至善"的含义。

环节五：小组合作

（多媒体出示王焯冉照片）

师：大家知道他是谁吗？他是河南漯河人王焯冉。我们一起来了解他的故事。

（播放视频《发现身边的美——戍边烈士王焯冉》）

思考：

（1）为什么他的故事感动了无数的人？

（2）从他的故事中你获得什么启发？

（小组讨论回答）

第一组：被他身上无私奉献、不怕牺牲、誓死捍卫祖国的爱国情怀所感动……

第二组：我们经常说哪有什么岁月静好，不过是有人替你负重前行。王焯冉哥哥就是那个保护我们的人。原来那些英雄就像我们一样也是平凡人当中的一分子，就在我们身边。

第三组：我们应该向英雄致敬，学习他们的优秀品质，回报社会和祖国！

师：我们因他的事迹而感动，我们被他的精神所鼓舞，这就是榜样的力量！我们要从榜样身上反思自我。同学们，王焯冉虽然永远停留在了24岁，却永远活在我们心里。以身许国，青春无悔，是对他最好的诠释。我们在平凡的人生道路上努力学习，增强自身能力，积聚力量，为奉献社会、回报祖国而奋斗，成就不平凡的未来，这就是止于至善！

师生共同总结：榜样的作用有两方面。①好的榜样昭示着做人、做事的基本态度，激发我们对人生道路和人生理想的思考，给予我们自我完善的力量。②善于寻找好的榜样，向榜样学习，汲取榜样的力量，我们的社会、我们的国家就会变得更加美好。那我们身边有哪些止于至善的行动呢？尽量从自身来说。

生：我把自己的书寄给山区的孩子；我的同学主动捡拾校园里的垃圾；在疫情期间，医生、护士、志愿者一直保护我们……

师总结：一个人要做到独善其身，也要兼济天下。不但要拥有信心，激励自己，克服困难取得成功，还要帮助、关心周围的人。所以说你怎样，中国便怎样，你所站立的地方就是中国！

【设计意图】借助本地戍边烈士王焯冉事迹让学生真切地感受到英雄就在我们身边，再通过师生交流社会热点、生活实际，感染学生，提升学生的道德品质，并帮助他们树立见贤思齐、修身、兼济天下的人生态度。

师："少年智则国智，少年富则国富，少年强则国强，少年独立则国独立，少年自由则国自由，少年进步则国进步。"青春，需要我们去经历，去体验。以修身为本，行走在止于至善的路上，在学习中成长，在成长中收获，是对青春最好的证明。

【作业设计】完成课本第32页拓展空间——打造"青春盾牌"，并交流展示。

【板书设计】

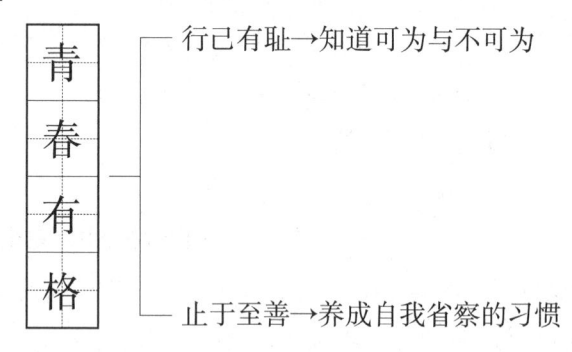

青春有格 ── 行己有耻 → 知道可为与不可为
　　　　 ── 止于至善 → 养成自我省察的习惯

五、教学反思

本节课首先由大家所熟悉的田字格导入，激发学生学习兴趣；其次通过自主预习，提升学生自学能力；再次通过探究与分享，聚焦社会热点，让学生从生活中得到感悟；

最后通过师生交流、小组合作等多种方式激发学生的积极性，让每一个学生都活动起来，让他们畅所欲言，使之真正理解行己有耻、止于至善，并在日常生活中去实践。

本节课内容较多，作为一课时教学，学生不能充分参与每个活动。另外，对于一些观点，学生不能很好地说出自己的理解，个别学生对文学知识的掌握程度较低，有待提高。

再教设计：可分两课时进行讲解，以便充分发挥学生的主动性。

专家点评

授课老师紧紧围绕课标要求设计教学目标和重难点，有效利用活动形式引领学生体验、思考、讨论、反思、践行，让核心素养在中华文化和美德的滋养中落地生根。

《论语·子路》："行己有耻，使于四方，不辱君命，可谓士矣。"一个人行事要有知耻之心，是中华传统文化的精髓，也是明末清初思想家顾亭林所提倡的为人处世的一个原则。《礼记·大学》之中讲道："大学之道，在明明德，在亲民，在止于至善。"一个人要不断提升自身的道德境界，是传统美德。行己有耻、止于至善无不在告诉我们青春需要规则，需要树立底线意识、规则意识。初中生作为最易于接受新事物的群体，在价值观整合过程中可能会产生价值混乱、无所适从的感受。授课老师在教学中关注学生生活实际问题，注重通过中华优秀传统文化培养学生自信、自强且行己有耻的品质和修身的习惯，引领学生在美好的青春年华健康成长。

本课突出的亮点有三个方面：

1. 资料选用注重人文关怀

首先，孙嘉俐老师选用文学经典《大学》中的话语为素材，让学生从中华传统文化中感受美德中的底线意识。接下来，孙嘉俐老师又结合中学生小军的恶意行为和戍边烈士王焯冉的故事，引导学生懂得行己有耻、止于至善的道理，弘扬和践行社会主义核心价值观。

2. 构思巧妙，凝聚创新理念

孙嘉俐老师精心巧思，使教学环节层层推进，环环相扣。首先，从学生熟悉的田字格导入，激发学生学习兴趣；其次，从初中生小军的违法违纪、欺凌弱小的行为让学生明白青春要有底线，行己有耻是有所不为；再次，通过明确社会中学生应遵循的规则，提高学生明辨是非的能力，结合热点王焯冉事迹，引导学生发现生活中的贤人，传承中华美德；最后，以分享身边"美"的形式，引导学生形成正确的价值观：以修身为本，行走在止于至善的路上，是对青春最好的证明。

3. 教学过程重问题生成与学生成长

孙嘉俐老师在教学过程中准确把握重难点，注重学生思维生成和情感内化的过程，启迪学生将中华美德内化于心，外化于行；逐层探究，引导学生将行己有耻、止于至善的要求与自己的生活实践结合起来，以"润物细无声"的方式进行深层次的启发，师生互动、生生互动融洽和谐。

（宋素萍，临颍县颍川学校，中小学高级教师）

少年当自强

南阳市第十九中学校　姚　远

作者简介：

姚远，女，1990年8月出生。2012年6月毕业于南阳师范学院汉语言文学专业，中共党员，中小学二级教师。自参加工作以来，一直致力于一线教学，教龄9年，现在南阳市第十九中学校担任九年级道德与法治教学工作。参编的中学心理健康教育校本教材获南阳市二等奖。

一、教学背景分析

1. 教学内容分析

本节课讲授的是人教版《道德与法治》九年级下册第五课第二框题的内容，是最后一单元中举足轻重的一课，既是对前两单元的延续，又是对整个九年级乃至初中阶段道德与法治课的承接与升华。第一单元和第二单元从宏观的角度介绍了当下的世界和中国，第三单元力图让学生明白，即将毕业的初中生以什么样的眼光看世界、看中国、看自己，将会影响他们在人生转折路口的选择。

本课内容对于九年级学生而言，不难理解，旨在引导学生树立正确的世界观、人生观和价值观，并把"少年当自强"的意识付诸行动，把个人梦想和中国梦紧密结合，紧跟时代步伐，主动并积极承担起当今时代赋予青少年的伟大使命。

2. 学情分析

学生在七、八年级已对自身的个体生活、家庭生活、学校生活、社会生活有了一定的认识，在九年级上学期经过对国家、世界的学习，最终回到了青少年自身。本课着眼于激励学生主动承担建成社会主义现代化强国、实现中华民族伟大复兴的历史使命，自强不息地为实现个人的美好未来，为国家的繁荣富强和世界和平与发展做好准备，为实现伟大的中国梦而努力。

3．整体教学思路

首先，本节课先从"为什么学"入手，明确学生学习本节课的学习需要和学习目标。

其次，根据学习目标，进一步设计符合教学目标和学生实际的事例进行分析，采取学生自学、小组讨论、教师引导等方式，从知识与技能，过程与方法，情感、态度与价值观层面加深学生对本节课的理解，从而满足学生的学习需要，完成本节课的教学目标。

最后，对教学的知识进行系统的回顾和拓展，引导学生关注时政，培养家国情怀。同时，通过学生课堂总结、教师课后反思对课堂效果进行全面的评价。

二、教学目标

（1）理解"少年强 中国强"的含义，知道当代青少年的责任是历史赋予的，知道青少年要从小立大志。

（2）结合中华民族的伟大复兴，学会确立自己的远大志向，提高个人与祖国共成长的参与能力。

（3）具有国际视野，主动融入世界、关心世界，具有爱国情怀、忧患意识、责任意识，主动承担时代赋予的责任。

（4）理解并认同"少年强 中国强"，坚定为实现中国梦而努力奋斗的决心。

三、教学重难点

1．教学重点

个人命运与国家命运的关系；当代青年如何承担时代赋予的重任；青少年应具有怎样的情怀与抱负。

2．教学难点

青少年应具有怎样的情怀与抱负。

四、教学过程

导入新课

利用多媒体播放建党百年主题MV《少年》。

师：2021年，是中国共产党成立100周年。2021年全国两会期间，《人民日报》新媒体推出建党百年主题MV《少年》。奋斗百年，"我还是从前那个少年，初心从未有改变，百年只不过是考验，美好生活目标不断实现"。站在"两个一百年"交汇点的少年们，让我们一起出发，自立自强，去创造更多奇迹！

【设计意图】通过回顾建党百年来中国的发展和奋斗历程，让学生体味今天来之不易的幸福生活，引导学生不忘初心，砥砺前行。

环节一：少年强　中国强

师：通过欣赏MV《少年》，纵观建党百年的峥嵘历史和光辉岁月，同学们能从这些前辈们身上看到哪些优秀品质？

（学生独立思考后自由回答）

师：这些优秀品质对于你的个人成长有什么重要意义？

（学生自由回答，学生代表总结）

学生活动：阅读教材第61页上面的"探究与分享"，阅读毛泽东和邓小平对于青年一代的寄语，思考从中得到的启示。

让学生思考后，引出本节课的重点问题：为什么少年当自强？

（以学生自主、独立思考为主，引导学生关注教材，思考自身和国家发展，学会用教材内容解决遇到的问题）

师生共同小结：本环节我们通过看视频、读材料、品教材，体会到了建党一百年来中国人民自强不息的奋斗精神，看到了在党的领导下一代又一代的优秀青少年正在为祖国的美好未来接力奋斗。作为时代少年，我们也应该学习前辈们身上的优秀品质，把个人命运与国家命运紧密相连。因为青年一代有理想、有本领、有担当，国家就有前途，民族就有希望。

【设计意图】本环节意在通过视频和毛泽东、邓小平关于青年的论述，引导学生正确认识个人发展和国家发展的关系。

环节二：抒情怀　展抱负

师：从我们刚才所观看的 MV 中不难发现，每个时代，青少年身上肩负的历史使命各不相同。请同学们结合历史，阅读教材第 60 页"运用你的经验"和第 61 页下面的"探究与分享"，说一说邓稼先、谭嗣同、林觉民、吴良镛这些典型人物的人生道路有哪些不同，他们身上又有哪些共同点。

（学生独立思考后小组讨论交流，学生自由回答，学生代表总结）

教师归纳总结：青少年的责任是时代赋予的，不同的历史时期有不同的责任。作为少年的你，应该如何选择自己的理想？

学生活动：以小组为单位进行讨论、总结，并确定一名发言人，其他人可以补充。

教师活动：教师利用多媒体补充中国青少年所取得的显著成效，引导学生树立正确的世界观、人生观和价值观。

师生共同小结：作为新时代的少年，我们除应主动承担起中华民族伟大复兴的历史重任外，还应肩负起推动人类共同发展的责任。

【设计意图】本环节意在引导学生讨论立志与实践的重要性，在活动开展过程中，有意识地引导学生既要关注立志，更要关注通过坚持不懈努力实现志向的过程。通过这些有细节、有温度的实例，帮助学生理解立志与实践的重要性，让学生坚定理想信念，脚踏实地，为建设祖国做好准备，为构建人类命运共同体贡献中国少年的力量。

环节三：担责任　树正能

师：（利用多媒体展示图片资料）同样是青少年的他们都承担起了哪些时代少年应有的责任和使命呢？下面，先请同学们认真阅读多媒体所展示的材料。

在蒙冀交界之处，有一片茂密的林海——它就是塞罕坝。

它是传奇。55 年间，它从人迹罕至的荒原变成了如今森林覆盖率达 80% 的"天然氧吧"，成为目前世界上面积最大的人工林。"从沙地变林海，让荒原成绿洲"，是三代塞罕坝人通过不懈的努力和艰苦的奋斗，创造出的绿色奇迹。

因此前的过度开垦和连年战争，蒙冀之交的这片土地已变成了人迹罕至的茫茫荒原。1962 年，为改变"风沙紧逼北京城"的严峻形势，127 名大中专毕业生与林场原有的 242 名干部职工一起组成了 369 人的创业队伍，正是这 369 名平均年龄不到 24 岁的拓荒先锋，拉开了塞罕坝林场建设的大幕。

第一代塞罕坝造林人的生活条件十分艰苦。没有饮用水，他们就化雪水用；粮食匮乏，他们就吃黑莜面加野菜。许多人都患上了心脑血管、类风湿等疾病，由于没有医院，得不到及时的治疗，这一代造林人的平均寿命只有52岁。

远离城市生活，扎根大山之中，塞罕坝人没有怨言；生活条件差，基础设施跟不上，塞罕坝人就自己克服。如今，正是有了塞罕坝这片林场，北方的沙漠才没有不断南迁，我们才拥有这么大一片宝贵的绿色资源。第一代塞罕坝人就是这个奇迹的铸就者。三代塞罕坝林场人"不忘初心、牢记使命"地接续传承，共同把沙漠变回了美丽的高原林海，铸就了时代的传奇！

问题一：从第一代塞罕坝人身上，我们看到了他们艰苦奋斗、不懈努力的精神。作为蓬勃向上的时代青少年，我们应具有哪些情怀与抱负？

问题二：结合所学知识，谈谈我们应该怎么做。

给学生充分思考的时间，把答案形成书面文字，小组交流意见，教师进行针对性指导。

师生共同小结：我们应做家国情怀与世界情怀兼具的新时代青少年，既要传承和弘扬中华传统文化，践行社会主义核心价值观，并将其转化为自己的情感认同和行为习惯，做有自信、懂自信、能自强的中国人。同时也应提高我们改变世界的素质和能力，向国际社会讲好中国故事、传播好中国声音、阐发中国精神、展现中国风貌，承担起推动人类共同发展的责任。

【设计意图】通过塞罕坝人铸就奇迹的事例，引导学生树立正确的价值观。

环节四：拓展提升——见贤思齐　自强不息

利用多媒体展示材料：

来自清华大学的单思思一直在科研战"疫"一线争分夺秒、攻坚克难。大年三十的晚上，在举国团聚、欢度新春佳节的时候，她只是和家人简单地打了一个电话，就又争分夺秒地投入研究工作。她说："作为一名党员，在祖国和人民有需要的时候就要站得出来、冲得上去，以'硬核'成果降服病魔，维护人民的生命安全。青年科研工作者责无旁贷，早一秒拿到抗体，就能多一分战胜新冠病毒的把握。"

加入疫情科研攻关团队以来，单思思每天都"泡"在实验室里，生产抗体、检测抗体功能、进行动物实验，上千次的重复实验操作，每天基本都是连轴转，这个状态还将维持很长一段时间。"志不求易者成，事不避难者进"，在无数次的失败后，单思思和团队成员已经解析了病毒与蛋白结合的关键结构，成功分离和评估了200多株抗新冠病毒的单克隆抗体及其编码基因，目前已经进行动物实验，接下来将开展人体临床试验。

3月2日，习近平总书记到清华大学调研新冠肺炎疫情科研攻关工作。单思思向习近平总书记汇报演示了新冠抗体的酶联免疫吸附实验。当习近平总书记询问科研攻关工作是不是由博士生承担的，单思思自豪而坚定地答道："是的！"考察期间，习近平总书记指出："人类同疾病较量最有力的武器就是科学技术。"单思思牢记总书记"广大青年生逢其时，也重任在肩"的谆谆教诲，立志要把论文写在祖国大地上。

……

师：请同学们课后结合本节课所学知识思考"是什么原因让中国不同时代的青少年在祖国需要的时刻不约而同地做出相同的举动？他们的做法又彰显了青少年什么样的情怀与抱负？"

【设计意图】引用2020年时政新闻，再次强化本节课的重要观点"少年强　中国强""青少年的情怀与抱负"。以优秀清华学子事例入手，让学生通过关注国内外时政热点，结合本节所学，强化知识认同。同时，也能让学生在潜移默化中形成全球视野和关注新闻的良好学科素养，并把热爱祖国、践行社会主义核心价值观、做自信自强的中国人……这些优秀品质和高尚情操内化于心，外化于行，真正做到知行合一。

五、教学反思

中国特色社会主义进入新时代，建设富强、民主、文明、和谐、美丽的社会主义现代化强国，实现中华民族伟大复兴，是时代赋予当代青年的责任。习近平总书记指出："历史和现实都告诉我们，青年一代有理想、有担当，国家就有前途，民族就有希望，实现中华民族伟大复兴就有源源不断的强大力量。"

本课以"少年当自强"为主题，明确了当代青年在走向更加广阔的世界、走向未来过程中必须承担的历史使命和社会责任，以及为此应做好的相关准备，引导当代青少年全面、深入地思考人生发展的理想、目标，做出正确的价值判断和行为选择。

通过对个人成长与国家发展问题的探究，帮助学生明确自己肩负的使命是时代赋予的，个人命运与国家的命运、民族的未来、人类的命运紧密相连，激励他们树立远大志向，做自信、自尊、自强的中国人，不负时代重托，成为中华民族的栋梁。

本节课内容上不难理解，从古至今自强不息的青少年不胜枚举，学生也很早就从文学角度接触并了解了梁启超先生的《少年中国说》，这些都为学好本课打下了良好的基础。所以在教学方法上，本节课采用相对灵活的教学方法——以学生的自主思考、讨论、总结为主，结合小组讨论和老师的适时点拨进行学习。

但是，随着时代的变迁，青少年的历史使命也在发生变化，如何正确引导学生认识自己所肩负的时代使命，并且把这份责任内化于心、外化于行就显得尤其重要。随着经济全球化的发展和人类命运共同体意识的构建，选用学生易于接受的事例引导其树立正确的世界观、人生观、价值观就显得更为容易一些。

专家点评

姚远老师是一位年轻有为、勤奋好学、爱岗敬业且深得学生及家长尊重和喜欢的好老师。她的课以及她的为人都深得学生喜欢，这与她对教师职业的热爱是分不开的。她的这节"少年当自强"的教学设计就凸显出了较强的业务素质和能力。

第一，学案构思严谨，思路清晰。从导入及教学中的重难点处理，引导学生由感性认知升华到思想境界的提高，环环相扣，循序渐进，水到渠成。学生在老师的引导下，利用自己已知的历史知识及社会认知分析领悟做人的道理。

第二，备课体现较强的业务能力及钻研精神——不仅对课本知识处理准确得当，对时政热点也把握得很到位。通过一系列正面人物形象的介绍，把一节传统的励志课上得生动有趣。

第三，具备较强的政治敏锐性和全球视野。胸怀天下、关注社会是一位思品教师必备的素质。从本节课来看，姚老师已经具备。

第四，知识储备能力强。姚老师采用历史的、现代的案例，从多方面引导学生树立正确的世界观、人生观和价值观，展现了她较强的知识储备能力。

第五，紧扣课标，重点突出。该节课方法设计新颖多样，很好地体现了既教会学生知识点，又重点培养学生在生活中处理问题的能力，无论是在知识、能力，还是在情感态度和价值观的培养层面，均达到了较好的预期效果。

（徐大柱，南阳市宛城区教研室，中小学高级教师）

共圆中国梦

商丘市第一中学　刘珍珍

作者简介：

　　刘珍珍，女，1992年8月出生，2015年毕业于河南师范大学思想政治教育专业，从教7年，中学二级教师，现任商丘市第一中学道德与法治教师。

一、教学背景分析

1. 教学内容分析

本节课讲授的是人教版《道德与法治》九年级上册第八课"中国人　中国梦"第二框题的内容，旨在第一框题对中国梦内涵理解的基础上，帮助学生理解实现中国梦的路径，引导学生树立对国家发展、民族进步的信心，做自信的中国人。

2. 学情分析

初中阶段学生正处在世界观、人生观、价值观形成的关键时期，加强对这一年龄段学生的理想信念教育和爱国主义教育尤为重要。就九年级学生而言，他们对祖国未来及社会发展前景有感性的憧憬和梦想，对个人发展有美好的期待和愿望，但对中国梦的宏伟蓝图、实现路径、领导力量、理论指引等还没有深入的了解，缺乏系统的掌握。因此，通过创设情境、了解史料、讲述人物故事等方法实现对上述问题的突破，能够激发学生的爱国情感，增强学生的民族自信心和国家认同感，自觉将个人梦想与中国梦有机结合。

3. 整体教学思路

根据"以学生发展为本"的指导思想，立足学情和本课特点，本课主要以学生自主学习、合作探究为主要学习方式，以多媒体教学辅助，以质疑解疑衔接各个教学环节，充分发挥学生的主体作用，完成教学目标。

本课以踏上共圆中国梦之旅的方式，设计了三个环节的内容。

圆梦之旅第一站——寻梦。让学生运用自己的经验，合作探究，和大家分享一下身边人的梦想以及自己的梦想，引导学生思考实现梦想需要什么条件，以及理解时代进步对于个人梦想的作用。

圆梦之旅第二站——筑梦。让学生说说刚刚走过的2020年，有哪些事情值得大家为中国"点赞"。然后，以文字的形式晒晒"十三五"时期的辉煌"成绩单"，再通过图片展示，让学生直观感受我国综合国力的不断增强，明白中国的腾飞为实现中国梦提供了最佳机遇、奠定了坚实基础。同时，通过一幅幅真实的画面，引领学生深刻感悟党带领人民坚持和发展中国特色社会主义所付出的巨大努力，懂得幸福生活来之不易，从而增强爱国报国的强烈责任感和使命感。

圆梦之旅第三站——圆梦。本环节主要通过学生的合作探究，明确自信中国人的品质以及如何做一个自信的中国人。之后播放MV《少年》，让学生思考作为新时代的中学生应该如何为实现中国梦贡献自己的力量。有以上教学环节奠基，此时学生的爱国情感被充分点燃，对他们而言，珍惜新时代、奋进新时代、融入新时代、助力中国梦已成为他们的行动自觉。

二、教学目标

1. 情感、态度与价值观目标
增强民族自豪感和民族自信心；具有强烈的国家认同感，与国家、民族休戚与共的责任感，以及以百姓之心为心、以天下为己任的使命感。

2. 能力目标
努力在实现人生梦想的过程中为实现中国梦作出自己的贡献。

3. 知识目标
知道实现中国梦的途径，了解自信中国人的特点和自信的源泉。

三、教学重难点

1. 教学重点
实现中国梦的途径。

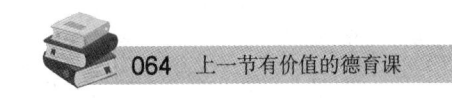

2. 教学难点

实现中国梦的途径，如何做自信的中国人。

四、教学过程

创设情境，导入新课

师：生活不止眼前的苟且，还有诗和远方。春天来了，沐春光，赏花海，看不够一路好风景。同学们，趁着春光正好，我们来一场说走就走的旅行。

（播放视频《沿着高速看中国》）

师：你们从视频中看到了什么？感受到了什么？

生1：看到了中国引人瞩目的新变化。

生2：感受到了为梦想奔向远方。

……

师：路是走出来的，更是闯出来的。习近平总书记寄语我们：我们都在努力奔跑，我们都是追梦人。就让我们一起踏上"共圆中国梦"这趟列车，开启今天的学习之旅吧！

【设计意图】现场采访和视频播放导入，能够引起学生共鸣，营造学习气氛，激发学习兴趣，引出课题。

环节一：圆梦之旅第一站——寻梦

师：首先，开启我们圆梦之旅的第一站——寻梦。

让我们阅读教材第112页"运用你的经验"思考问题：每个人都有自己的梦想，采访身边的人（父母、老师、邻居等），记录他们的中国梦。

生1：父母的梦想是孩子健康快乐成长，成为对国家和社会有用的人才。

生2：老师的梦想是学生能够厚德成人，博学成才，全面而自由地发展。

……

师：想一想梦想有哪些作用，实现梦想需要哪些条件。

生1：梦想能激励我前进。

生2：梦想能够带给我希望。

……

师：梦想是我们对未来美好生活图景的愿望，它能不断激发生命的激情和勇气，让生活更有色彩。有梦想，就有希望；有梦想，才能不断地进步和发展。梦想能够帮助我们在茫茫大海中找到前进的方向。实现梦想需要对人生作出规划，需要不屈不挠、坚持不懈。

【设计意图】本环节旨在引导学生理解时代进步对于个人梦想的作用，为后面教学内容的展开作铺垫。

师：接下来，我们来看一看，国家为我们实现梦想提供了怎样的圆梦大舞台？让我们开启圆梦之旅的第二站——筑梦。

环节二：圆梦之旅第二站——筑梦

师：2020年是极其不平凡的一年，大家讨论和分享一下我们刚刚走过的2020年发生了哪些大事。

生1：北斗卫星导航系统建成。

生2：实现第一个百年奋斗目标——全面建成小康社会。

……

师：2020年是具有里程碑意义的一年，是全面建成小康社会和"十三五"规划的收官之年。在这样一个重要的时间节点，老师通过几幅图片带领大家一起回顾一下"十三五"时期的"成绩单"，感受一下我们中国的实力。

（多媒体展示"成绩单"）

师：同学们看到这个"成绩单"有什么感受呢？

生1：满满的成就感、获得感。

生2：满满的自豪感，为自己是一名中国人而骄傲。

……

师：通过刚才的分享，我们记录下新时代满满的"成绩单"，每一组数字，都承载着老百姓的获得感；每一组数字，既是过去努力的成果又是新征程的起点。中国取得如此成就说明中国腾飞了，为实现中国梦提供了最好的历史机遇。现在，我们比历史上任何时期都更接近中华民族伟大复兴的目标，比历史上任何时期都更有信心、有能力实现这个目标。

【设计意图】本环节让学生通过图片看到我们国家取得的成就，更直观地感知到中国的腾飞为实现中国梦提供了最佳历史机遇。

师：（过渡）同学们，成就不是天上掉下来的，更不是别人恩赐施舍的。来看一下这几张图片。

（多媒体展示《南京条约》、九一八事变、新中国成立、改革开放等图片）

师：同学们看完这些图片有什么感受？

生1：感受到祖国取得如此成就的不容易。

生2：感受到多难兴邦，经过中国人民的不懈探索和努力，才有我们现在的美好生活。

师：回顾这170多年的历史，我们走过了民族的屈辱史，经历了斗争与探索。同学们思考一下，在这样的发展历程中，中国共产党带领全国人民作出了哪些努力，让一个个不可能变为了可能呢？同学们可以联系所学知识及生活经历，从经济、政治、文化、社会、生态文明等方面进行讨论。

（学生小组合作，讨论3分钟）

生1：实现中国梦，必须坚持中国共产党领导。

生2：贯彻创新、协调、绿色、开放、共享的新发展理念。

生3：统筹推进经济建设、政治建设、文化建设、社会建设、生态文明建设。

生4：协调推进全面建设社会主义现代化国家、全面深化改革、全面依法治国、全面从严治党。

师：实现中国梦必须走中国道路，中国道路就是中国特色社会主义道路。必须弘扬中国精神，中国精神就是以爱国主义为核心的民族精神和以改革创新为核心的时代精神。必须凝聚中国力量，中国力量就是全国各族人民大团结的力量。

我们伟大的中国共产党带领全国人民披荆斩棘、乘风破浪、扬帆起航，相信只要我们坚持中国道路、弘扬中国精神、凝集中国力量，就一定能让中国这艘巨轮行稳致远，一定能实现中华民族伟大复兴。

师：（过渡）实现中国梦，中国人民是有信心的，那么，我们的信心来自哪里？

环节三：圆梦之旅第三站——圆梦

多媒体呈现材料：

2020年年初，新冠肺炎疫情牵动着全国人民的心。这次疫情防控阻击战，是一场举国上下、勠力同心的"人民战争"。

1998年抗洪抢险，中国赢了！2003年抗击非典，中国赢了！2008年抗震救灾，中国赢了！今天的抗"疫"之战是一场没有退路，只能打赢、必须打赢的决胜之战。

师：你认为中国人民能够打赢这场抗"疫"之战的信心来自哪里？

生1：来自中国共产党的正确领导。

生2：来自全体中国人民的团结奋斗。

生3：来自每一个平凡人的无私奉献。

师：刚才大家的分享非常棒，习近平主席在2021年新年贺词中说："平凡铸就伟大，英雄来自人民。每个人都了不起！"我们要坚定道路自信、理论自信、制度自信、文化自信这"四个自信"，当今世界，要说哪个政党、哪个国家、哪个民族能够自信的话，那中华民族是最有理由自信的。有了"自信人生二百年，会当水击三千里"的勇气，我们就能毫无畏惧地面对一切困难和挑战，就能坚定不移地开辟新天地、创造新奇迹。

请用几个词语描述一下你心中"自信中国人"的品质。

生1：斗志昂扬。

生2：脚踏实地。

生3：埋头苦干。

（教师通过课件展示自信中国人的品质）

师：征途漫漫，惟有奋斗。我们如何做一个自信的中国人呢？下面老师展示几双手的图片，请大家猜猜手的主人是什么样的人。

（教师展示图片）

师：通过图片的分享，我们知道这都是劳动者的手，看了这几双手，你有什么想法呢？

生1：我觉得梦想只有在这些劳动者的手中才能实现。

生2：劳动者的手是最美丽、最神奇的手，能够创造人生价值。

生3：这些手是最勤奋的手，奋斗的人生最美丽。

师：空谈误国，实干兴邦。新时代是奋斗者的时代，作为一名新时代的奋斗者，我们要在辛勤劳动中实现自己的人生价值，创造美好生活，演绎自己的人生，做自信的中国人，正如习近平总书记所说"幸福都是奋斗出来的"。

【设计意图】通过几张图片以及问题，激发学生的情感，告诉学生，我们要通过实干，努力奋斗，为实现中国梦贡献自己的力量。

教师活动：播放建党百年主题MV《少年》，让学生思考如何做自信的中国人。

学生活动：学生分享自己如何做自信的中国人。

师：同学们，初心从未有改变，百年只不过是考验。作为青年学生，要努力学习科学文化知识，坚定理想信念，练就过硬本领，勇于创新，不怕苦，不畏难，不惧牺牲，用肩膀扛起如山的责任，展现出青春激昂的风采，展现出中华民族的希望，用青年梦托起中国梦。

【设计意图】从青少年承担历史使命的角度，引导学生在实现中国梦的过程中实现个人梦，用实际行动助力中国梦，与时代同进步，与祖国共成长，增强学生的责任意识和使命感。

师： 同学们，岁月不居，时节如流，只争朝夕，不负韶华。新时代是奋斗者的时代，我们要做新时代的奋斗者，坚定理想信念，志存高远，脚踏实地，彰显新时代中国人的自信品格，与时代同进步，与祖国共成长！

请全体同学起立，进行宣誓。

少年强则国强，为共圆伟大的中国梦，我们以青春的名义庄严宣誓：

面对困难，我们勇于向前。面对挑战，我们毫不畏惧。面对挫折，我们不低头。面对失败，我们永不言弃。面对自己，我们不断超越。

五、教学反思

关注学生情感、态度与价值观的培养是思政课教学的重中之重。因此，本节课在情境设置、问题设置等方面精心谋划。本节课的设计，思路清晰，活动设计合理，通过寻梦—筑梦—圆梦这样一个旅程，使学生积极参与课堂教学。整个教学流程着力为学生搭建活动平台，体现以学生为本的思想。课程结束后的情感升华，让学生置身其中，激发学生情感，最终达到指导学习、引领成长的目标。

专家点评

本课以共圆中国梦这趟列车为主线，设计了三个环节的教学内容。寻梦环节，刘老师通过学生分享身边人的梦想，由大到小，由人及己，水到渠成地得出梦想的作用，以及实现梦想的条件。筑梦环节，刘老师引领学生分享2020年发生的大事，让他们为中国点赞，并结合"十三五"成绩单这样的时政素材，让学生感受我国现代化建设取得的巨大成就，从而更直观地感知中国的腾飞为实现中国梦提供了最佳历史机遇。刘老师抓住建党百年这一重大时代主题，巧妙地将党史融入课堂，让学生感悟我党团结带领人民开创现代化建设新局面的艰辛，从而懂得幸福生活来之不易、需要倍加珍惜的道理。如此匠心的设计，体现了刘老师深厚的历史底蕴和强烈的育人情怀，以及精湛的课堂驾驭能力。刘老师带领学生在轻松愉悦的氛围中突破了实现中国梦的途径这一教学重难点。圆梦环节，刘老师通过分析抗疫取得阶段性胜利的信心之源，最终落脚到中学生如何做自信的中国人，如何为实现中国梦贡献自己的一份力量，从而成功突破如何做自信的中国人这一教学难点，可谓设计精巧。

总体上看，刘老师这节课有以下三个突出特点：

1. 在本课教学资料的选择上，既有时政热点，也有与学生生活息息相关的生活常识。例如，在时政素材选取上，刘老师选用了视频《沿着高速看中国》、MV《少年》，以及2020年发生的一些大事的材料，"十三五"规划成绩单的图片等，充实了课堂内容，开阔了学生视野，有利于学生了解和感悟我国的发展成就，从而激发学生的爱国热情，为顺利达成教育目标奠定了坚实基础。

2. 在教学环节的设计上，刘老师通过踏上圆梦之旅这趟列车的方式，设计了寻梦—筑梦—圆梦三个环节的内容，环环相扣，层层推进，以《沿着高速看中国》这个视频导入本节课，把学生分享身边人的梦想作为第一个环节的素材，把"十三五"规划的成绩单和党史进课堂作为第二个环节的素材，把MV《少年》作为最后一个环节的素材。最后，通过集体宣誓，达到情感的升华，引发学生情感的共鸣，启发学生为实现中国梦而不懈奋斗。

3. 在新课程理念落实上，刘老师的教学，以学生为主体，以教师为主导，师生互动，生生互动，课堂气氛活跃，注重学生思维能力的形成以及情感的内化。本节课各教学环节的实施，让学生内化于心、外化于行，引导学生用实际行动助力中国梦，自觉珍惜与祖国和时代一起成长与进步的机会，把握享有人生出彩的机会，努力学习，坚定信念，做新时代的奋斗者，做自信的中国人。

（王嘉惠，商丘市第一中学副校长，中小学正高级教师）

增强生命的韧性

商丘市实验中学　楚林林

作者简介：

　　楚林林，女，1981年9月出生，中共党员，2005年毕业于中原工学院法学专业，法学学士，从教17年，中学一级教师，现任商丘市实验中学道德与法治教研组组长。2016年、2020年两次荣获河南省道德与法治优质课一等奖，参与的课题"道德与法治教学方式转变研究"获商丘市市级课题一等奖，发表论文《初中道德与法治学科课堂教学有效性探究》。

一、教学背景分析

1. 教学内容分析

本节课讲授的是人教版《道德与法治》七年级上册第九课第二框题的内容。本课第一目"生活难免有挫折"引导学生认识什么是挫折，分析人们对挫折的认识和态度不同，会产生不同的感受和反应，懂得及时调整自己，正确对待挫折。第二目"发掘生命的力量"引导学生懂得生命是有韧性的，我们需要发掘自己的生命力量，进而认识到怎样发掘生命的力量。

2. 学情分析

由于身心发展和社会阅历等方面的限制，初中生还不能对自己和社会有清楚的认识和评价，但他们的目标期望值又往往比较高，因而挫折就成为生活和学习中时常遇到的问题。由于缺乏对挫折的承受能力，特别是不能正确认识挫折的普遍性，有些学生因而情绪消沉，行为偏激，甚至患上心理疾病。本节课旨在引导学生理解挫折的积极意义，缓解他们在挫折面前的心理压力。

3. 整体教学思路

本节课的整体教学思路是依据"以学生发展为本"的指导思想和本课的特点，充分发挥学生的主体作用，选择自主学习、合作探究为主要学习方式，利用质疑解疑衔接各个教学环节，师生互动，合作探究，完成教学目标。

第一环节：感知挫折。让学生通过了解"人民英雄"张定宇的事迹，谈谈自己在实际生活中遇到的不开心的事，初步感知挫折。

第二环节：感悟挫折。采访学生，让他们结合生活实际，分享最近一次遭遇的挫折。通过讨论，让学生感悟到自己心里的挫折对别人来说也许并不是挫折。通过探究学习，让学生认识到人们对挫折的认识和态度不同，会导致不同的挫折反应。

第三环节：感谢挫折。通过搏击长空的鹰要经历 150 天的痛苦蜕变才能飞得更高更远的故事启迪学生明白我们每个人的生命也蕴含着一定的承受能力。通过多媒体播放视频《攀登》，展示中国人面对挫折，自强不息，发掘生命的力量，从而鼓舞学生在生活中勇于直面挫折、战胜挫折。

二、教学目标

（1）了解挫折的含义，知道人们对挫折的认识和态度不同，会产生不同的感受和行为反应。

（2）学会调控情绪，能够自我调适，增强承受挫折的能力，发掘自己的生命力量。

（3）感悟生命在挫折面前的韧性，培养学生的坚强意志。

三、教学重难点

1. 教学重点

正确认识和看待挫折。

2. 教学难点

发掘自己的生命力量。

四、教学过程

导入：游戏体验"蛋的进化"

课前准备：学生分组，八人一组，两两对决。

游戏规则：两人一组通过"石头、剪刀、布"决定输赢。输的趴在位上，身份是还未孵化的"鹰卵"；赢的站起来发育成"小雏鹰"，"鹰卵"和"小雏鹰"再决输赢。输的退化坐下，赢的进化为"幼鹰"。"幼鹰"飞到老师面前来，再决胜负。依此类推，四局全胜出即可发育成"雄鹰"。

学生活动：参与游戏，谈感受。

师：来，这只幼鹰，老师采访一下，说说看，你在游戏中有什么体会呢？

生：在简单的小游戏中，有的人刚开始就败下阵来，有的人在快成功的时候失败了，也有的人一战到底，成为最后的赢家。

师：小小的游戏蕴含着人生的哲理——人生不如意十之八九，成功不是一蹴而就的。今天，我们共同学习"增强生命的韧性"。

【设计意图】通过小游戏将学生引入课堂，激发学生兴趣和思考；学生回答问题后自然而然地过渡到本课内容——增强生命的韧性，使课堂之初就呈现开放、平等、和谐之美。

环节一：感知挫折

教师活动：多媒体展示资料《"人民英雄"张定宇》。

师：武汉市金银潭医院院长张定宇被授予"人民英雄"的国家荣誉称号。哪位同学讲一讲这位英雄的事迹？

（学生回答）

师：同学们，在同事的眼里，张定宇是一位雷厉风行的院长，如果没有疫情，大家都不知道这位英雄正在与罕见的绝症做着艰苦的斗争。他说，他的时间不多了，他必须跑得更快才能跑赢时间，抢回更多的患者。同学们，张伯伯的人生遭遇了什么呢？在你的记忆中又有哪些不开心、不顺利的事情呢？

学生分组讨论，讲述令自己不开心的事。

师：同学们讲了很多不开心的事，老师归纳起来大多属于以下几类，那它们都有哪些共同点呢？

```
           ┌── 学业压力
           │
    挫折 ───┼── 亲子关系
           │
           └── 青春情感
```

教师归纳总结：当我们怀揣美好的愿望、目标和期待去努力时，难免会遇到阻碍或失败。这些就是挫折。

（教师通过课件展示挫折的含义）

【设计意图】通过创设问题情境，把探究活动的主动权交给学生，启发学生打开记忆之窗，拓宽思考空间；通过回忆令自己不开心的事，初步感知挫折，自然过渡到下一环节。

环节二：感悟挫折

师：你心里的挫折对别人来说也是挫折吗？

（依次采访学生）

教师活动：经过几轮采访，我们发现面对不同的挫折，不同的人会有不同的情绪感受和行为反应；即使遭遇同样的挫折，不同人的情绪感受和行为反应也是不同的；同一个人在生命的不同时期，对于挫折也会有不同的感受和行为反应。产生这些不同感受和行为反应的主要原因是人们对挫折的认识和态度不同。

师：其实，早在《说文解字》当中，"人"字就被这样解释，"人，天地之性最贵者也"。也就是说，人这一生会遇见很多的挫折，而披荆斩棘战胜挫折的过程，就好像是人生的一张考卷，要想交上一份满意的答卷，实属不易。

【设计意图】该活动以对比讨论的形式设计问题，触动学生内心，充分调动其参与的积极性和主动性；同时，在总结感受的过程中，促使学生自觉感悟，从而为下一环节的开展埋下伏笔。

环节三：感谢挫折

师：我们一起再次审视人生的这张考卷，假如与挫折再相遇，你会有新的想法和决定吗？请大家书写你的答卷。

学生活动：书写答卷"我与挫折再相遇"。

感谢 挫折

学业压力　　亲子关系　　青春情感

师：接下来，让我们从这一张张的答卷中，评选出今天我们这个舞台上的"韧"性达人。我们要为获此殊荣的同学点赞，要学习他们"挫而不折，折而不怠"的"韧"精神。

勇于战胜挫折　　生命最具韧性

"韧"性达人
推荐（自荐）班级同学若干

最具韧性潜质　　……

"韧"精神：挫而不折，折而不怠

师生总结：生活中的挫折是我们生命成长的一部分。失意时，挫折会使我们获得更加丰富的生活经验。

【设计意图】本环节以书写人生答卷为依托，精心设计了一个个问题，使学生在思考、交流、回答这些问题时，自然而然地发掘自己生命的力量，也使教学目标无声地注入学生的心中。

师：2020年5月27日，中国珠峰高程测量队再一次成功登上珠穆朗玛峰。

（播放视频《攀登》）

中国人的攀登，从不止于珠峰。中国人民自力更生，艰苦创业，实现了从站起来、富起来再到强起来的历史性飞跃。如今又在疫情风暴面前,坚定逆行,用自强和拼搏让无数不可能变成可能。每一个逆流而上的你,都在攀登自己心中的"珠峰"。习近平总书记曾说:山再高,往上攀,总能登顶;路再长,走下去,定能到达!

【设计意图】本环节讲述的是中国人的真实故事,能够引起学生共鸣,触动学生内心,达到感染、启发的目的。

师:同学们,今天我们共同了解了挫折,体会了挫折对人生的意义,知道了增强生命韧性的方法。

【板书设计】

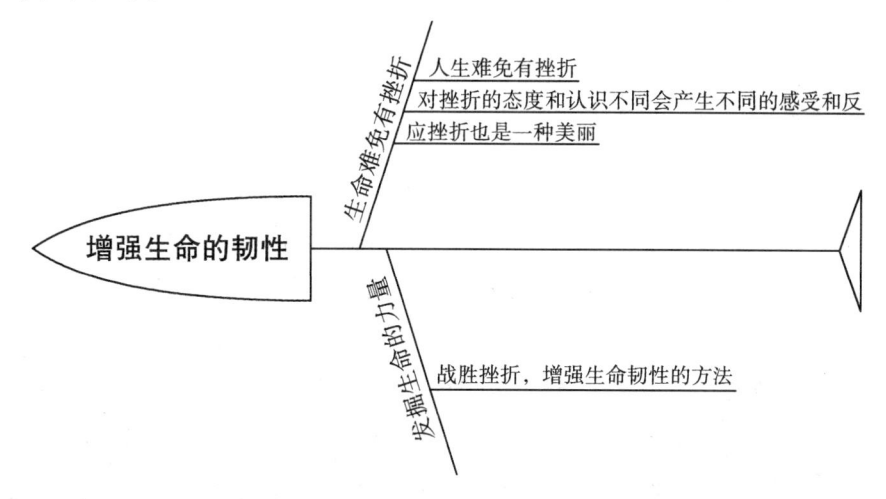

```
                      人生难免有挫折
              生命难免有挫折  对挫折的态度和认识不同会产生不同的感受和反应
                      挫折也是一种美丽
增强生命的韧性
              发掘生命的力量  战胜挫折,增强生命韧性的方法
```

师:天行健,君子以自强不息。亲爱的同学们,你们是祖国未来的建设者和接班人,10年、20年之后,你们将迎来人生更大的舞台,为了生命更精彩,此时,你最想传递的自强誓言是什么呢?你想把它传到我们的哪个城市去?下面,让我们一起书写自强誓言,让自强不息的火种照亮每个人的前程,为祖国的明天增光添彩!

本节课在学生书写自强誓言之中结束。

【设计意图】本着"以参与求体验,以创新求发展"的教学理念,为学生创设一个体验的活动——书写自强誓言,帮助学生深化对挫折的认知,启迪学生在生活中直面挫折的勇气,发掘生命的力量,增强生命的韧性。学生在参与活动的过程中被深深触动,生命教育悄然而至。

五、教学反思

在这节课的教学过程中,我坚持了面向全体学生的原则,以学生的需要和感知为出发点，尊重与理解学生，在合作交流、探究学习活动中，极力创设融洽、和谐的氛围；设计形式多样的体验性活动，使学生拥有了更多的体验机会。在问题的设计上，我提出了许多让学生通过自主学习或探究合作基本能够解决的问题。在教学的各环节中，我注重观照学生的观察、回忆、思考、分析能力，让学生从看、听、想、做中逐步领悟对挫折的思考。同时，鼓励学生作深入的自我探索，让学生在自我开放、自我体验、自我领悟和自我实践中得到成长。另外，在教学过程中也存在课堂语言不够精练，对于课堂上突发的问题未能做到充分而全面的预设等不足，对此，我将在以后的教学与教研中不断改进。

专家点评

《孟子》云："天将降大任于是人也，必先苦其心志，劳其筋骨，饿其体肤，空乏其身，行拂乱其所为，所以动心忍性，曾益其所不能。"通过道德与法治课帮助学生正确认识挫折的含义和影响，增强生命的韧性，帮助学生树立积极的人生态度显得尤为重要。整体上看，本节课有以下几个亮点：

1. 楚老师能根据初中生好奇善动的特点，用小游戏导入新课，在教学过程中充分体现了"以学生为主体"的教学理念，轻松愉快地完成了本节课的教学重点，并突破了难点，让学生明白了面对挫折的正确处理方法。

2. 楚老师围绕学习目标，带领学生在感知挫折、感悟挫折、感谢挫折的过程中突破记忆的难点，学会融会贯通。在教学过程中为学生展示了"人民英雄"张定宇的事迹，把课内基础知识与现实生活中的事例相结合，使学生在现实情境中展开有效学习，激发学生自主思考问题的能力，调动学生学习的积极性。再从名人榜样回归到自身生活，总结战胜挫折的方法，有助于提高学生解决问题的能力。课堂整体氛围活跃而欢快，学生乐于学习，教师寓教于乐。

3. 楚老师的这节课将讨论教学法、情境教学法、案例教学法等教学方法融为一体，通过观看视频、小组讨论等丰富的课堂形式，调动了全体学生的积极性，尤其是通过"书写自强誓言"活动，升华主题，让学生发自内心勇敢面对挫折，增强生命韧性。课堂气氛和谐，教学效果显著。

（窦树东，商丘市梁园区基础教育教学研究室，中小学正高级教师）

共圆中国梦

驻马店市第一初级中学　谢　齐

作者简介：

谢齐，女，1983年1月出生，2005年毕业于郑州大学思想政治教育专业，中小学一级教师，现在驻马店市第一初级中学担任道德与法治学科教学工作。2017年6月被河南省教育厅评为省级骨干教师，2017—2018学年年度优秀德育课教师；2018年获初中道德与法治优质课一等奖；2019年发表论文《初中道德与法治课法治教育的实效性分析》，完成市级课题"新课程课堂教学艺术研究"。

一、教学背景分析

1. 教学内容分析

本节课讲授的是人教版《道德与法治》九年级上册第八课的内容。本节课主要是引领学生了解国家建设目标以及奋斗历程，最终激发学生的历史责任感和使命感，从而进一步理解个人的成长与祖国发展之间存在的关系，为学生下一节课知识的学习做好铺垫。

2. 学情分析

在具体生活中，学生可以通过各种途径了解我国当前发展所取得的重大成就，进一步感受社会发展良好环境的构建有助于实现中国梦。学生对中国梦发展变化的直观认识并不缺乏，唯一缺乏的是对中国梦的抽象概念以及"四个自信"的认识，尤其是学生刚刚接触这些名词，可能会感到枯燥、难懂。教师应注重结合学生个性特点，将直观画面与抽象概念结合起来，帮助学生深入理解中国梦，并为中国梦的实现作出自己的努力。

3. 整体教学思路

在选取本节课的教学方法时，我从多个视角进行综合性考虑。首先，考虑教材与教学方法是否契合，在具体课堂教学中选取合适的教学方法，可以为教学带来助力。其次，从学生的视角进行考虑，改变过去传统单一的教学方式，将学习主动权还给学生，从而呈现课堂教学的有效性。同时，还从学生的视角预设各种可能发生的意外状况。在教学中，具体采取问题导入、情境创设以及小组讨论等多种方式，引领学生真正深入到课堂学习中，高效掌握更多的课堂知识。

二、教学目标

（1）在具体课堂学习中了解中国梦实现的具体途径，深入了解自信中国人的特点以及自信的源泉，全方位培养学生的优良道德品质。

（2）在积极努力实现自己梦想的环节中为实现中国梦作出自己的贡献，有效培养学生的国家意识。

（3）在课堂学习中强化学生的民族自豪感以及民族自信心，形成强烈国家认同感，与国家民族休戚与共的责任感，以及"先天下之忧而忧，后天下之乐而乐"的国家使命感。

三、教学重难点

1. 教学重点

了解中国梦实现的具体途径。

2. 教学难点

了解中国人自信的源泉。

四、教学过程

导入：古今对话——小记者采访

教师为学生们播放《典籍里的中国》视频，在视频中呈现宋应星和袁隆平种植水稻的画面。主持人撒贝宁作为古今对话的联络者，连接了宋应星和袁隆平，讲述他们一起致力于天下富足的梦想。

师：我们了解了宋应星和袁隆平的梦想，那么我们身边的人是否也有属于自己的梦想呢？大家一起扮演小记者去采访他们吧。

（学生各自拿出自己准备的话筒，围绕自己身边的同学进行采访）

生1：你的梦想是什么？

生2：我希望将来可以做一名医生，因为我的父母就是医生，虽然他们陪伴我的时间非常少，但是我从他们的身上看到了救死扶伤的医生使命。我的爸爸曾经告诉我说："我作为父亲可能不是很称职，但是我作为一名医生，我为我挽救了许多生命而感到自豪，我的梦想不就是看到每一位病人都可以健康地离开医院吗？"所以我长大后也想像爸爸妈妈一样，为病人服务。

生1：那么，要想实现自己的梦想，你需要做哪些努力呢？

生2：我从现在开始会好好学习，掌握更多的知识，为我将来走进医院，成为一名合格的医生打好基础。

师：同学们的采访非常棒，那么我们的梦想仅仅依靠自己的努力就可以实现吗？接下来，让我们一起走进本节课——共圆中国梦。

【设计意图】在导入环节中，为学生播放《典籍里的中国》的经典片段，从宋应星和袁隆平这两位古今科学家的梦想入手，引出学生自己的梦想，再让学生扮演小记者，采访同学的梦想，之后顺势引出本节课的内容，让学生懂得梦想的实现不仅要依靠自己的努力，还要依靠和谐稳定的大环境，为下一环节——圆梦大舞台教学做好铺垫。

环节一：圆梦大舞台——了解中国梦的实现途径

教师借助课件为学生呈现相应材料：

中国梦是中国共产党第十八次全国代表大会召开以来，习近平总书记提出的重要指导思想和重要执政理念。习近平总书记将中国梦定义为实现中华民族伟大复兴，这个梦想一定会实现。

师：相信大家已经看完材料了，材料中说中国梦"一定会实现"，大家是如何理解的呢？

（学生各自翻阅课本，从课本中寻找材料，有的学生说因为中国始终坚持中国共产党的领导，还有的学生说中国实现梦想的时机已经成熟了）

师：每一位同学都说得都非常对，但是还不够全面。现在我们比历史上任何时期都更加接近于中华民族伟大复兴的目标，比历史上任何时期都更加有信心、更加有能力实现这个目标。因为当前我国综合国力明显增强，为中国梦的实现提供了坚实基础，中国特色社会主义道路为中国梦的实现指明了方向，中国的腾飞为中国梦的实现提供了最好的历史机遇。

师：同学们，如今我们处于最好的发展时期，那么我们应当如何实现中国梦呢？

生1：我们要想实现中国梦，应当始终坚定"四个自信"。

生2：坚定"四个自信"是指道路自信、理论自信、制度自信、文化自信。

师：你们都说得都非常棒，但大家对于上述理论知识的认识可能不够充分。接下来，让我们一起走近中国女排，看看她们是如何看待梦想的。

播放视频：

中国女排"铁榔头"郎平13岁进入北京工人体育馆少年体校排球班练习排球，16岁入选北京市排球队，18岁入选国家集训队。之后跟我们中国女排姑娘一起创造了我们国人的骄傲——五连冠，创造了我们的"女排精神"。

师：每个人都应该有自己的梦想，有梦想就有实现的可能。如何实现梦想呢？让我们一起进行讨论吧。

生1：我有自己的梦想，我会为了自己的梦想而努力奋斗，我相信总有一天我会实现自己的梦想。

生2：如果一个人没有梦想，那么和咸鱼有何区别呢？

师生共同总结：我们处于中国发展的最好时期，如今也是梦想放飞的年代。十四亿中国人都可以拥有属于自己的梦想，只有奋斗的人才称得上是幸福的人，现时代也是奋斗者的时代。

【设计意图】从材料入手，引领学生感悟中国梦，了解中国梦，掌握中国梦实现的有效途径，同时从具体事例入手，让学生体会每个人都拥有属于自己的梦想，并应为梦想的实现奋斗终身。

环节二：自信中国人——中国人的自信

播放视频：

企业家：越来越多的中国行业标准正在成为世界标准。

文学家：越来越多的中国作品和中国作家在国际上获奖，证明中国文学的水平正在不断提升，升到了让世界可以看到的高度。

企业职工：我虽然是一名工人，但是自从我参加工作以来，已经获得了150多项科技成果，获得了多项国家专利，为企业创造效益将近8400万元，我和同事所取得的一项技术革新成果还被国内外同行广泛采用了。

师：从上述的短片中，我们可以看到中国自信的面容，现在我们一起思考一下，中国人的自信究竟来源于哪里呢？

生1：中国共产党开辟了中国特色社会主义道路，并形成了中国特色社会主义理论体系，确立了中国特色社会主义制度，发展了中国特色社会主义文化，而这就是中国自信以及民族自信的根本所在。

生2：还有就是在中国共产党的领导下，中国特色社会主义伟大事业不断取得新的成就，国家发展以及民族振兴让中国人更加自信了。

师：袁隆平、屠呦呦、顾秋亮、宁允展，我们从他们的脸上看到了自信，他们就是自信的中国人。那么中国人的自信具体表现在哪些方面呢？

生1：自信中国人对于国家的认同。

生2：自信中国人对于文化有底气。

生3：自信中国人对于发展有信心。

师：那么我们应当如何正确认识自信呢？

生：自信不是妄自尊大，也不是故步自封，在经济全球化的时代，面对各种思想文化的碰撞以及价值观念的冲突，我们需要培育理性平和，不卑不亢，始终持有包容开放的心态。

师：我们大家一起回忆自己所看到过的清洁工的手、妈妈的手、工人的手，了解他们手中的温暖与力量，那么老师心中始终有个疑惑，为何梦想只有在劳动者的手中才能实现呢？

生1：因为劳动创造价值。

生2：因为劳动才能够距离梦想更进一步，不劳动等于停滞不前，永远不会赶上梦想的脚步。

师生共同总结：自信的中国人不仅是梦想家也是实干家。他们不仅拥有理想，还求真务实；不仅满怀激情，还锲而不舍。只有实干才能够实现梦想，只有辛勤劳动才能够开创美好生活。

师：那么我们应当如何做一名自信的中国人呢？

师生共同总结：我们应当不忘初心，继续前进，应当坚定中国特色社会主义道路自信、理论自信、制度自信、文化自信。

【设计意图】通过带领学生走近中国自信，了解自信的中国人，分析中国人自信的源泉，有效巩固学生对本环节的认识，帮助学生从抽象概念的认识具体到实际行动中。

环节三：综合习题解读——砥砺前行

教师为学生呈现中国梦，并举办了"中国梦我的梦"的主题活动，邀请班级中的每一位学生都参加。

首先，回忆梦想。回忆奥运梦、世博梦、航天梦等。

师生共同解读：我国在过去发展中梦想成真的主要原因在于，开辟了中国特色社会主义道路，并形成了中国特色社会主义理论体系。

其次，了解当前中国发展所面临的问题还有哪些。

师生共同解读：当前我国生产力水平比较低，而且各个区域之间发展也不平衡；科学技术水平、民族文化素质还不够高；社会主义制度不够完善；等等。

再次，讨论实现梦想的途径：坚持计划生育、保护环境、对外开放等基本国策。

师生共同解读：在实现中国梦的过程中，应当始终坚持我国的基本国策，实施科技兴国以及可持续发展等战略，为中国梦的实现奠定基础。

最后，将个人梦想与国家梦想相结合：伟大中国梦将在我们这一代人手中实现，那么我们应当如何做才能够实现中国梦呢？

师生共同解读：将个人梦想与国家梦想结合在一起，努力学习，提升自身素养，用于承担社会责任。

【设计意图】在课堂教学最后环节设计综合习题，旨在使学生了解中国发展所面临的问题，并引导他们正视问题，明确个人理想与国家理想相结合，为中国梦的实现贡献自己的一份力量。

五、教学反思

在完成本节课教学任务之后，我认为自己各个方面都完成得不错，教学环节分明，层次清晰，能够将教学理论与教学实例相结合，并采取了问题教学、情境教学以及小组讨论等多种不同方式，极大地激发了学生的积极性。但是深入分析之后发现依然存在很多不足之处。例如，在课堂上急于完成任务，直接将理论知识灌输给学生，没有为学生预留思考与探究时间，长期如此，会导致学生产生思维惰性。同时，在课堂教学中对教学课件的运用比较频繁，可能会导致课件教学替代学生思考，不利于学生思维的发展。因此在以后的课堂教学中，我会努力改进不足之处，不断学习新的教学理论，创新教学方法，为学生呈现高质量课堂。

专家点评

本节课注重教学情境的创设，善于调动学生学习的积极性，师生互动明显，课堂教学氛围也比较活跃，整体教学环节由浅入深，引领学生进行思考与总结，尊重了学生的课堂主体地位，培养了学生解决问题的能力，恰到好处地实现了三维教学目标。课堂教学整体过程非常严谨，体现了该教师较强的教学基本功。

建议：首先在课堂教学中应当为学生预留更加充分的讨论以及思考时间，注重控制课堂教学节奏，不可前松后紧，否则容易导致学生对于知识的学习与掌握不够扎实。其次，教学情境的创设可以适当增加一些难度，便于更好地训练学生思维能力。最后，在教学环节中应注重灵活应对学生提出的各种问题，不可打击学生学习的积极性。

（马青香，驻马店市第一初级中学，中小学正高级教师）

坚持国家利益至上

驻马店市第二初级中学　张　瑜

作者简介：

张瑜，女，2013年毕业于河南师范大学思想政治教育专业，中小学二级教师，教龄9年，现为驻马店市第二初级中学道德与法治教师。所做优质课"家的意味"获市级一等奖，所主持的市级课题"诚信教育在思想政治教学中的价值研究"成功结项。

一、教学背景分析

1. 教学内容分析

本节课讲授的是人教版《道德与法治》八年级上册第八课第二框题的内容，从思想和行为两个角度，引导学生明确如何真正做到以国家利益为重。教材首先通过典型材料分析，为学生提供榜样和示范，确立本框题学习的情感基调。

2. 学情分析

初中阶段是学生的世界观、人生观、价值观形成的关键时期。在这个阶段，帮助学生形成正确的国家利益观，引导他们正确处理国家利益与个人利益之间的矛盾和冲突，对于初中生的健康成长具有重要意义。

学生进入初中阶段后，认知能力和思维水平有了很大提高，能够开始用联系的、发展的、全面的观点分析国家和社会现象。但是，他们的思想还不成熟，社会经验比较欠缺，对如何维护国家利益在认识上存在不少误区。

在全球联系日益密切、价值观念日益多元化的今天，如何更好地维护国家利益，如何正确处理国家利益与个人利益的矛盾和冲突，是摆在每个人面前的重大而紧迫的现实问题。基于以上考虑，拟采用知识讲解、情境分析、辩论式教学等方法，使学生在理性思维中产生思维碰撞，提高维护国家利益的意识，树立正确的国家利益观。

3. 整体教学思路

本节课准备从热点时政新闻入手，致敬戍边英雄，通过活动探究，让学生感受到戍边战士坚持国家利益至上的爱国情怀，从而树立爱国意识，自觉捍卫国家利益。

二、教学目标

1. 情感、态度与价值观目标

增强维护国家利益的责任感和使命感，能够合法有序地表达爱国情感，能够主动为维护团结稳定的社会局面贡献力量。

2. 能力目标

学会正确看待社会生活中不同人表现出的国家利益观念和行为，逐步形成在复杂的社会生活中作出正确价值判断和选择的能力。能够正确处理国家利益和个人利益之间的矛盾和冲突，提高社会实践能力。

3. 知识目标

知道要做到坚持国家利益至上，在思想上必须有维护国家利益意识，在行动上要以国家利益为重，同一切损害国家利益的行为作斗争。

三、教学重难点

1. 教学重点

树立维护国家利益的意识，捍卫国家利益。

2. 教学难点

捍卫国家利益。

四、教学过程

导入：播放视频《加勒万河谷冲突　边防战士英勇战斗》

师：你如何评价边防战士的英勇事迹？

（学生回答）

师：边防战士的英勇无畏是对国家利益至上的最好诠释，无论何时何地，我们都应该坚持以国家利益为重,把国家利益放在第一位。

【设计意图】通过导入当前时政热点新闻,激发学生的兴趣。

环节一:意识篇——树立维护国家利益意识

1. 活动探究:爱国之情存心中

(播放视频《烈士肖思远》)

师:从肖思远烈士的日记中,你能感受到他具有哪些精神品质?

生:他身上有强烈的爱国主义精神,有对祖国深沉的爱。

师:在冲突中,肖思远为了祖国利益,顽强战斗,这体现了他心怀爱国之情。由此我们可以得出结论:要心怀爱国之情,牢固树立国家利益至上观念,以热爱祖国为荣,以危害祖国为耻。

【设计意图】通过探究肖恩远烈士的精神品质,让学生明白要心怀爱国之情,牢固树立国家利益至上的观念,以热爱祖国为荣,以危害祖国为耻。同时培养学生分析问题的能力。

2. 活动探究:保家卫国有方法

(展示图片:中印边境冲突)

师:当今世界并不太平,威胁国家安全和发展的内外因素仍然存在,这些因素将会损害到国家利益。因此,坚持国家利益至上,就要树立和增强危机意识和防范意识。

【设计意图】通过图片分析,让学生认识到坚持国家利益至上,就要树立和增强危机意识和防范意识。

3. 活动探究:表达爱国要理性

(多媒体展示漫画:《暴力"碍"国》)

师:请同学们思考,漫画中人物的行为正确吗?我们如何表达爱国情感?

(学生讨论,派代表回答)

师:坚持国家利益至上,我们要增强维护国家利益的责任感和使命感。我们要正确表达爱国情感,就应该用理性、务实、文明的心态,合法有序地表达爱国情感,维护国家利益。我们这样做实际上就是在对国家尽自己应尽的一份责任。可见,坚持国家利益至上,还要增强维护国家利益的责任感和使命感,而要增强这种责任感和使命感,就不仅要做到理性爱国,还要努力学习,提高素质,为更好地维护国家利益作贡献。

【设计意图】通过探究和讲解,让学生明白坚持国家利益至上,还要增强维护国家利益的责任感和使命感。同时,培养学生分析问题、解决问题以及作出正确价值判断的能力。

师:树立维护国家利益意识要从以下三方面着手。

(1)坚持国家利益至上,我们要心怀爱国之情,牢固树立国家利益至上的观念,以热爱祖国为荣,以危害祖国为耻。

(2)坚持国家利益至上,就要树立和增强危机意识和防范意识。

(3)坚持国家利益至上,要增强维护国家利益的责任感和使命感。

环节二:行动篇——捍卫国家利益

1. 活动探究:国家利益要至上

(多媒体展示材料)

材料一:2009年6月,二十岁出头的陈红军从西北师范大学心理学专业毕业。本已通过公安特警招录考试,可一听说征兵的消息,他临时"变卦",踏入火热军营。

2015年,肖思远在河南农业职业学院汽修专业读书,正在实习的他得知征兵入伍的消息,毫不犹豫就报了名;2016年9月,肖思远入伍,到了祖国西部边陲。

2019年,陈祥榕高中毕业后报名参军。原本有机会去空军后勤部队,但他却说他想上前线。他了解到有机会去边疆,虽然知道戍边辛苦,也存在一定危险,但他认为当兵要去就去最艰苦的地方。

材料二:在加勒万河谷冲突中,祁发宝身负重伤,陈红军、陈祥榕、肖思远毫不畏惧、英勇战斗,直至壮烈牺牲。王焯冉在渡河增援一线时,为救助战友牺牲。

思考问题:

(1)结合两则材料说说戍边英雄是如何处理国家利益与个人利益之间的关系的。

(2)当个人利益与国家利益发生矛盾的时候,我们应该怎么办呢?

(学生分小组讨论,2分钟后派代表发言)

生1:陈红军放弃了公安特警的工作,选择参军入伍。

生2:肖思远放弃实习工作机会,参军入伍,到了祖国的西部边陲。

生3:陈祥榕放弃了在空军后勤部队的机会,选择了艰苦的边防部队。

生4:当国家利益与个人利益发生冲突时,有时要放弃个人利益,甚至献出自己

的生命。

师：戍边英雄们放弃了个人利益，选择了国家利益。当国家利益与个人利益发生矛盾时，我们要着眼长远，顾全大局，始终以国家利益为重。

虽然国家利益与个人利益在根本上是一致的，但二者不完全等同。国家利益是关系全局的、长远的利益，有时难免同个人利益发生矛盾。无论何时何地，我们都应当着眼长远、顾全大局，以国家利益为重，把国家利益放在第一位。

在加勒万河谷冲突中，为了捍卫国家利益，祁发宝负伤，陈红军、肖思远、陈祥榕、王焯冉英勇牺牲。由此可见，为了国家利益，有时不仅需要放弃个人利益，甚至要献出自己的生命。

【设计意图】通过小组探究戍边英雄如何处理国家利益和个人利益之间的关系，让学生明白我们应当以国家利益为重，把国家利益放在第一位。

2. 活动探究：捍卫国家利益我行动

（多媒体播放视频《烈士陈祥榕》）

师：陈祥榕烈士的事迹给我们带来了哪些启示？

生：我们要把国家利益放在第一位，同损害国家利益的行为作斗争。

师：对！坚决同一切损害国家利益的行为作斗争。

我们要始终把国家利益放在第一位，捍卫国家尊严，坚决同一切损害国家利益的行为作斗争。在日常生活中，我们要自觉遵守道德和法律，积极维护国家团结稳定的局面。

【设计意图】通过展示热点问题，激发学生的积极性，提高学生对维护国家利益的认同感。

师：捍卫国家利益，应从以下三个方面着手。

（1）当国家利益与个人利益发生矛盾时，我们要着眼长远，顾全大局，始终以国家利益为重。

（2）为了国家利益，有时不仅需要放弃个人利益，甚至要献出自己的生命。

（3）我们要始终把国家利益放在第一位，捍卫国家尊严，坚决同一切损害国家利益的行为作斗争。在日常生活中，我们要自觉遵守道德和法律，积极维护国家团结稳定的局面。

环节三：拓展延伸

师：烈士肖思远、王焯冉都是河南的好儿郎，作为河南的中学生，在日常生活中，你打算怎样以实际行动向烈士学习,捍卫国家尊严?

(学生回答后,教师小结)

【设计意图】让学生将所学知识落实到具体行动当中,做到知行统一,从而实现情感升华。

环节四:课堂训练

利用多媒体展示下面选择题:

近几年,随着人民生活水平的提高,我国人民已进入"大众旅游"时代,越来越多的人走出国门,享受异国风情带来的轻松和快乐。但与此同时,各种媒体也时有报道类似插队等不文明事件,不仅破坏了中国游客的形象,也大大损害了国家的荣誉。维护国家的荣誉和利益是我们每个公民义不容辞的责任,它要求我们做到(　　)

①增强维护国家利益的责任感和使命感,做到文明旅游

②捍卫国家尊严,同一切损害国家利益的行为作斗争

③以国家利益为重,把国家利益放在第一位

④公民在个人利益与国家利益面前,要以个人利益为重

A.①②④　　　B.①②③　　　C.①③④　　　D.②③④

(教师引导学生对选项一一进行讨论,最后选出正确答案B)

环节五:本课小结

请学生畅谈本节课的收获。

师:本节课我们了解了国家利益与个人利益的关系,明确了个人要勇于维护国家利益,顾全大局,以国家利益为重,甚至需要放弃个人利益。我们要树立维护国家利益的意识,在日常生活中,我们要自觉遵守道德和法律,坚决同一切损害国家利益的行为作斗争,积极维护国家团结稳定的局面。

【设计意图】学生做课堂总结,教师点评,能够及时发现学生学习本节课的效果,同时培养学生归纳梳理知识的能力。

五、教学反思

本节课作为本册教材最后一个单元的开门课,具有很重要的承上启下、衔接过

渡作用。因此在设计本节课的教学时，在价值认知、知识构建和能力提升方面都需要和前三个单元相映衬，如讲解维护国家利益需要理性、务实、文明、守法有序，还要遵守道德与法律，要同损害国家利益的行为作斗争，就是对前面三单元知识点的汇总与延展，就是告诉学生爱国要做好日常生活的点滴小事，要对自己负责，对他人负责，对社会负责。接下来，针对这些学生有一点认知基础的问题设计了小组活动，引导学生自己去探索、去领悟、去反思，从而达到提高学生学科素养的目的。本节课的内容虽有一定难度，但条理清晰。教学时，选取了一些有针对性的案例，引导学生分析材料，从而使其更好地理解教材的内容。另外，在设问环节，要设置得再明确直接一些，并留给学生足够的思考空间。

专家点评

该授课老师备课认真，课堂设计新颖，教学环节采用最新时政新闻，体现了道德与法治的学科特点，优化了课堂资源，起到了层层递进、过渡自然的作用。

1. 本节课选材恰当，在充分挖掘利用好课本内容的基础上，做到了有效的剪裁，既利用了课本内容，又加以创新，把文字改成视频，同时添加改进问题，增加了课本内容的厚度。

2. 充分利用课堂活动，让学生积极参与课堂，不管是小组合作还是创设情境，基本上都能做到让学生充分地表达。

3. 在课堂设计中，教师能兼顾每位学生，注重学生的主体地位，体现了新课改的三维目标。在情感、态度和价值观方面，帮助学生树立正确的国家利益观，增强维护国家利益的责任感和使命感，让学生合法有序地表达爱国情感。在过程和方法方面，根据认知的知、情、意、行培养过程，让学生学会正确看待社会生活中不同人表现出的国家利益观念和行为，培养正确的价值判断和选择的能力；从小学会正确处理国家利益与个人利益之间的矛盾，增强社会实践能力。在知识和能力方面，让学生知道要做到坚持国家利益至上，必须在思想上树立维护国家利益意识，在行动上要以国家利益为重，同一切损害国家利益的行为作斗争等。

（赵静，驻马店市第二初级中学，中小学高级教师）

延续文化血脉

邓州市城区第一初级中学校　盛海燕

作者简介：

盛海燕，女，1974年6月出生，1996年毕业于南阳师范学院政治教育专业，现任邓州市城区第一初级中学校九年级道德与法治教师，中小学一级教师，教龄26年。2020年1月参与的课题"生命教育在道德与法治教学中的实施策略研究"获邓州市教育局一等奖。

一、教学背景分析

1. 教学内容分析

本节课讲授的是人教版《道德与法治》九年级上册第五课第二框题的内容，主要阐述了中国特色社会主义文化是中华文化的血脉延续，中华传统美德是中华文化的精髓。我们要坚定文化自信。本框题第一目分析了中华文化的来源和特征，揭示了中国特色社会主义文化是中华文化的血脉延续，重点落在从中华文化的价值角度理解坚定文化自信的重要性以及如何坚定文化自信。第二目侧重从代代传承的中华美德角度，阐释中华传统美德的丰富内涵和重要价值，重点落在"中华传统美德是中华文化的精髓，蕴含着丰富的道德资源，是建设富强民主文明和谐美丽的社会主义现代化强国的精神力量"。

2. 学情分析

文化自信，是更基础、更广泛、更深厚的自信。当今世界，各种思想文化相互激荡，我们要坚定文化自信，需要从中华优秀传统文化中发掘资源，构筑共同的精神家园。"人生的扣子从一开始就要扣好。"初中学生正处于世界观、人生观、价值观形成的关键时期，此时打牢中华文化底色，传承中华美德，对学生的健康成长具有重要意义。

随着年龄的增长以及学科知识的积累,九年级学生对中华文化有了一定的认知。但是随着经济全球化与信息技术的发展,历史的和现实的、本土的和外来的、先进的和腐朽的各种各样的文化相互激荡。在这一大环境下,九年级的学生受其心理发展水平、认知能力及辨别是非能力的限制,在一定程度上会淡漠对中华优秀传统文化价值的认识,从而忽视对中华优秀传统文化的继承与发展。

本课引导学生有意识地了解中华文化的特点及其内在的创造力和包容力,感悟中华传统美德蕴含的丰富道德资源,明确中华文化是建设富强民主文明和谐美丽的社会主义现代化强国的精神力量,从而使学生自觉重视中华文化的价值,增强对中国特色社会主义文化的价值认同与自信。

3. 整体教学思路

本框题主要采用自主学习、合作学习、探究学习相结合的方式,引导学生积极参与教学活动,广泛交流讨论,多关注新闻事件和评论,将其与教材知识点相结合,以加深对知识的理解。同时,及时纠正学生之前的一些错误观念,使其更加全面地认识中华文化的内涵,懂得文化自信的重要意义,知道中华传统美德是中华文化的精髓,懂得美德的力量在于践行。

二、教学目标

1. 情感、态度与价值观目标

(1)感受中华文化魅力,热爱中华文化,传承并弘扬中华文化。

(2)认同中国特色社会主义文化,坚定文化自信。

(3)体会中华传统美德的力量,自觉传承中华传统美德。

2. 能力目标

(1)提高对中华文化、中华传统美德的认知和运用能力。

(2)立足社会主义先进文化,提高辩证认识文化现象的能力,并能作出符合文化自信要求的判断和选择。

3. 知识目标

(1)了解中华文化的内涵,懂得文化自信的重要意义。

(2)知道中华传统美德是中华文化的精髓,懂得美德的力量在于践行。

三、教学重难点

1. 教学重点

了解中华文化的内涵，懂得文化自信的重要意义。

2. 教学难点

知道中华传统美德是中华文化的精髓，懂得美德的力量在于践行。

四、教学过程

播放视频，导入新课

播放视频《中华自信》，感受中华文化。

师：《中华自信》这个视频为我们呈现了我国博大精深、源远流长的传统文化。那么，我们面对传统文化该做点什么呢？让我们一起走进今天的课堂。

【设计意图】通过视频直观呈现我国博大精深、源远流长的传统文化，引发学生对我国传统文化的关注，激发学生了解传统文化、保护传统文化的兴趣，为学生深入认识和感知博大精深的中华文化提供一个切入口，培养学生的民族自豪感和文化自信。

环节一：自主学习认新知

师：在上课之前，我们先来阅读课本第58～66页，并解决下列问题。

（1）中华文化的内容及特点各是什么？

（2）中华文化有什么影响？

（3）为什么要坚定中华民族的文化自信？怎样坚定文化自信，发展中国特色社会主义文化？

（4）中华传统美德的重要性是什么？包括哪些主要内容？

（5）青少年应怎样践行中华传统美德？

学生阅读课本，解决如上问题并展示答案，师生最后整理答案。

【设计意图】通过自主学习，在教师的指导下发挥学生的主观能动性，对本框题的知识有一个初步的认识和理解，为下面合作探究积累知识储备。

环节二：合作探究培素养

师：请同学们观看视频《汉语桥》并思考以下两个问题。

（1）中华文化越来越多地走向世界，你如何看待这一现象？

（2）日益密切的国际文化交流为我们的成长提供了怎样的时代机遇？我们肩负着怎样的文化使命？

学生分小组讨论，合作探究，展示答案。

师：（1）①中华传统文化走向世界，让国外民众触摸中华文化脉搏；②向他们展示中华文化的独特魅力，提升我们的文化软实力，增强国际影响力；③让世界了解中国，让中国走向世界，树立文化自信，增强我们的文化认同感。

（2）机遇：①国际文化交流为我们的成长提供了改革发展和实践创新的发展机遇；②我们要按照时代的特点和要求，对优秀的传统文化进行改革和创新，增强文化的影响力和感召力。

使命：①在实践创造中进行文化创造，在历史进步中实现文化进步；②推动社会主义文化繁荣兴盛，努力建设社会主义文化强国，是我们新时期肩负的文化使命。

【设计意图】（1）运用视频呈现探究的载体，符合学生获取信息的习惯，更乐于被学生接受。（2）视频所呈现的信息是学生关注的热点问题，更激发了学生探究问题的积极性。

师：请同学们观看抗疫视频并思考以下两个问题。

（1）面对突如其来的疫情，全国人民共克时艰，一大批逆行者不断涌出。对此，你有什么感悟？

（2）守望精神家园，我们应如何弘扬中华传统美德？

学生分小组讨论，合作探究，展示答案。

师：（1）①中华传统美德是中华文化的精髓，蕴含着丰富的道德资源，熔铸了中华民族坚定的民族志向、高尚的民族品格和远大的民族理想，是世代相传的民族智慧，是建设富强民主文明和谐美丽的社会主义现代化强国的精神力量。②经过长期的历史积淀，中华传统美德已经融入中华民族的思维方式、价值观念、行为方式和风俗习惯，成为一种文化基因。

（2）①美德的力量在于践行。②推进社会公德、职业道德、家庭美德、个人品德建设，青少年责无旁贷。③倡导向上向善、孝老爱亲、忠于祖国、忠于人民，青少年必须身体力行。

【设计意图】本环节也是运用视频呈现探究的载体，既可以激发学生探究的积极性，又让学生在探究问题的过程中弄清了中华传统美德的作用，知道中华传统美德已经融入中华民族的思维方式、价值观念、行为方式和风俗习惯，成为一种文化基因。

环节三：拓展延伸提能力

师：请同学们阅读教材第65页的"拓展空间"，向同学推荐一本传承中华传统美德的好书，并说明你的推荐理由。

【设计意图】教材中的"拓展空间"旨在依托中华传统美德的相关知识，引领学生在阅读中自觉传承和践行中华传统美德，做具有中华传统美德基因的好少年。"向同学推荐一本传承中华传统美德的好书"，旨在积极引导学生讲道德、尊道德、守道德，追求高尚的道德理想。

【板书设计】

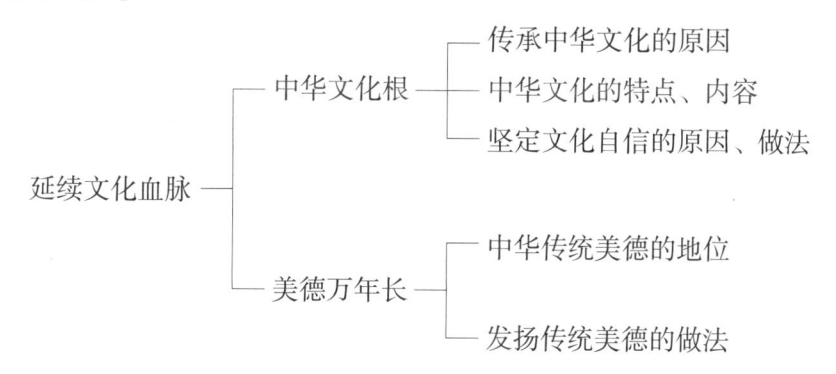

```
                   ┌─ 传承中华文化的原因
         ┌─ 中华文化根 ─┼─ 中华文化的特点、内容
         │         └─ 坚定文化自信的原因、做法
延续文化血脉 ─┤
         │         ┌─ 中华传统美德的地位
         └─ 美德万年长 ─┤
                   └─ 发扬传统美德的做法
```

五、教学反思

1. 课堂呈现方式多样化，激发学生学习探究的兴趣

充分运用多媒体呈现载体的直观性，给学生以视觉的冲击，使之形成深刻的印象，符合学生获取信息的习惯，更乐于被学生接受。但信息渠道的多元化也容易淡化对重点知识的探究，不能有效地聚焦于问题，反而分散学生的注意力。所以，在信息呈现的方式上、媒介的选择上要合理运用，谨慎选择。

2. 自主学习和合作探究相结合，充分发挥学生的主体作用，真正让学生成为学习的主人

在合作探究的过程中，既促进了学生学习上的互相帮助，又增进了同学间的感情交流，还提高了课堂学习效率。但是个别小组合作组织不到位，组内个别成员没能充分参与小组讨论，导致小组讨论处于无序状态，直接影响讨论的效果。鉴于此，以后划分讨论小组时，也要对组内成员进行划分，既有组织者有效协调，又有参与者积极互动，明确各自的任务，既分工又合作，确保讨论能聚焦问题，突出重点。

专家点评

本节课由视频《中华自信》导入，视频中恢宏的画面、激情的解说使学生认识了中华文化的有关知识，进而提高了学生的文化认同感，增强了学生的文化自信。教学内容以小见大，层层推进，以增强文化自豪感、热爱祖国的德育为目的，把课堂延伸到生活，把知识上升为践行和德行。课堂通过展示视频、针对视频链接教材设计问题的方式，调动学生积极参与和体验，激发了学生融进德育过程的积极性，较好实现了学生的课堂主体地位。作业布置把课堂内容进一步延伸到学生的生活实践，为德育拓展了更广阔的空间。

本节课教学目标清楚、具体，易激发学生兴趣，情感、态度与价值观三个维度符合学段教学要求、教材特点与学生实际；教学重难点把握准确；教学内容主次分明，结构合理，衔接自然紧凑，分量与难度适中；教学方法综合运用自主探究、合作交流、练习设计等，形式多样。本节课各种学习活动设计具体，注意学生学习习惯的培养，根据学生的差异和特点做到了因材施教，充分调动了学生自主学习的积极性，学法指导得当。

（胡秋菊，邓州市基础教育教学研究室，中小学高级教师）

中国担当

河南省实验中学　田　静

作者简介：

田静，女，1980年10月出生，2004年6月毕业于华中师范大学思想政治教育专业。中共党员，2004年7月至今就职于河南省实验中学，任道德与法治课教师，中学一级教师，18年教龄。2016年12月，辅导学生参与的研究成果"惜水节水，我们在行动"获得郑州市中小学生研究性学习成果评比活动一等奖。2016年7月，参与课题"中学生思想品德课法治教育形式多样性与有效性研究"并结项。2017年7月，参与课题"道德与法治学科关于青春敏感期教育的教学研究"并结项。

一、教学背景分析

1. 教材内容分析

本节课讲授的是人教版《道德与法治》九年级下册第二单元第三课第一框题的内容。本框题共包含两小目："积极有作为"和"贡献中国智慧"，从中国在国际事务中的责任与担当以及中国自身的发展入手，引导学生认识到：面对各种区域性和全球性的危机与难题，中国积极行动，勇担重任，为世界的和平与发展发挥着负责任大国的作用。同时，在推动建立国际经济政治新秩序的过程中，中国广泛参与，承担国际责任，提出中国方案，贡献中国智慧。本课在第二单元中有承上启下的作用，在承接、扩展上一单元的基础上，为下一框题及第三单元"走向未来的少年"做铺垫。

2. 学情分析

作为祖国的未来，青少年肩负着实现中华民族伟大复兴的历史使命。在现实生活中，九年级学生对我国国情还缺乏较为全面的了解，对中国在促进世界发展、应对全球性危机和挑战等方面作出的努力和贡献关注不多。另外，由于社会阅历较浅，受思维局限性影响，部分学生看待问题容易片面化，他们对于中国发展与世界发展的紧密联系缺乏全面的认识，不能理解我国为什么要担当起国际社会发展的责任。本课的设计目的在于引导学生正确理解中国的责任与担当，增强为中国梦和世界和平与发展作出努力和贡献的意识。

3. 整体教学思路

导入环节：播放中国向80多个国家和三个国际组织提供疫苗援助和向40多个国家出口疫苗等新闻视频，展示英、美等国囤积大量疫苗的数据和图片，通过对比，引发学生思考，强化学生认知，从而感受中国勇于担当的大国风采。

教学过程是教学的中心环节，根据教学目标和学生实际，我把本课内容划分为三个板块，分三个环节进行，分别是中国有行动、中国有智慧、中国有原则。

第一环节：中国有行动，这是本节课的重点。我引用三个重要时政：《中国军队参加联合国维和行动30年》白皮书的发表，习近平总书记关于碳达峰、碳中和的庄严承诺，以及《人类减贫的中国实践》白皮书的发表，分别从和平问题、全球环境保护、消除贫困三个方面具体阐述中国为世界和平与发展所作的巨大贡献，中国致力于成为世界和平的维护者、全球发展的建设者、国际秩序的维护者。

第二环节：中国有智慧，这是本节课的难点。我通过提前分发《人类减贫的中国实践》白皮书，组织学生进行小组合作探究，深入思考并总结中国在为人类减贫方面提供的中国智慧、中国经验。

第三环节：中国有原则，通过真实情境——印度记者提问中国外交部发言人的问题"中国是否向其他国家免费提供疫苗"，引发学生深入思考"假如你是外交部发言人，你如何回答，并阐述理由"。借助新闻情境使学生深入思考，明确当前中国基本国情和中心任务，得出"既尽力而为，又量力而行"的结论。

最后，通过课堂小结，进一步强化中国负责任、有担当的大国形象，进行情感升华，增强"天下兴亡，匹夫有责"的责任感和使命感，树立人类命运共同体的意识，既放眼全球，关注人类命运，又心系祖国，在实现中国梦的生动实践中书写人生华章。

二、教学目标

（1）通过视频、图片资料展示，使学生认识到中国在有关世界和平与发展的各领域积极采取行动，承担大国责任，从而增强民族自信心和自豪感。

（2）通过小组探究活动，了解我国在人类减贫方面作出的巨大贡献，从而领悟中国智慧、中国方案，树立开放意识和培养国际视野，增强国家认同和制度自信、道路自信。

（3）通过设置真实情境，引发学生思考，深刻理解我国在参与全球治理中"既尽力而为，又量力而行"的原则，增强人类命运共同体意识。

三、教学重难点

1. 教学重点

了解中国勇于担当的表现。

2. 教学难点

理解中国担当中的智慧。

四、教学过程

导入：创设情境，导入新课

播放中国加入世卫组织新冠疫苗实施计划的视频。

师：请同学们思考中国向海外捐赠疫苗说明了什么。

学生观看视频，思考并举手回答问题。

【设计意图】通过对比，引起学生兴趣，强化学生感受，调动学生学习积极性，引出课题——中国担当。

师生共同小结：面对各种区域性和全球性的危机和难题，中国不推诿、不逃避，也不依靠他人，勇于担当，积极主动地承担起相应的责任。

环节一：中国有行动

1. 展示《中国军队参加联合国维和行动30年》白皮书

师：请同学们思考两个问题：（1）中国维和官兵在守护什么？（2）中国为什么积极参与联合国安理会维和行动？

学生思考并举手回答问题。

2. 播放习近平总书记宣布关于碳达峰、碳中和目标的视频

师：请同学们思考：习近平总书记的讲话表达了我们在哪一方面对世界的庄严

承诺？中国率先作出承诺对全球环境保护有何积极意义？

学生思考并举手回答问题。

3. 展示中国脱贫攻坚表彰大会及相关内容

师：请同学们从国内国际两个角度，思考分析中国脱贫的意义。

学生思考并举手回答问题。

【设计意图】通过小组活动展示，知道中国在维护世界和平、全球环境保护、消除贫困等方面作出了重大贡献，认识到中国全方位参与全球治理，在各个领域积极采取行动。

师生共同小结：中国全方位参与全球治理，在维护区域稳定与安全、化解区域危机、对外经济援助、全球环境保护、各种灾害救援及高致死性传染病与瘟疫的防控等各个领域，积极采取行动。

环节二：中国有智慧

教师提前分发《人类减贫的中国实践》白皮书。

师：请同学们根据手中的白皮书探究分享中国的脱贫减贫为世界提供了哪些有益经验。

学生结合《人类减贫的中国实践》白皮书，分小组进行探究。时间3分钟。探究完毕，每组选派一名代表汇报探究成果。

师：除了中国脱贫经验，你还知道中国为解决世界难题贡献了哪些中国方案吗？

学生思考并举手回答问题。

生："一带一路"、构建人类命运共同体等。

【设计意图】通过小组合作探究，引导学生深入了解中国脱贫减贫为人类消除贫困提供了经验借鉴，知道中国在解决人类面临的各种问题中积极探索，提出中国方案，贡献中国智慧。

师生共同小结：当今世界的发展，需要新思路与大智慧的引领。中国着眼于时代发展大势，遵循共商共建共享原则，为全球治理提出中国方案，贡献中国智慧。中国在解决人类面临的各种问题的过程中积极探索、有效行动，发挥负责任大国作用，促进人类社会共同发展。

环节三：中国有原则

教师播放汪文斌答记者问视频，设置情境。

师：视频中的印度记者向外交部发言人汪文斌提问：中国宣布疫苗是公共产品，那么中国是否免费向其他国家提供疫苗？

假如你是外交部发言人，你会怎么回答？请阐述理由。

学生思考并举手回答问题。

【设计意图】通过情境设置，引导学生深刻理解中国在承担责任时坚持"既尽力而为，又量力而行"。

师生共同小结：我国仍然处于并将长期处于社会主义初级阶段的基本国情没有变，我们要始终坚持以经济建设为中心，集中力量办好自己的事情，不断增强我们在国际上说话办事的实力。我们积极参与全球治理，主动承担国际责任，既尽力而为，又量力而行。

师：当今世界正处于百年未有之大变局，人类社会已经成为你中有我、我中有你的命运共同体。中国积极主动地承担起相应的责任，为全球治理提出中国方案，贡献中国智慧，而作为青少年，我们应从现在做起，增强全球观念和竞争合作的意识，努力学习，为实现中国梦以及世界的和平与发展作出我们应有的贡献。

五、教学反思

在设计本节课时，我坚持以教材为中心，充分挖掘教材，引导学生深度思考，积极开展合作探究，使学生在掌握教材知识的基础上，学会以全球视野与辩证眼光认识并正确对待中国对世界的责任与担当，增强为世界和平与发展作出贡献的意识与愿望。

1. 优点

教学设计紧紧贴近时代脉搏，激发学生兴趣；在时政素材的使用上，能尽力挖掘素材，物尽其用，详略得当；图片、视频等资料的运用，使学生有更直观的感受，更好地将学生带入课堂知识的学习中；依标扣本，坚持以教材为中心，并创新性整合教学资源，使教学思路更加顺畅；对教材进行适当的拓展，开阔了学生视野，有效完成了教学目标；关注学生的认知水平及分析能力，问题设置较为符合教学实际。

2. 缺点

受学生认知水平的影响，在有限的课堂时间内，一些内容未能展开，接下来准备通过引导学生在课后查阅资料进一步讨论分享来弥补以上缺憾。

专家点评

本课时内容有一定的难度，田静老师通过深挖教材，联系时政，旁征博引，较好地完成了预期教学目标。田静老师对本节课的教学有以下特点值得肯定。

1. 紧扣时代脉搏

道德与法治课是一门时代性和实践性都很强的学科。在授课中渗透时政和热点事件，应是一节好的道德与法治课的应有之义。本节课选取了热点时政，如《人类减贫的中国实践》白皮书的发布等，充分激发学生主观能动性，为完成教学目标、提升学生素养打下良好基础。在时政素材的使用上，既有"面"，又有"点"，能尽力挖掘素材，既物尽其用，又详略得当。

2. 设计自然巧妙

在教学设计上，既利用热点时政激发学生兴趣，问题设置环环相扣、层层递进，又首尾呼应，自然且巧妙。如以疫苗问题导入，又以疫苗问题小结；又如中国脱贫减贫问题使环节一自然过渡到环节二；等等。

3. 活动积极有效

在活动设计上，无论是时政素材的展示，还是小组讨论，都能激发学生课堂参与的积极性，使学生在学中思，在思中悟，潜移默化地树立正确的世界观、人生观、价值观。

（张敏，河南省实验中学，中小学高级教师）

增强生命的韧性

河南师范大学附属中学　周晋阳

作者简介：

　　周晋阳，男，1979 年 10 月出生，2003 年 7 月毕业于河南师范大学思想政治教育专业，中共党员，现任河南师范大学附属中学团委副书记兼初中部副主任，中小学高级教师，19 年教龄。主持省重点课题"初中文科教学中渗透职业生涯教育的实践研究"结项并获河南省教育科学研究优秀成果一等奖，论文《一节优质课的六步打造历程》于 2021 年 3 月发表在《中学政治教学参考》上，论文《初中教学中渗透职业生涯教育的基本原则》于 2017 年 12 月发表在《基础教育论坛》上。

一、教学背景分析

1. 教学内容分析

本节课讲授的是人教版《道德与法治》七年级上册第九课第二框题的内容。教材通过活动引入挫折概念，分析人们对挫折的认识和态度不同会产生不同的感受和反应，引导学生要及时调整自己，正确对待挫折，还需要发现、挖掘自己的生命力量。

2. 学情分析

现实生活中，有的青少年遇到成长中的挫折，不是勇敢地去面对，而是选择逃避或绕开，有时甚至用伤害生命的方式来应对，意志薄弱，承受挫折的能力不强。所以要培养学生正确面对挫折的态度，培养学生面对困难、挫折的勇气和坚强的意志，发掘自己的生命力量。

3. 整体教学思路

本节课从两根不同的树枝导入，引发学生对生命韧性的思考，从而引出课题。

我在本课设计了"认识挫折""正确对待挫折""发掘生命的力量"等环节，环节之间按照感性、理性、知行统一的逻辑螺旋式推进。通过列举身边的挫折事件，使学生理解挫折的含义，深化学生对生活难免有挫折的认识；通过对"不愉快"事情的分析，让学生体验挫折与个人的情绪与行为反应密切相关；通过开展"遭遇挫折究竟是好事还是坏事"的辩论赛，培养学生全面、客观、正确对待挫折的态度；通过小组交流遭遇挫折后的应对办法，探究应对挫折、发掘生命力量、增强生命韧性的有效方法；通过课堂小结，梳理所学知识，学习伟大抗疫精神，增强家国情怀；通过作业布置，深化所学知识，学以致用。

本节课在充分尊重学情的基础上，对教材知识进行一定的整合，选取学生熟悉的生活事例，让学生在自主探究与体验中理解、内化对挫折的认识。注重学思用贯通、知行信的统一是本节课的设计原则。

二、教学目标

（1）通过对生活中有关挫折事件的认识，提高全面、客观、准确认识事物的能力，培养自信自爱、坚韧乐观的品质，学会调节和管理自己的情绪，具备抗挫折能力。

（2）通过开展"遭遇挫折究竟是好事还是坏事"的辩论，培养独立思考、独立判断，多角度、辩证分析问题并作出选择和决定的批判质疑素养。

（3）通过对克服挫折的方法的交流，增强大胆尝试、积极寻求问题解决方法的探索精神，培养追求自主发展、健康生活的核心素养。

（4）通过对疫情期间的挫折事件与伟大抗疫精神的学习，形成正确的情感、态度、价值取向和行为方式，提高社会责任感，促进个人价值实现与国家认同。

三、教学重难点

1. 教学重点
发掘生命的力量，增强生命的韧性。

2. 教学难点
正确对待挫折的态度。

四、教学过程

导入：试折两根树枝

教师手拿两根树枝，一根是干枯的较粗的树枝，一根是新鲜的较细的树枝，让学生到讲台前试折两根树枝，看哪根树枝更容易折断，引导学生从生命的角度分析原因。

【设计意图】让学生直观地认识并体验生命的韧性，理解"韧性"的内涵，引发学生对课题的思考。

环节一：认识挫折

师：说到生命的韧性，一定要说到挫折。说到挫折，大家并不陌生。到底什么是挫折？谁能说一下自己的理解？

学生根据自己的生活经历，回忆自己遭遇的挫折。

师生共同小结：在我们怀揣美好的愿望、目标和期待去努力的过程中，难免会遇到一些阻碍、失利乃至失败。这些阻碍、失利和失败，就是人们常说的挫折。

【设计意图】从学生身边的小事入手，让学生知道生活难免有挫折。

师：虽然我们每个人都希望自己做任何事情都一帆风顺，但是在生命历程中都会遇到大大小小、多多少少的困难和挫折。就拿去年我们在家上网课那段时间来说，大家回忆一下，在这期间，你遇到哪些"不愉快"的事情？

学生讲述自己在上网课期间遇到的"不愉快"的事情。

师生共同小结：常与父母发生矛盾；没有人玩，生活单调……我们正常的生活被打乱了，这些"不愉快"的小挫折就出现了。既然遇到了挫折，我们就必须去面对。

【设计意图】引导学生正确认识上网课期间遇到的挫折，让学生知道每个人都会遇到挫折。

环节二：正确对待挫折

师：刚才我们说的这些"不愉快"的事情是你认为的挫折，那么，你认为的挫折在其他同学眼里是否一定也是挫折呢？

学生各抒己见，针对刚才说的这些"不愉快"的事情充分发表自己的观点。

师生共同小结：同样是"不愉快"，在不同的人眼里为什么会有不同的看法？是因为我们对待挫折的态度和看待问题的角度是不同的。可见，我们对挫折的认识和态度不同，就会产生不同的感受和行为反应。

【设计意图】通过学生的自主探究，激发思维的碰撞，找到在挫折面前，不同的人有不同的感受和行为反应的原因。

师：那么，遭遇挫折究竟是好事还是坏事？下面，我们分成正反方两个队伍，右边四个小组是正方，你们的观点是"遭遇挫折是好事"；左边四个小组是反方，你们的观点是"遭遇挫折是坏事"。同学们以小组为单位，尽量商讨出充分的理由来支持你方的观点，时间是3分钟。

各组积极准备，进行组内分工、组内交流、组内记录、整理发言提纲，站在自己所在方的立场上进行了陈述、辩论。

师生共同小结：人生难免有挫折，遇到挫折，我们产生负面情绪是很正常的，关键是我们要及时调整状态，正确对待挫折。挫折是我们生命成长的一部分，不管是得意时，还是失意时，只要正确面对，挫折对我们都会产生积极作用。

【设计意图】通过辩论赛的形式，让学生以小组为单位充分发挥主观能动性，全面、客观地认识挫折的影响，培养学生的批判思维与理性思维。

环节三：发掘生命的力量

师：人生难免有挫折。同学们回想一下，在你的成长过程中，对你影响最大的一次挫折事件是什么？你是如何面对的？这件事给你最大的感受是什么？时间3分钟。

学生以小组为单位交流教师提出的问题，感受生命的力量与韧性，找到挖掘生命力量、增强生命韧性的方法。

师生共同小结：我们每个人的生命中都蕴含着一定的承受力、自我调节和自我修复的能力，这就是生命的力量，这就是生命的韧性。面对挫折，我们要不断发掘自身的生命力量，增强生命的韧性。刚才，有人通过打篮球转移注意力、培养兴趣爱好、合理宣泄、自我暗示"我能行"等方法战胜挫折，也有人选择寻求朋友、同学、父母、老师的帮助，获得他们的支持和鼓励，这些增强生命韧性的方法我们要在生活中加以运用。

【设计意图】通过"战胜挫折我能行"的小组交流活动，引导学生通过合作探究的方式找到增强生命韧性、积极应对挫折的方法。

课堂小结

教师活动：列出本节课所学的知识框架，对重点与难点知识进行归纳，让学生了解伟大抗疫精神的内涵。

学生活动：回顾本节课所交流的话题，理解伟大抗疫精神的内涵。

师生共同小结：本节课，我们对挫折的含义、如何正确对待挫折、发掘生命的力量的方法进行了学习，其中发掘生命的力量、增强生命的韧性是教学的重点，正确对待挫折的态度是教学的难点，希望同学们在生活中积极弘扬伟大的抗疫精神，坚持生命至上，增强生命的韧性，共同谱写新时代的生命之歌。

【设计意图】通过课堂小结巩固本节课所学知识，在升华生命主题的同时，涵养学生深沉的家国情怀。

布置作业

师："把灾难当教材，把困难当磨砺，与国家共患难，与祖国共成长。"抗疫是一堂生动的成长教育"大课"，我们从中对生命有了哪些新认识？

学生课后独立完成作业。

【设计意图】在学生已学知识的基础上，让学生在独立思考与积极实践中巩固所学，进一步引导学生关注社会、国家的发展，促成学生正确价值观念的形成。

五、教学反思

1."一导"

教师主导、引导贯穿始终。针对初中生自我管理较为薄弱、注意力不能持久、自我定位还不稳定的身心发展特征，课堂教学必须在教师的主导与引导下，才能有序、高效地完成教学目标。我通过教学环节主导课堂教学，通过活动引导达成教学目标。因为没有教师的主导，仅靠学生的自我管理与控制，课堂必将成为一盘散沙；没有教师的引导，仅靠学生的自悟自得，教学可能会偏离原定目标。

在本课教学中，我通过创设多样的情境与活动，引导学生深度思考与主动体验，加深学生对重难点的理解，提升学生的情感、态度、价值观；通过评价解析，激发学生的学习动力，提升学生解决问题的能力。教师的主导，让课堂呈现层层递进之深入，环环相扣之逻辑，行云流水之顺畅。

教师的引导，要基于学情，发于有趣，重于思维，成于目标。课前我了解到部分学生对"生命的韧性"存在理解上的困惑：有的学生不明白"韧性"的含义，有的学生不知道"生命的韧性"在日常生活中的表现，有的学生不清楚如何"增强生命的韧性"。针对学情，我在导入环节，拿出两根树枝，一根是干枯的较粗的树枝，一根是新鲜的较细的树枝，让学生猜猜哪根树枝更容易被折断，并邀请学生到讲台上动手折这两根树枝。在试折的过程中，同学们直观地看到，干枯的较粗的树枝很容易被折断，但那根新鲜的较细的树枝却费了很大劲儿才被折断。随后，我提出一个问题："这根新鲜的较细的树枝为什么不易被折断？"这个在现实生活中常见但从未深思过的问题，引发了学生探究的欲望。我继续引导："大家可以试着从生命的角度来分析这一问题。"很快学生得出结论："新鲜的树枝还有生命与活力，虽然很细，但充满张力与韧性，所以不易被折断。"我进一步总结："'韧'是指受外力作用时，虽然变形但不易折断，柔软而结实。我们每个人的生命都有着很强的韧性，都蕴含一定的承受力、自我调节和自我修复的能力。"到此，学生在直观体验中对"韧性"有了准确理解后，易如拾芥地列举出"生命的韧性"在日常生活中的表现以及"增强生命的韧性"的方法。

2."二学"

学生独学、群学有机结合。学生是教学的主体，只有真正让学生学起来、学进去，教材所讲述的道理才能被学生内化于心，外化于行，才能成为学生立身处世的坚守。在课堂教学中，学生的学可以分为独学与群学。独学是通过个人的阅读与思考，学真知、生疑惑、悟真谛；群学是学生之间通过某种形式开展讨论与切磋，进行思维碰撞，相互点拨启发，彼此博采众长。

在本课中，学生的独学表现在思考、回答我提出的问题，学生的群学表现在同桌交流、组内探讨等。在实际教学中，独学与群学并没有严格界限，而是依据教学需要不断转换、有机结合，保证学生的思维不间断地处在运动状态。在讲授"发掘生命的力量"这一知识点时，我设置了小组讨论活动，提出问题："在你成长的过程中，对你影响最大的一次挫折事件是什么？你是如何面对的？"这个活动形式整体上属于群学，但在群学之中又渗透着独学。小组内的每个同学遭遇的挫折事件是不同的，这需要自己回顾并进行真实描述，不能人云亦云；对于解决挫折的办法，由于学生的处世方式不同，使用的方法必然有差异，学生在交流中群学，彼此借鉴，从而获得更多战胜挫折的智慧。

3."三动"

全方位让学生参与教学。重视学生的参与性是当前课堂教学秉持的重要理念，只有学生真心实意地参与，课堂教学才能真正促进学生正确思想观念和良好道德品质的形成与发展。我在课堂教学中力争让学生实现"三动"，即"嘴巴动""脑子动""身体动"。"嘴巴动"是给学生提供表达的机会，"脑子动"是给学生提供主动思考的机会，"身体动"是给学生创造体验与实践的机会。实现"三动"，需要教师创设能引发学生情感共鸣的情境，设置符合学生情感体验的活动，提出让学生穷思极想的可贵问题，从而调动学生的参与热情，激发学生的参与兴趣，达到和谐共振的参与境界。

在完成"我们对挫折的认识和态度不同，就会产生不同的感受和行为反应"学习之后，我设计了一场小型辩论赛，全班分成正反方两支方队，右边四个小组为正方，观点是"遭遇挫折是好事"，左边四个小组为反方，观点是"遭遇挫折是坏事"。辩论赛要求学生以小组为单位，商讨出充分的理由来支持本方观点或反驳对方观点。各小组为了能在比赛中出彩，都进行了积极准备，组内分工、组内交流、组内记录、整理发言提纲，忙得不亦乐乎。比赛开始后，正反两方代表唇枪舌剑、手势配合、神情投入，通过摆事实、讲道理、断是非，进行缜密论证，力争以巧制胜，学生思维的深刻性、严密性让人不由自主地鼓起掌来。在整个活动中，学生滔滔不绝地说、机敏快速地思、毫不留情地问、情不自禁地动，在双方争执而相持不下时，我对同学们的表现进行了点评，并作出正确引导："刚才各组都站在自己所在方的立场上进行了陈述与论证，真可谓妙语连珠、精彩逼人。人生难免遭遇挫折，面对挫折产生负面情绪感受是很正常的，关键是我们要及时调整状态，正确对待。挫折是我们生命成长的一部分。不管是得意时，还是失意时，只有正确面对，挫折就会对我们产生积极作用。"此时，遭遇挫折到底是好事还是坏事的辩论已经不重要了，重要的是学生对挫折的认识更全面，对待挫折的态度在转变，应对挫折的办法更多样，这种内心的丰盈对学生成长的影响将持久而深远。

本节课的不足之处在于环节之间的过渡略显生硬。

专家点评

1. 聚焦学生需求，实现深度学习

在教学中，教师高度关注学生的未知与困惑，开发设计有难度梯度的导学案，创设符合学生生活实际与感知能力的情境，从而引发学生的冥思苦想与深入探究。教师展示学生在上网课期间遇到的几种常见的"不愉快"，引导学生进行"你认为的挫折，在其他同学眼里是否也是挫折"的思考，激发学生的辩证思维与批判思维，让学生在生活经历中体悟、在体悟中思辨、在思辨中理解、在理解中内化、在内化中践行。这些实际且深入的教育，让学生对教材中所讲述的道理不再感到空洞而无趣，而是从心坎里相信、接受，并乐意在生活中运用、践行，水到渠成地达到形神统一、知行合一的境地。

2. 重视教师引领，达成有效教学

让学生真正"思"起来、"动"起来、"乐"起来，是课堂教学的精髓要义。让学生"思"起来，力促教材知识入脑入心，而不是死记硬背；让学生"动"起来，参与课堂教学活动，而不是敷衍塞责；让学生"乐"起来，发自内心地喜欢上道德与法治课，而不是出于无奈。这需要教师掌握教育知识、学科知识、学科教学知识、通识知识，还需要教师具有教学设计的能力和教学实施的能力。思政课堂要实现对学生"烈火真金"般的吸引，离不开具备广博学识与专业能力的教师引领。在本课教学中，教师把贴合教材知识的疫情热点、学生遭遇的真实挫折事件引入课堂，在充分尊重教材知识、尊重学生情感的基础上，通过巧妙设计，激发学生乐于思考、参与活动、展示交流的热情，循序渐进地引导学生增强生命韧性、发掘生命力量，实现情感升华，达到心理认同。

从整体上来看，本节课从学生生活入手，优化课堂教学设计，在教学内容和形式上守正创新，坚持正确价值引导，做到了学思用贯通、知行信统一，体现了思政课的思想性、理论性和亲和力、针对性。

（魏巍，新乡市基础教育教研室，中小学正高级教师）

专家点评：耕耘书案上　收获在课堂

（徐大柱，南阳市宛城区教研室，中小学高级教师）

教案，是以文本形式呈现的教学预案。教案设计的合理与否，需要在教学实践中进行检验并根据教学实践进行修正，而在反复进行的修正与实践检验过程中形成的具有典型性、示范性的教案，即可作为范例而成为教学案例。

2021年河南省中小学德育教学案例评选活动中遴选出来的15份初中道德与法治学科教学案例，以其精心的设计、多姿多彩的表现形式、经过教学实践验证的良好效果，从一个侧面展示了河南省初中道德与法治学科近年在落实立德树人根本任务、课堂教学改革等方面取得的优秀成果，为广大一线教师教好道德与法治课提供了优秀的可供借鉴的范例。

统揽这些教学案例，主要呈现以下一些特点：

一、坚持立德树人的价值导向

思想政治理论课是落实立德树人任务的关键学科。初中道德与法治学科是思想政治理论课的重要组成部分，对初中生正确思想观念和良好道德品质的形成与发展有着极其重要的作用，教好、学好道德与法治课，能为学生成为有理想、有道德、有文化、有纪律的社会主义合格公民奠定坚实的基础。本次汇集的15份教学案例，涵盖了初中各个年级，涉及了心理、道德、法律、国情的教学内容，在处理与自我、与他人和集体，以及与国家和社会的关系的几个层面均有呈现，且无论所选内容为哪个年级、哪个部分、哪个层面，均能以社会主义核心价值体系为导向，在正确的价值观引领下进行教材分析、学情分析、预设教学目标、选取教学资源、设计教学思路、推进教学过程、进行教学评价，集中体现了河南省初中阶段道德与法治教师高度的政治自觉和责任担当，展现了河南省初中阶段道德与法治学科教师作为铸魂育人者的时代风采。

二、凸显道德与法治课程的学科特点

道德与法治课程，是一门以初中学生生活为基础、以引导和促进初中学生思想品德发展为根本目的的综合性课程。思想性、人文性、实践性、综合性是这门学科的主要特性。这些特性，是这门学科与其他学科得以区别的基本特征。一堂合格的道德与法治课，应该对这些特性有综合的体现。作为教学活动预设的教案，在设计和撰写过程中，应充分考虑这些学科特性在课堂教学各个环节的体现，这是备好、上好道德与法治课的基本要求。

例如：在"增强生命的韧性"（周晋阳）一课中，教师在进行学情分析时充分考虑到青少年在现实生活中遇到挫折时的一些极端表现；在"少年当自强"一课的学情分析中，教师能站在学生经历了七、八年级道德与法治学科学习的基础上看问题，以学生对个体生活、家庭生活、学校生活、社会生活有了一定的认识的视角去把握该课的学科定位，确定教学目标，梳理教学思路，设计教学流程；在"中国担当"一课的学情分析中，教师能基于九年级学生对我国国情还缺乏较为全面的了解，对中国在促进世界发展、应对全球性危机和挑战而作出的努力和贡献关注不多以及社会阅历较浅，受思维局限性影响看问题片面化的现状，在教学设计中充分利用中国的减贫历程、成就、经验与教学内容结合，选取教学素材，采用多种教学手段和教学方法开展教学活动。这些都体现了教师对学生的人文关怀，是道德与法治课人文性特性在备课、教学中的具体表现。

再如：在"在品味情感中成长"一课中，请学生模拟生活场景，做一做、说一说如何关心他人的教学环节设计；在"家的意味"一课中，请学生结合自己的生活经验，说说"家"是什么的导入新课的做法，注重与社会实践的联系，引导学生自主参与丰富多样的活动，在认识、体验与践行中促进正确思想观念和良好道德品质的形成与发展，这体现了道德与法治学科的实践性特性。

另外，初中道德与法治学科作为思想政治理论课的重要组成部分，站在时代前沿，与时代脉搏同频跳动是这一学科最为鲜明的特色，也是这门学科具有旺盛生命力、巨大感召力的基础。大到国际风云，小到个人言行、居家日常，涵盖道德、法律、科技、文化、教育、体育、国家大政方针、经济政治制度、国计民生等，都是道德与法治学科应关注的对象，收录的15篇教学案例都能紧扣时代脉搏，结合教学内容，精心选取最为鲜活的、具有代表性的生动事例、材料服务教学，或时代楷模，或科技创新，或脱贫攻坚，或抗疫实践，或凡人善举，或大政方针，或人类命运，或国际争端……

精彩纷呈，运用得当，使我们的道德与法治课堂生动活泼，别具一格。同时，其中的每一篇案例，都不同程度地综合了心理、法律、政治、道德等方面的知识，根据教学内容与学生学情，有机整合，灵活运用，与初中生的家庭生活、学校生活和社会生活紧密联系，将情感态度价值观的培养、知识的学习、能力的提高，与思想方法、思维方式的掌握融为一体。这些都凸显了道德与法治学科综合性的学科特性。

三、切实落实课程标准

课程标准是为了实现某种教育目的而制定的规范性文件，是教材编写、教学评价的基本依据。国家课程标准是国家事权，是国家意志在学科教育教学中的体现。从一定意义上讲，能够体现、落实课程标准的教学才是有效教学，能够全面准确落实课程标准的课堂才称得上高效课堂。研读课标、分解使用课标、依据课标开展教育教学活动是每一位教师应有的基本功。

统观汇集教学案例的教学过程部分，教师都能深入了解学生的学习需求，面向丰富多彩的社会生活，尽量开发初中生已有的生活经验，选取学生关注的话题组织教学，为学生的思想道德成长服务。在课堂教学过程中，所使用的资料来源广泛，形式多样，并能重视学生的参与过程和生活体验成为课堂教学资源重要的一部分，这些做法都是对课程标准研究入细入微、落实具体到位的表现。

至于紧扣课程标准中课程内容，使教学内容在课标课程内容部分找到依据，并依此确立课堂教学的重点、层次等，早已成为教师日常备课中的习惯和自觉的做法。

四、体现课改理念，关注学生发展

课改已经推行了 20 年，课改理念可以说早已深入人心，但在实际教学实践中，由于受到课时、教学任务、班额、教师专业素养等多方面因素的影响，部分教师的课堂教学活动仍然以讲授、灌输的方法为主，课堂教学过程中除了有限的几次提问，鲜有学生的活动参与，学生学习的主体地位得不到凸显。教学质量难以提升，道德与法治学科的学科功能不突出。

本次选出的教学案例中，教师都将课程改革理念渗透到教学活动的每一个环节。在备课阶段能深入了解学情，了解学生已有的知识构成与经验构成，找到教学内容与学生已有的知识、经验的最佳契合点，创设丰富的教育情境，引导和帮助学生通过亲身经历与感悟，在获得情感体验的同时，深化思想认识。在课堂教学过程中，尽量给学生提供直接参与实践的机会，提高学生道德践行能力。例如，在"依法履行义务"一课中，教师从生活小事导入新课，提出问题，在以下的三个教学环节的教学进程中以提问、小组讨论等形式设计了五个探究活动，最后以撰写履行义务承诺书的方式结尾，使得法理性强、较为抽象的教学内容变得生动、立体，拉近了与学生的认知距离。这样的设计以学生为本，尊重学生的主体地位，以学生已有的经验为依托，结合自身生活和社会生活，巧设环节，不断追问，培养学生的思辨能力，充分发挥学生在学习中的主动性、积极性和创造性，学生的参与度高，分析问题、解决问题的能力得到提升，产生了较好的教学效果，目标达成率高。

五、深入挖掘教材资源，灵活使用教材栏目

教材是学生学习的基础性资源。教师应根据课程标准，合理使用教材，创造性地组织教学内容，设计合理的教学结构，灵活采用多种教学方法和手段，优化教学过程，提高课堂教学水平。道德与法治学科使用的是全国统编教材，更应该对教材进行全面、深入的研究和挖掘，充分利用教材资源进行教育教学活动。但是在统编教材使用初期，一部分教师只注意教材的正文，对教材中的"运用你的经验""探究与分享""相关链接""方法与技能""拓展空间"等栏目不予重视。实际上，统编教材在编写过程中，这些栏目的设置都是有特定的作用的，是与教材正文在课堂教学中的进程紧密相关的，是教材的有机组成部分。根据学情等具体情况，我们可以对这些栏目内容重新选取或灵活运用，但绝不能忽视甚至无视。

本次评选出的优秀教学案例，都呈现出重视教材资源、重视教材中各种栏目的特点。可以看出，教师在深入研究课标和教材的基础上，对教材栏目灵活使用，如材料取舍，活动转化，并加以创造性改编，把抽象的理论变得通俗易懂，符合学生情感和认知水平，学生更容易理解掌握。

六、教学方法灵活多样，教学手段运用得当

教学中使用什么样的教学方法，与教学内容有关，与教师的教学风格有关，与学生的认知水平有关，也与教学手段、技术设备条件等多种因素有关。本次评选的15篇教学案例中，绝大多数的教学方法和教学手段是适切的。从许多案例中可以看到，

教师为了激发学生的学习积极性，引导学生通过调查、参观、讨论、访谈、项目研究、情境分析等方式，生动探索社会现实与自我成长中的问题，在合作和分享中扩展自己的经验，在自主探究和独立思考的过程中增强道德学习能力；教师还注意把情感体验和道德实践作为学生最重要的道德学习方式，为了提高学生的学习兴趣，活跃课堂气氛，营造良好的课堂氛围，增强学生的情感体验，教师采用视频、歌曲、图片、情境小表演等丰富多彩的教学手段，创设丰富的教育情境，引导和帮助学生通过亲身经历和感悟，在获得情感体验的同时，深化思想认识。教师还要为学生提供直接参与实践的机会，提高他们道德践行的能力。

七、年轻教师成长迅速，成为推动课堂教学改革的生力军

如果说本次优秀教学案例评选活动的众多亮点中哪一点更值得一提，那么，参评教师的年轻化应该引起关注。本次参与活动的教师大部分为"80后"和"90后"，最年轻的出生于1995年。这反映出广大中青年道德与法治学科教师锐意进取、勇于开拓的创新、实干精神，反映出年富力强的青年教师已经站在了教育行业的舞台中央，并以其充满活力的激情在教育事业的舞台上大放异彩。

看到本次优秀案例评选活动中的诸多亮点，也应看到还有一些需要进一步完善或改进的地方，较为明显的有以下两个方面：

1. 部分案例在教学目标的叙写上显示出对课程标准的分解不到位。课程标准的研读、分解水平的提高仍是教师今后教学工作中的重点工作内容

（1）个别案例在教学目标的叙写上不符合课程标准的顺序。《义务教育初中阶段思想品德课程标准（2011年版）》中课程目标的表述顺序是：一情感、态度、价值观，二能力，三知识。表述顺序表面上看不是什么大事，实际上反映的却是该学科的学科目的的问题，反映的是该学科在教育教学工作过程中把什么作为最主要目标的问题，因此，教师在教案的编写中，也应与之相一致才恰当。本次教学案例评选活动中，仍有小部分案例在教学目标的叙写顺序上与之颠倒。

（2）个别案例在教学目标的叙写上没有对课程标准进行分解，教学目标操作性、可检测性不强。教学目标的叙写应该是建立在对课程标准进行分解的基础之上的，对课程标准分解不准确、不到位，教学目标的实现就缺乏针对性和可操作性，在课堂教学过程中就容易出现目标走失的情况，就会出现课堂很热闹、细节很精到，整体看却不知所云的状况。本次案例评选活动中，个别案例在教学目标的叙写方面仅仅是教材

内容与课程标准对比后对课程标准内容的一个简单摘录，不具备明确的针对性、可操作性和可检测性。

2. 教材的研究与挖掘能力还有待进一步提升

在本次优秀教学案例的评选中，不重视教材资源、不重视教材中各种栏目作用的状况得到很大的改变，但在了解和研究教材的整体布局，把握教材具体内容在单元和整套教材中的地位、任务等方面，还存在一定的差距。这较为明显地体现在对所备课的课题的研究上。例如，"在品味情感中成长"这一课题，认真研究，我们能看出，"成长"应该是该课的目标，"情感"应该是该课教学中的材料内容支撑，而"品味"可以看作该课的教学方法的要求。但在该案例中，基本没有看到对这一标题的研读与分析表述，其他案例也存在类似情况。每一课的标题都是教材编写者依据课程标准、教学内容以及学情等精心设计的，包含丰富的有关本课在教材中的地位、与前后内容关系及教学方法等信息，不加以依据利用实在可惜。

本次 2021 年河南省中小学德育教学案例评选将其中的一些优秀案例汇集成册，既是从一个侧面对河南省前一阶段课程改革成果的一次总结展示，也是为下一阶段道德与法治学科的教育教学工作进一步提升质量确立一个新的起点。相信在广大道德与法治学科教师的努力下，河南省道德与法治学科教学必定会在新的起点上获得新的发展。

第二篇

高中思想政治课优秀教学案例

正确认识中华传统文化

——让中华优秀传统文化的芬芳沁入学生心田

郑州市第九中学　张同秀

作者简介：

张同秀，女，1998年毕业于河南师范大学政治教育专业，郑州市第九中学政治学科教研组长，中小学高级教师，曾获河南省优质课二等奖、郑州市优质课一等奖，主持并参与"一例多境在思想政治学科中的实践研究""思想政治课培养学生公共参与核心素养的行动研究"等省级课题，有《高中生公共参与核心素养培育途径探究》《高中思想政治课培育学生公共参与素养的实施策略》等多篇文章在CN刊物上发表。

一、教学背景分析

1. 教学内容分析

本课是人教版高中思想政治必修4《哲学与文化》第三单元"文化传承与文化创新"第七课"继承发展中华优秀传统文化"第二框的内容，包括中华优秀传统文化的主要内容及特点、中华优秀传统文化的当代价值两目内容。本课围绕中华传统文化，阐述中华文化的产生发展、中华优秀传统文化主要内容和特点、中华文化的影响、对待中华传统文化的态度等知识，内容较多，如何通过结构化的处理，整合教材内容，变教材内容为教学内容和学习内容，是本节课内容处理的关键。

中华优秀传统文化是文化自信的重要来源，是社会主义核心价值观的重要资源，是建设社会主义文化的重要依托，因此本课对于整本书的教学，对于实现思政课立德树人的根本任务也具有重要意义。

2. 学情分析

在初中《道德与法治》中，学生已对中华传统文化的影响等有了一定认知，在日常生活中也会接触一些与中华传统文化相关的形式内容，但多处于感性阶段，且由于认知不到位，再加上现代生活的影响和西方文化的冲击，学生缺乏对中华传统文化的兴趣，以及对中华传统文化的认同和文化传承的自觉性。

3. 整体教学思路

基于教学内容和学情分析，在本课中，我从《唐宫夜宴》"出圈"说起，从贴近学生实际的中华优秀传统文化资源入手，通过才艺大比拼、中华传统文化"故事汇"、说出你的"金点子"三个环节，完成以下内容：中华优秀传统文化主要内容和特点的学习、中华优秀传统文化的当代价值以及如何推动中华优秀传统文化的继承与发展的教学。引导学生在参与中感受中华优秀传统文化之美，倾听中华传统文化之惑，进而献中华优秀传统文化发展之计，激发学生对中华优秀传统文化的热爱之情，并做中华优秀传统文化的传承者。

二、教学目标

（1）通过才艺展示探究活动，概括出中华优秀传统文化的主要内容并分析其特点，提升描述与分类的能力，增强对中华优秀传统文化的热爱和认同。

（2）通过中华传统文化"故事汇"探究活动，阐述中华传统文化的影响，提升辨析与评价的能力，学会辩证看待中华传统文化的影响。

（3）通过说出你的"金点子"活动，引导学生能结合具体实际，为中华优秀传统文化如何走出困境提出合理化建议，增强推动中华优秀传统文化的创造性转化和创新性发展的文化担当。

三、教学重难点

1. 教学重点

中华优秀传统文化的内容特点。

2. 教学难点

中华优秀传统文化的当代价值。

四、教学过程

导入

同学们,近年来河南卫视文化节目频频"出圈",《唐宫夜宴》就是其中的一个代表,让我们一起欣赏吧。(微信登录班级授课系统放映)

一群即将参加舞蹈表演的女孩在前往演出地点途中嬉戏打闹,在鼓声催促中,一个个可爱俏皮的"唐俑"出现在舞台上,背景图是中国传世名画《簪花仕女图》,在光影交错中她们来到了博物馆;水墨晕染,景色随移,她们走入了《千里江山图》;当画卷收起,星河流转,明月当空,一场宫廷夜宴进入尾声。

【设计意图】河南春晚节目《唐宫夜宴》在网上走红,与学生日常生活贴近,激发了学生的兴趣,而且能引发学生对河南文化大省的自豪感。

(学生立刻被吸引了,教室里特别安静)

(过渡)在几千年历史长河中,中国人民始终团结一心、同舟共济,建立了统一的多民族国家,形成了守望相助的中华民族大家庭,创立了多样和谐的中华传统文化。同学们一定也有自己喜欢的中华传统文化,下面让我们进入以下环节。

环节一:才艺大比拼——走进中华传统文化

教师活动:以小组为单位,推荐一项你最喜爱的中华传统文化进行表演或展示,表演时长不超过3分钟。

学生活动:讨论并推出本组喜爱的中华传统文化,进行班级展示。

有的学生诵读古诗词,有的表演戏曲,还有的表演武术、相声、速写画……

教师活动:同学们表演得很精彩。请思考以下问题。

刚才的表演内容都是中华传统文化吗?这些节目中包含了中华民族的哪些智慧结晶?请概括中华优秀传统文化的主要内容、特点。

师生共同小结:中华文化是中华民族勤劳智慧、自强不息创造得来的,中华优秀传统文化的主要内容是核心思想理念、中华传统美德、中华人文精神等。中华文化具有强大的凝聚力和连续性,是中华民族共同文化特质的体现。中华优秀传统文化具有源远流长、博大精深、包容性的特点。

【设计意图】通过才艺表演,学生直观感受中华传统文化的独特魅力,进而通过教师设问,引导学生通过分类总结和探究,理解中华传统文化的主要内容、特点,从而对中华传统文化"是什么"进行理性思考。

（过渡）同学们真是多才多艺，从你们的表演中也能看出大家对中华传统文化的喜爱，那么大家与中华传统文化之间一定有很多故事。下面我们进入环节二。

环节二：中华传统文化"故事汇"——我与中华传统文化

教师活动：讲述我和中华传统文化的故事。"我"既可以是自己，也可以是家人、朋友。时长不超过2分钟。

学生活动：自我整理，交流展示。

教师活动：通过大家的讲解，能感受到中华传统文化影响着我们的生活和思想观念，这种影响是积极的还是消极的呢？

学生活动：答略。

师生共同小结：中华传统文化主要产生于中国封建社会，是对中国古代社会经济、政治的反映，在维持社会秩序、增强民族认同感方面发挥着积极作用，但不可避免也存在过时或已成为糟粕性的内容，会钳制我们的思维方式、审美情趣，制约我们的价值取向，因此要辩证认识中华传统文化的影响。

【设计意图】通过学生讲述自己与中华传统文化的故事来理解中华传统文化对社会和个人的影响，理解中华传统文化的双重作用。

（过渡）今天中华传统文化的发展也面临着一些困境。请同学们观看视频《那些即将消失的传统工艺》。下面让我们进入环节三。

环节三：说出你的"金点子"——做中华优秀传统文化传承者

教师活动：你喜爱或者关注的中华传统文化在发展中有哪些困境？你对其有何建议呢？面对百年未有之大变局和中华民族伟大复兴，应如何更好地发挥中华优秀传统文化的当代价值？

学生活动：孝文化的淡化、中医药文化的发展困境、戏剧文化的受众越来越少……

师生共同小结：在当代中国，学习、研究、应用传统文化，既是一个"取其精华、去其糟粕"，改造传统文化的过程，也是一个"推陈出新、革故鼎新"，创造新文化、发展先进文化的过程。要坚持古为今用，推陈出新，只有不忘本来才能开辟未来。

优秀传统文化是一个国家、一个民族传承和发展的根本。传承和弘扬中华优秀传统文化能够激发民族自信心和自豪感，有助于筑牢中华民族共同体意识，能够为解决当代中国和世界发展中的许多问题提供借鉴，推动建立以合作共赢为核心的新型国际关系，构建人类命运共同体，为世界贡献中国智慧和中国力量。

【设计意图】通过让学生结合自己喜爱的中华传统文化面临的发展困境进行思考，坚持辩证思维方法，明确对待中华传统文化的态度，进而对如何继承和发展中华传统文化提出科学的建议，以更好地发挥中华优秀传统文化的时代价值，增强文化自信、文化担当。

课堂结语：同学们，河南春晚《唐宫夜宴》"出圈"了，它依托 3D 和 AR 技术，通过优美的舞姿和接地气的场景、虚拟现实技术叠加了诸多历史文物的影像，让现实和虚拟交织、情感和文化交融。《唐宫夜宴》表演的意义已经不在于"破圈"了，而在于将看似单一的历史和文化背后所承载的时代故事，通过另一种大众能够"懂"的"语言"表达，展现了中华优秀传统文化的吸引力和生命力，更好满足了人民群众对美好生活的需求，是中华优秀传统文化的独特魅力和当代价值的具体体现。习近平总书记指出，"中华优秀传统文化是我们最深厚的文化软实力，也是中国特色社会主义植根的文化沃土"。作为担当民族复兴大任的时代新人，同学们也要从我做起，树立正确的历史观、民族观、文化观，为中华优秀传统文化的发展贡献自己的力量。

【板书设计】

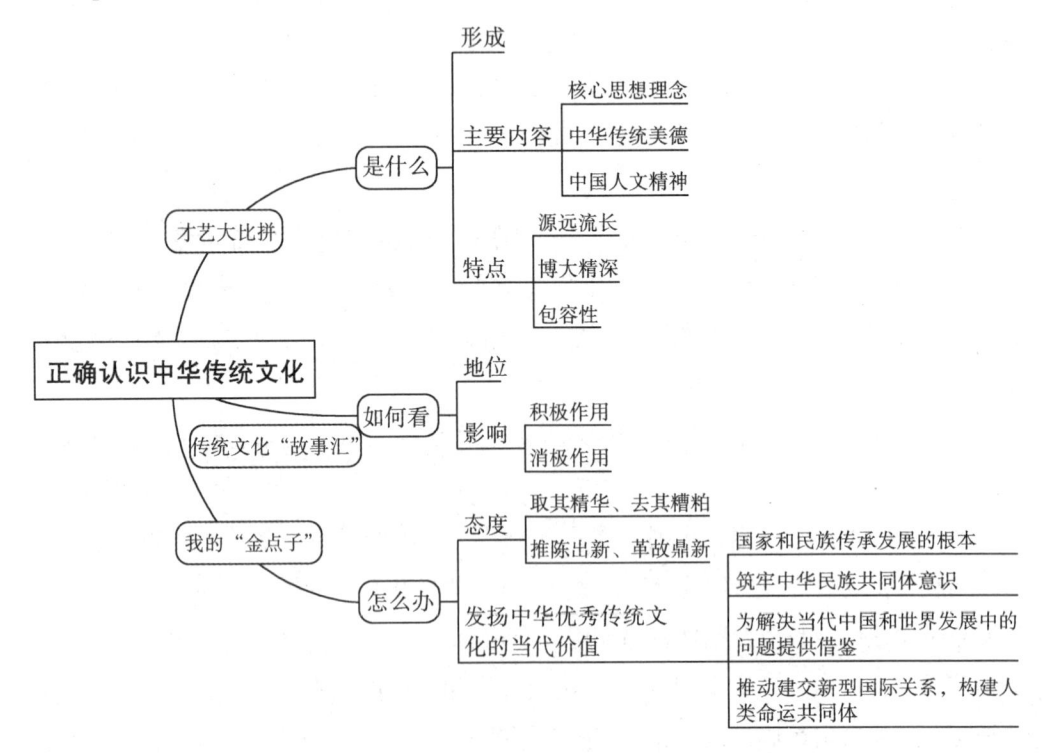

【作业设计】以下两题二选一

1. 随着《唐宫夜宴》的"出圈",河南博物院也火了起来。近年来,河南博物院开发了许多文创产品,如考古盲盒及春秋、战国、西汉、新莽、北宋、北齐等时期的10种古钱币巧克力,且在《唐宫夜宴》走红后也上线了相应的玩偶,还开设"戏游博物馆"系列博物馆课程,在老师的引导下,让静置在展览柜里的展品背后的故事,通过小朋友们自己探索"寻宝"的方式,将故事的画面拼凑成书,让展品、文物"活起来",改变博物馆在人们心中的固有印象。

请你结合《唐宫夜宴》的"出圈"和河南博物院的做法,谈谈如何让博物馆文物活起来、火起来。

2. 寻访城市记忆,制作郑州文化名片。文化名片包括名称、说明介绍,字数150字左右。

【设计意图】二选一的作业形式,更好地体现了选择性、开放性和灵活性的课程要求,更有利于调动学生兴趣,但二者都指向本节课的重点,即中华优秀传统文化的时代价值,实属殊途同归。

五、教学反思

坚定文化自信是贯穿思想政治必修4《哲学与文化》第三单元的一条主线,但教师在该部分教学中经常会遇到两难境地,即在文化味与政治学科的学理性之间难以找到一个更好的平衡点。既不能让文化味冲淡了学理性,成为艺术课堂,又不能让学理性掩盖了它的文化气息,成为枯燥的理论课。而本节课较好地实现了二者的统一。为此,我认为得益于以下几个方面:

1. 对学情进行充分的分析

所授课班级是体育艺术班,班里学生既有体育特长生,又有美术、音乐、表演等专业学生。他们在学习文化课方面往往兴趣不高,只有在专业和感兴趣的领域才会有获得感。所以第一个环节"才艺大比拼"能够顺利开展。

2. 以中华优秀文化资源吸引学生

文化内容学习中的文化味离不开优秀的文化资源,对于"现象级"的文化现象学生一般都比较熟悉,这样也容易吸引学生注意力,通过对《唐宫夜宴》的赏析,学生更能深刻感受它的独特魅力,不仅陶冶了学生的情操,而且有利于中华优秀传统文化在学生心中生根发芽。

当然，在教学中如何引发学生的兴趣，如何讲出文化味，如何让文化自信植根于学生的内心，还任重而道远，需要每一个思想政治课教师不断地在教学中实践探索，为建设社会主义文化强国，为培育有理想、有本领、有担当的时代新人贡献自己的力量。

专家点评

本节课较好地坚持了习近平总书记指出的思政课价值性和知识性相统一、理论性和实践性相统一、主导性和主体性相统一、灌输性和启发性相统一、显性教育和隐性教育相统一，较好地平衡了在文化内容学习中如何既上出文化味又上出政治课的味道这一难题，培育了学生科学精神和政治认同的学科素养。

凸显了学生主体。本节课关注学生的活动体验，学生表演，学生展示，学生得出结论，充分体现了以学生为中心的新课程理念，教师是课堂的参与者、引导者和调控者，调动了学生积极性，教学效果良好。

强化了价值引领。本节课中，无论是对《唐宫夜宴》节目的欣赏，还是学生节目的展示，都有着很强的教育意义。教育性始终贯穿其中，引导学生认识中华文化发展的历史过程和中华优秀传统文化的内容、特点，理解发扬中华优秀传统文化的现实意义，认同中华民族优秀传统文化，进而自觉地成为中华优秀传统文化的传承者。

突出活动型学科课程的特点。通过一系列活动及其结构化设计，实现"课程内容活动化""活动内容课程化"，把学理性的知识巧妙融入学生的活动中。本节课表面上看，没有让学生看书画知识点，也没有进行知识小结，但三个环节分别蕴含了中华优秀传统文化的主要内容和特点、如何看待中华传统文化、如何传承中华优秀传统文化。本节课学生的投入和收获已经远远超出了本节课要传达的知识信息，更好地激发了学生对中华优秀传统文化的热爱和对中华优秀传统文化传承的担当。

当然，本节课在时间把握和教师应答中还存在需要优化和改进的地方，如对于学生回答中的错误认知要及时加以引导，学生表演时中断的地方要及时加以鼓励等，以保证课堂的流畅性和整个教学任务的顺利完成，如能增加辨析式学习活动效果会更好。

（冯宝霞，郑州市第九中学，中小学高级教师）

弘扬中华民族精神

——抗疫精神 激励奋进的新动力

开封市基础教育教研室 娄鹏飞

作者简介：

娄鹏飞，中共党员，中小学高级教师，开封市基础教育教研室教研员，河南省名师，河南省优质课一等奖获得者，河南省政治学科中心组成员。

一、教学背景分析

1. 教学内容分析

本课为人教版高中思想政治必修4《哲学与文化》第三单元第七课第三框的内容，是第二框"正确认识中华传统文化"的深化拓展。主要讲述中华民族精神的基本内涵、意义，中华民族精神在不同历史时期的表现，如何弘扬和培育中华民族精神等问题。通过本课的学习，学生将明确中华民族精神的基本内涵、意义、时代性以及如何培育和弘扬中华民族精神，培育了学生的政治认同、科学精神、公共参与核心素养。

本课是本框内容的第二目，第一部分结合党的十六大报告的表述分析中华民族精神的基本内涵，结合习近平总书记在十三届全国人大一次会议上的讲话指出新时代中华民族精神的新内涵，将中华民族精神的意义融入其中。第二部分从中国共产党领导全国各族人民在"新民主主义革命"和"社会主义革命、建设和改革"两个不同历史时期来分析中华民族精神在不同历史时期的表现，特别指出抗疫精神的内涵及其与中国精神的关系，引导学生正确看待中华民族精神的深厚民族性、鲜明时代性和先进性，体会和感悟到中华民族精神是随着时代发展而不断丰富的。第三部分分析弘扬和培育民族精神就要培育和践行社会主义核心价值观、传承中华优秀传统文化、强化教育引导、实践养成和制度保障。通过多种方式引导学生树立和坚持正确的历史观、民族观、国家观、文化观，增强做中国人的志气、底气和骨气。

2．学情分析

（1）学生的心智特征分析。本框内容的教学对象为高二学生，他们具有了一定的历史和文学知识储备，也有了一定的逻辑思维能力，在老师的引导下能够透过史实资料分析文化发展的规律。

（2）学生的认知结构分析。通过前面内容的学习，学生已经掌握了中华传统文化的内容、特点、价值以及创造性转化、创新性发展的知识，初步确立了正确的民族观、价值观和一定的文化自信，这为本节课的顺利学习奠定了一定的基础。但对民族精神弘扬的深层次理解还有所欠缺，尤其是对民族和国家的重要性，视野上还需要进一步引导提升。

3．整体教学思路

（1）整体教学思路。本课的教学设计整体运用的是教学议题引领模式，以总议题和分议题引领课堂的整体布局和教学环节，借助"抗疫精神的弘扬"这一主题情境从不同维度开展议学活动。本节课对部分内容打破教材编排，重新进行了整合。具体表现为以下三个方面的内容：

教学流程上，按照"议题商议—议题辩论—议题决策"的结构化流程层级逻辑展开。

教学内容上，总议题对应教材的框体，三个分议题围绕着主议题进行层级递进，中心突出，层次分明。

情境设计上，围绕"抗疫精神的弘扬"的情境主线，选择"薪火相传""抗疫弘扬""青春践行"这三个分情境逐级推进。

（2）教学路线。本节课是一节新教材的议题活动型授课。采用议题式的教学模式，议题、情境、活动和任务这四个要素形成了如下四条线：

议题线：由总议题和下设的"议题商议—议题辩论—议题决策"三个环节组成，每个环节由一个子议题引领，以议题贯穿整个课堂教学的始终和掌控着教学活动的方向，为"议学"提供了学习引导。

情境线：由"薪火相传—抗疫弘扬—青春践行"组成，为"议学"提供了学习载体。

活动线：由"商议展示—辩论展示—撰写展示"组成，形成"议""辩""展"三位融合的格局，为"议学"提供了学习路径。

任务线：本课通过分析情境材料，引导学生运用历史分析、全面辩证的科学方法加以解析和论证，商议展示小组合作探究生成的观点和主张，顺利流畅地实现了"议中学"的教学目标。

（3）教学结构。

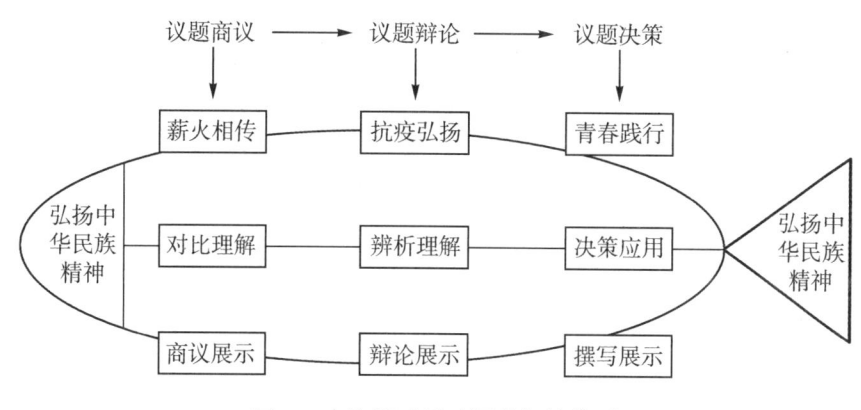

图 1 本议题式活动课的架构模型

二、教学目标

（1）必备知识目标。让学生明确中华民族精神的基本内涵和意义，在不同历史时期的表现，以及如何弘扬和培育中华民族精神。

（2）关键能力目标。以抗疫精神的弘扬为探究视角，通过小组辩论突破本框题的教学重难点。在商议、辩论、决策等活动中，培养学生的自主学习、合作交流和深入探究的能力，以及引导学生掌握由表及里的逻辑分析方法和全面看问题的哲学分析方法，提高学生对中华民族精神的深度认知和政治认同以及科学精神、公共参与的能力。

（3）学科素养目标。通过对民族精神价值的分析与理解，增强对中华民族精神的认同，培养科学精神和公共参与素养，积极投身于中华民族伟大复兴的中国梦建设中。

（4）核心价值目标。引导学生坚定中华民族文化自信，树立正确的民族精神价值取向，增强弘扬、传承、创新中华民族精神的责任感。

三、教学重难点

1. 教学重点

弘扬民族精神的必要性。

2. 教学难点

抗疫精神与中华民族精神的关系。

四、教学方法

议题式教学法、情境式教学法、合作探究教学法。

五、教学过程

情境导入

播放全国抗击新冠肺炎疫情表彰大会表彰部分视频，展示习近平总书记的讲话金句："伟大抗疫精神……是中国精神的生动诠释，丰富了民族精神和时代精神的内涵……""我们要在全社会大力弘扬伟大抗疫精神，使之转化为全面建设社会主义现代化国家、实现中华民族伟大复兴的强大力量"。

提出问题：

1. 为什么说抗疫精神是民族精神的丰富？它与民族精神的关系是什么？

2. 我们为什么要在全社会大力弘扬伟大的抗疫精神？

【总议题】为什么要弘扬民族精神？

环节一：议题商议

【子议题1】民族精神，薪火相传

【议题情境】民族精神作为民族文化的结晶，其形成和发展是长期历史积淀的过程，也是随着时代不断变化和丰富的过程。不同的时代，我们的民族面临着不同的任务，也产生了不同的精神支撑，民族精神的表现也是各具特色的。

【议题任务】

1. 小组合作制作中华人民共和国成立前后这两大不同历史时期的民族精神手账，并交流、展示。

2. 小组交流、商议、展示。（活动1）

（1）中华人民共和国成立前后的中华民族精神的特点有什么不同？又有什么是相同的？

（2）为什么说抗疫精神是中华民族精神的丰富与发展？

【设计意图】以"议题商议、制作手账"的形式,首先通过组内搜集资料、商议列出不同历史时期中国共产党人对中华民族精神的丰富与发展,其次通过"红船精神""焦裕禄精神""抗疫精神"的对比,找到不同历史时期民族精神的不同点和相同点,由感知党史提升到认识中华民族精神的动态发展,紧接着再次引出学生思政小课堂讲解的抗疫精神的具体内涵,引导学生思考抗疫精神与中华民族精神的关系。在前面民族精神时代性的认知基础上,学生自然就会体会出抗疫精神是新时代的民族精神,其与中华民族精神之间是共性与个性的关系。各个环节层层递进,流畅地实现了由感性到理性、由经验到理论的统一,培养了学生的辩证思维品质,提升了学生的政治认同。

环节二:议题辩论

【子议题2】民族精神,抗疫弘扬

【议题情境】中华民族精神的基本内涵:以爱国主义为核心的团结统一、爱好和平、勤劳勇敢、自强不息(党的十六大报告)。新时代新内涵:伟大创造精神、伟大奋斗精神、伟大团结精神、伟大梦想精神(习近平总书记在十三届全国人大一次会议上的讲话)。

【议题任务】中华民族精神的基本内涵和新内涵是一致的,都是对不同时期中华民族精神的概括。将学生分成两组,一组赞成,一组反对,先组内商议、讨论,然后展开辩论。(活动2)

【设计意图】通过学生辩论,实现课程内容活动化,让学生深刻理解尽管二者表述不同,但都是对中华民族精神内涵的概括,理解掌握新内涵,更有助于学生为实现中国梦去发扬创造精神、奋斗精神、团结精神,从而培养学生的科学精神。

【议题情境】展示图2和图3。

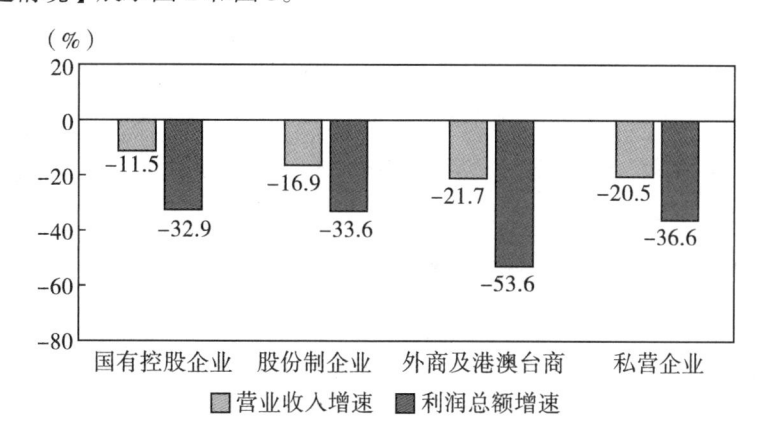

图2 2020年1—2月份分经济类型营业收入与利润总额增速

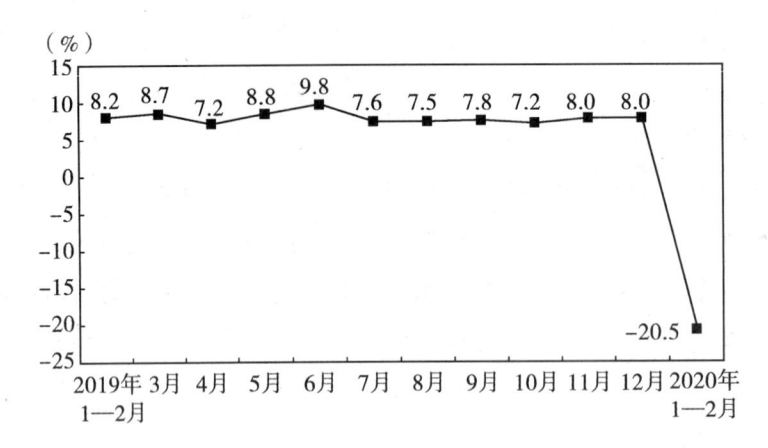

```
 (%)
 15
     8.2  8.7       8.8  9.8
 10  ■───■        ■───■   7.6  7.5  7.8  7.2  8.0  8.0
              7.2           ■───■───■───■───■───■
                 ■
  5
  0
 -5
-10
-15
-20                                                    -20.5
                                                         ■
-25
    2019年 3月  4月  5月  6月  7月  8月  9月 10月 11月 12月 2020年
    1—2月                                                1—2月
```

图3　2019年1月—2020年2月社会消费品零售总额分月同比增长速度

【议题任务】这次疫情给中国经济的发展造成了巨大的损失。因此，有人认为，当前我国所有的工作都要以经济建设为中心，一切活动都必须围绕经济建设展开，尤其在这个特殊时期，弘扬抗疫精神是可有可无的事。你赞同这一观点吗？（活动3）

【设计意图】以"在这个特殊时期，弘扬抗疫精神是可有可无还是必不可少？"为辩论议题，实现了课程内容活动化，让学生在辩论中深入理解为什么党中央在这个特殊时期提出要在全社会大力弘扬抗疫精神这一要求。以弘扬抗疫精神的意义为辩论视角，引导学生深入理解弘扬民族精神的意义，既可以让学生联系前面所讲的文化的力量，又可以通过此辩论引导学生理解弘扬民族精神的原因。通过议题辩论，学生在"越辩越明"中开阔思维、追求真理、锻炼口才、提高修养，进而在真学、真懂、真信、真用中提高政治认同和理性精神的学科核心素养。

环节三：议题决策

【子议题3】民族精神，青春践行

【议题情境】习近平总书记说过，"一代人有一代人的长征，一代人有一代人的担当"，我们每一位青年学子都要不负青春、不负韶华、不负时代，勇于守住中华民族生生不息的根脉，让中华民族精神在青春奋斗中绽放；让中华民族精神薪火相传，越燃越旺。

【议题任务】请以"扬民族之魂，践青春之行"为主题，举行一次主题班队会。（活动4）

【设计意图】以"如何让中华民族精神薪火相传，越燃越旺"为议题，通过议题决策引导学生深入理解民族精神的弘扬必须立足优秀传统文化培育和践行社会主义核心价值观。让学生明白每一位青年学子都应该高举团旗跟党走，人人都应该成为民族精神的传播者、弘扬者和建设者，续写民族精神的新篇章是每一位学生的责任与担当。在活动型学科课程学习中，由认识世界走向改造世界，提升公共参与等学科核心素养。

【板书设计】（课堂小结）

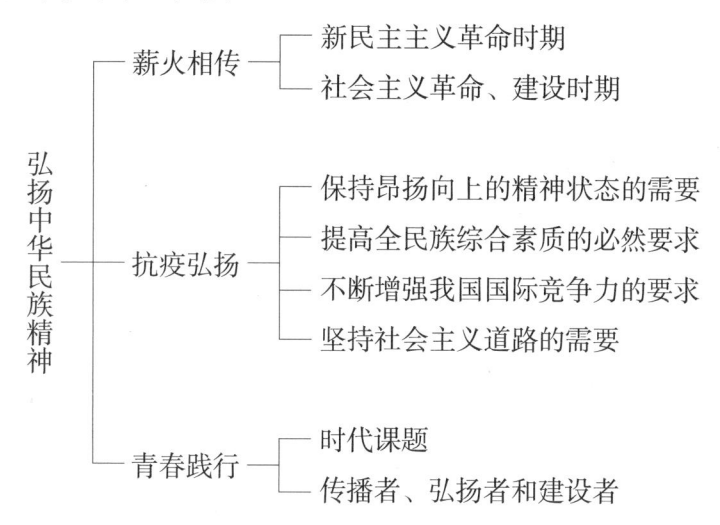

弘扬中华民族精神
- 薪火相传
  - 新民主主义革命时期
  - 社会主义革命、建设时期
- 抗疫弘扬
  - 保持昂扬向上的精神状态的需要
  - 提高全民族综合素质的必然要求
  - 不断增强我国国际竞争力的要求
  - 坚持社会主义道路的需要
- 青春践行
  - 时代课题
  - 传播者、弘扬者和建设者

【课堂延伸设计】

材料："在这场同严重疫情的殊死较量中，中国人民和中华民族以敢于斗争、敢于胜利的大无畏气概，铸就了生命至上、举国同心、舍生忘死、尊重科学、命运与共的伟大抗疫精神。"在全国抗击新冠肺炎疫情表彰大会上，习近平总书记精辟概括并深入阐释了伟大抗疫精神。中国人民和中华民族铸就的伟大抗疫精神，同中华民族长期形成的特质禀赋和文化基因一脉相承，是爱国主义、集体主义、社会主义精神的传承和发展，是中国精神的生动诠释，丰富了民族精神和时代精神的内涵，筑起了中华民族伟大复兴征程上新的精神丰碑，成为中华民族最可宝贵的精神财富。抗疫精神不仅是坚决打赢疫情防控人民战争、总体战、阻击战的强大精神支撑，而且是全面建设社会主义现代化国家、实现中华民族伟大复兴的强大力量。

结合材料，运用文化传承与创新相关知识，分析新时代大力弘扬伟大抗疫精神的时代意义。

参考答案：①有利于弘扬以爱国主义为核心的中华民族精神。抗疫斗争实践锻造形成的伟大抗疫精神，是中国精神的生动诠释，是爱国主义、集体主义、社会主义精神的传承和发展，丰富了民族精神和时代精神的内涵。②有利于推动中华优秀传统文化创造性转化、创新性发展，发展社会主义先进文化，更好构筑中国精神、中国价值、中国力量。③有利于坚定文化自信，增强民族凝聚力和向心力。新时代弘扬伟大抗疫精神，能够加强团结、增强自信，汇聚成战胜各种困难的磅礴力量。④有利于中国人民和中华民族坚决打赢疫情防控战争，全面建设社会主义现代化国家，实现中华民族的伟大复兴。

六、教学反思

这是一节课兼具"历史""当代"与"未来"的议题式党史思政课。通过第一环节学生制作的手账呈现出中国共产党对中华民族精神的继承与发展，又运用类比的方法引导学生从历史发展中抽象出中华民族精神的具体体现及动态发展，培养了学生史料搜集、整理和辨析的能力，紧接着顺势引出当代中国的抗疫精神，实现了从历史到当代的过渡。通过不同时期民族精神的基本内涵及第二环节的组内辩论，深化对民族精神内涵、弘扬民族精神意义的理解，实现从具体到抽象的飞跃，培养了学生的思辨能力，在议题辩论的思维碰撞中强化价值引领基点，直指"形成正确价值取向，提高辩证思维能力"的素养追求。通过第三环节青春践行主题班队会的设计实现了知识的迁移，让学生生成了新的方案，引导学生成为民族精神的传播者、弘扬者和建设者，实现了从当代到未来的跨越。本课在趣味性、生成性等方面还有较大的提升空间，同时若能以"大概念统领下的单元教学"理念进行设计，引领学生进行深度学习，则更能实现"价值引领、素养导向、能力为重、知识为基"的育人目标。

【本文系河南省基础教育教学研究项目2021年立项课题"议题式教学在党史教育与思政课教学融合中的应用研究"（课题立项编号：JCJYC211002042）相关成果】

专家点评

1. 在形式上围绕核心议题逐层推进

本课围绕"抗疫精神的弘扬"的情境主线，选择"薪火相传""抗疫弘扬""青春践行"这三个分情境，按照"议题商议—议题辩论—议题决策"这一结构化流程层级逻辑展开，中心突出，层次分明，既符合学生由表及里的认知规律，体现出课堂教学内容的逻辑性，又体现出议题式教学的层次性。

2. 在内容上立足思维，重视品质培养

本课的三个环节分别以"议题商议—议题辩论—议题决策"的形式呈现。学生通过商议发挥出自主学习、合作学习与同伴互助的优势。以"在这个特殊时期，弘扬抗疫精神是可有可无还是必不可少？"为辩论议题，让学生在辩论中深入理解为什么党中央在这个特殊时期提出要在全社会大力弘扬抗疫精神这一要求。在辩论中调动了学生原有的知识，生成了新的知识，培养了学生的思辨思维和辩证思维。通过议题决策，引导学生进行多维度思考，促使学生在真实的生活情境中，迁移、运用学科视角与学科观点，增强解决实际问题的能力。

3. 在旨向上以素养为本依次建构

学生通过议题展示在潜移默化中增强了政治认同，树立了文化自信；通过组际辩论，尝试激活议题潜在的争议，在议题辩论的思维碰撞中培养了学生的科学精神；通过议题决策，实现了知识的迁移与应用，培养了学生高阶思维的深度学习特征和公共参与核心素养。

（李铭，开封市基础教育教研室，中小学高级教师）

抗疫践初心　聚力担使命

——始终坚持以人民为中心

开封市第七中学　严　蕾

作者简介：

严蕾，中共党员，中小学一级教师，河南省骨干教师，市教育系统优秀共产党员，河南省优质课一等奖获得者，现任开封市第七中学政治组教研组长、开封市政治学科中心组成员、开封市教科院兼职教科研员。自2015年至今参与并完成了一项国家级子课题、五项省级课题和三项市级课题，在期刊上发表了多篇论文，获市优质课一等奖两次、市成果一等奖两次，参与撰写了《开封市教育现代化2035规划》《开封市教育体育"十四五规划"》等若干重要文件。

一、教学背景分析

1. 教学背景及内容分析

本节课内容是人教版思想政治必修3《政治与法治》第二课的第一框题。本框题包含党的性质和宗旨以及党的执政理念两目内容。教材的第一课主要讲述了中国共产党的建党历程，从第二课开始讲述中国共产党的先进性。本课承接前一课坚持中国共产党的领导是"历史和人民的选择"，继而从党的性质、宗旨、执政理念、指导思想等层面论证"中国共产党的先进性"，为后一课"坚持和加强党的全面领导"起到自然过渡和理论证明的作用。

本课由教学目标、教学过程等组成。教学目标部分主要阐述内容：掌握党的性质、宗旨及执政理念等知识点，坚定认同中国共产党是有别于其他政党的先进党组织，落实学生政治认同核心素养的培育和迁移知识解决实际问题的能力。教学过程部分主要阐述内容：提供了具有子议题性质的三个议题——"中国共产党是一个什么样的党""中国共产党为什么要以人民为中心""中国共产党如何做到以人民为中心"，并提供了相应的教学提示和探究路径。

2. 学情分析

（1）学生的心智特征分析。本框内容的教学对象为高二学生，教材内容思路清晰，内在结构化特点比较明显，便于学生学习。高二学生的思维水平已经发展到了一定的层级，对于逻辑抽象思维已经具有了一定的假设性和预设性，在教师的引导下已能够对社会相关事件进行判断和分析。

（2）学生的认知结构分析。本课为新教材的学习内容，学生尚未接触、阅读和学习过，是一个新的领域。但高二的学生已学习过现有教材中有关中国共产党的一些相关知识，这为本课的学习奠定了一定的基础。同时，学生在寒假期间通过网络、电视等媒体了解了大量的有关抗疫的事例，这为本课情境的深入感知和探究做了一定的积累。但对于中国共产党"为什么"和"如何"以人民为中心的深层次理解以及抗疫事例背后的理论依据认知尚有一定的提升空间。同时，学生以前没有接触过议题式教学，在抱有一定期待的同时也存在一定的挑战。

3. 整体教学思路

（1）整体教学思路。本课的教学设计整体运用的是教学议题引领模式，以总议题和分议题引领课堂的整体布局和教学环节，借助抗疫防控这一主题情境的不同维度开展议学活动。具体表现为以下三个方面的内容：

①教学流程上，按照"议题描述→议题辩论→议题决策"这一结构化流程层级逻辑展开。

②教学内容上，总议题对应教材的框体，三个分议题围绕着主议题"是什么""为什么""怎么做"三个典型逻辑结构化维度进行，中心突出，层次分明。

③情境设计上，围绕"中国共产党始终坚持以人民为中心"的情境主线，选择"抗疫中央部署""抗疫党员担责""抗疫新闻发布"这三个分情境逐级推进。

（2）教学路线。本节课是一节新教材的议题活动型新授课。主要采用议题式的教学模式，议题、情境、活动和任务这四个要素形成了如下四条线：

①议题线：由总议题和下设的"议题描述→议题辩论→议题决策"三个环节组成，每个环节由一个子议题引领，以议题贯穿整个课堂教学的始终和掌控着教学活动的方向，为"议学"提供了学习引导。具体表现为中国共产党是一个什么样的党→中国共产党为什么要以人民为中心→中国共产党如何做到以人民为中心。

②情境线：由"抗疫中央部署→抗疫党员担责→抗疫新闻发布"组成，为"议学"提供了学习载体。

③活动线：由"商议展示→辩论展示→撰写展示"组成，形成"议""辩""展"三位融合的格局，为"议学"提供了学习路径。具体表现为连线中国共产党的相关知识→组际辩论一线岗位全部换上党员，能不能讨价还价→代表模拟新闻发布。

④任务线：本课的任务线是按照是什么→为什么→怎么做的思维逻辑进行架构的。以共产党的初心和使命的发问为切入点，通过党的重要政策和重大活动明晰党的相关知识→以在抗疫前线共产党员能不能讨价还价为辩题理解中国共产党为什么要以人民为中心→以为开封市委如何全面打赢疫情防控战的新闻稿撰写为任务迁移所学知识完成教学任务。

（3）教学结构。

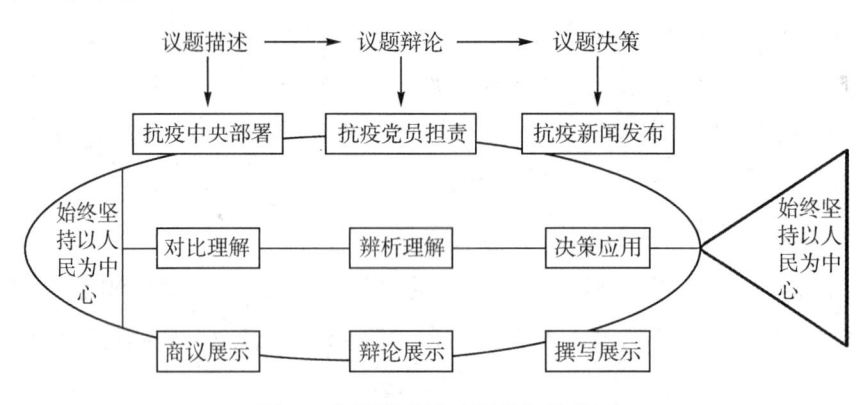

图1 本议题式活动课的架构模型

二、教学目标

1. 必备知识目标

明确党的性质、宗旨、根本立场、执政理念，理解党始终以人民为中心的表现，运用党始终坚持以人民为中心的相关知识分析、解决现实问题。

2. 关键能力目标

培养学生的探究学习能力、合作学习能力。

3. 学科素养目标

（1）通过学习党的基本知识，认同共产党以人民为中心的根本立场，加深对中国共产党以人民为中心和保持先进性的理解。

（2）通过学习本课知识，升华学生对党的先进性认识，自觉向党组织靠拢，自觉投身改革开放和新时代的建设中去。

4. 核心价值目标

树立坚持和支持中国共产党执政的坚定信念。

三、教学重难点

1. 教学重点

中国共产党始终坚持以人民为中心的原因及具体要求。

2. 教学难点

贯彻落实党的执政理念的具体要求，共产党以人民为中心的具体要求。

四、教学方法

议题式教学法、情境式教学法、合作探究教学法。

五、教学过程

【总议题】如何理解中国共产党要始终坚持以人民为中心？

导入：共产党人的初心和使命是什么？

环节一：议题描述——以初心的视角明中心

【子议题1】中国共产党是一个什么样的党

【议题情境】习近平总书记强调各级党委和政府要始终坚持把人民群众生命安全和身体健康放在第一位。一个月内，中央政治局常委会连续三次召开会议，习近平都突出强调把人民群众生命安全和身体健康放在第一位。2020年2月3日的会议上，习近平指出，这次疫情发生以来，党中央高度重视，始终把人民群众生命安全和身体健康放在第一位。2020年2月12日的会议上，习近平再次强调，新冠肺炎疫情发生以来，我们始终坚持把人民群众生命安全和身体健康放在第一位，按照坚定信心、同舟共济、科学防治、精准施策的总要求，全面开展疫情防控工作。疫情防控是一场保卫人民群众生命安全和身体健康的严峻斗争。把人民的生命安全和身体健康摆在最高

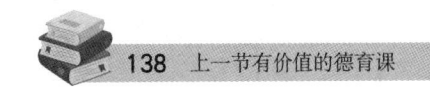

位置，是习近平一以贯之的要求。

活动一：

1. 思考：上述材料体现了"坚持以人民为中心"这一框题中有关中国共产党的哪些知识？

2. 请你完成下面的知识连线。

党的性质　　　　　　　　全心全意为人民服务

党的根本立场　　　　　　为人民谋幸福

党的根本宗旨　　　　　　人民立场

党的根本使命　　　　　　立党为公、执政为民

党的执政理念　　　　　　两个先锋队

【设计意图】以议题描述的形式连线相关知识，通过线性关连了解并识记本框题中有关中国共产党的相关知识，实现经验逻辑与学科逻辑的统一，让学生带着分辨、比较的思维学习，从对政治思想的依从转向政治认同。

【答案提示】

党的性质　　　　　　　　全心全意为人民服务

党的根本立场　　　　　　为人民谋幸福

党的根本宗旨　　　　　　人民立场

党的根本使命　　　　　　立党为公、执政为民

党的执政理念　　　　　　两个先锋队

环节二：议题辩论——以初心的视角辩中心

【子议题2】中国共产党为什么要以人民为中心

【议题情境】2020年1月29日上午，记者在华山医院采访上海医疗救治专家组组长、华山医院感染科主任张文宏时，他说，华山医院派驻党员医生去武汉增援及市公卫中心增援，是不打招呼的，一般直接派驻。同时张文宏还表示，今天他新做了两个决定：自己每星期要进行一到两次隔离区查房，主要是消除一线工作人员的恐惧；对从新年到现在值班的医生进行换岗，一线岗位全部换上党员，没有讨价还价！

活动二：在"鱼骨"的顶端分别写三个赞成理由的关键词，在"鱼骨"的底端分别写三个反对理由的关键词，选择一方观点开展组内商议，形成支撑观点的论述后开展组际辩论。

【设计意图】以议题辩论的形式讨论"一线岗位全部换上党员，能不能讨价还价"，

实现课程内容活动化,让学生在辩论中深入理解中国共产党及其党员之所以在人民、在国家和民族出现危机和困难的时候,不能"讨价还价",必须要以人民的立场为其根本立场,必须要以人民为中心的根本原因就在于其先进性和先锋性,在于中国共产党的性质所决定的党的利益观。引导学生深入领悟到何谓"党的先锋队性质"和何谓"党员的先进性",体会到中国共产党的先进性是通过党员的先进性来具体表现的。"在一切困难和危险的时刻挺身而出,英勇斗争,不怕牺牲"是《中国共产党章程》中规定的党员的义务。义务是每一位党员必须履行的,同时在"危急关头豁得出来"也是《中国共产党党员教育管理工作条例》对党员所要求的。因此,一线岗位全部换上党员,是不能讨价还价的。通过议题辩论,学生在"越辩越明"中开阔思维、追求真理、锻炼口才、提高修养,进而在真学、真懂、真信、真用中提高学生的学科核心素养。

【答案提示】共产党员之所以不能"讨价还价"的最根本的原因是由党的先锋队性质决定的。党的性质表明它是一个以人民为中心的党,这决定了它的根本宗旨、根本立场、根本使命、执政理念、党员的义务、党的利益观、入党誓词也都必须坚持以人民为中心。因此,党中央要求,疫情发生时,广大党员必须迅速行动,挺身而出、冲锋在前,把战斗堡垒建在前沿,把党旗插在抗疫一线,守土有责、守土担责、守土尽责,让党旗在防控疫情斗争第一线高高飘扬!

环节三:议题决策——以初心的视角践中心

【子议题3】中国共产党如何做到以人民为中心

【议题情境】自2020年2月以来,开封市已陆续复产、复工和复学,且一切井然有序。各级单位都能做到坚持一手抓疫情防控一手抓继续发展。若开封市委将就"举全市之力全面打赢疫情防控攻坚战"召开新闻发布会。

活动三:如果你是开封市市委新闻发言人,请你为开封市如何"全面打赢疫情防控战"拟定新闻发言稿,模拟新闻发布。

【设计意图】以议题决策的形式模拟新闻发布,引导学生深入探讨"开封市委要如何全面打赢疫情战"和"中国共产党如何做到以人民为中心",为自己的家乡出谋划策,提升学生对中国共产党人"不忘初心、牢记使命"的认同,在活动型学科课程学习中,由认识世界走向改造世界,在实践创新中应对困难和挑战,提升公共参与等学科核心素养。

【答案提示】要牢记党的初心和使命,要坚持全心全意为人民服务的根本宗旨,要站在最广大人民的根本立场上,要做到立党为公、执政为民,要坚持为人民做事,要坚持向人民学习，要坚持党在社会主义初级阶段的基本路线。

【课堂延伸设计】

党旗所指，就是团旗所向。习近平总书记在党的十九大报告中这样深情寄语青年一代："青年兴则国家兴，青年强则国家强。青年一代有理想、有本领、有担当，国家就有前途，民族就有希望。中国梦是历史的、现实的，也是未来的；是我们这一代的，更是青年一代的。中华民族伟大复兴的中国梦终将在一代代青年的接力奋斗中变为现实。"指明了当代青年肩负的光荣历史使命，勉励广大青年为了实现中华民族伟大复兴的中国梦接力奋斗。

作为一名共青团员，党的助手和后备军，你们的初心和使命是什么？请你以"初心不忘·我的践行"为题，写一篇演讲稿。

要求：

①观点明确，紧扣主题，理由充分，合乎逻辑；

②综合运用所学思想政治学科知识加以阐述；

③学科术语使用规范，字数在250字左右。

【设计意图】以演讲稿形式的开放式作业，引导学生立足中国特色社会主义伟大实践，在认同中国共产党始终坚持以人民为中心的基础上，将所学知识与实践应用相结合，使理论知识与生活奋斗相结合，论证迁移所学知识，培育学科核心素养，落实立德树人的育人目标。

【答案提示】共青团作为党的助手和后备军，必须不断增强政治性、先进性、群众性，切实发挥好党联系青年的桥梁和纽带作用，把团结和引领广大青年坚定不移跟党走作为一切工作的出发点和落脚点，始终做到不忘初心、牢记使命，正本清源，在为党团结凝聚最广大青年的实际行动中展现作为、彰显价值。

六、教学反思

这是一节将党史教育融入思想政治课教学的党史思政创新课。

优点：第一，议题层次清晰。本课在设置了"如何理解中国共产党要始终坚持以人民为中心？"总议题的基础上又分设了三个分议题，构成了"一题三议"比较完整的议题体系，且三个议题分别对应教学内容中的"是什么""为什么""怎么做"，设计巧妙，逻辑脉络清晰。第二，情境案例鲜活。选用了中国共产党将人民的生命和健康放在第一位的抗疫历史，将党史教育、抗疫教育融入思想政治课教育教学中，用好用活了百年党史这部厚重的教科书。第三，素养清晰可行。通过设置三个环节和课堂延伸的议题式教学，引导学生在感性与理性的深层激荡中培养出政治认同与公共参与的核心素养。

不足：在情境设置的材料选择上可再身边化一些，在党史教育与思政课教学的融合上可再创新一些，在课堂教学改革上步子可再大一些。

专家点评

"始终坚持以人民为中心"是新教材必修3《政治与法治》的一节内容，教师对新教材的大胆探索精神值得"一赞"。更大胆的是本课的教学采用的是议题式教学这一具有前瞻性的教学方式，是对《普通高中思想政治课程标准（2017年版）》提出的议题式教学和活动型学科课程的一次大胆崭新尝试，可谓是课程和课堂的"双课"改革的先行者，此为"二赞"。本节课以疫情中的中国共产党领导下的全民抗疫为探究情境，且一"境"到底，贯穿全课始终，把疫情当教材，应"化危为机"，把"思政小课堂"同"社会大课堂"结合起来，讲好有"温度"的思想政治课，在战"疫"中增强思想政治课的引力、活力和魅力，此为"三赞"。这是一节既有议味又有意味的时代党史思政创新课。

亮点一：目标的素养化。本课以抗疫主题为纽带，以中国共产党抗疫情境为资源，以党的基本内容为基础，以议题探究活动为路径，以政治认同、科学精神、公共参与的思政学科核心素养为目标，在"是什么""为什么""怎么做"的逻辑层级推动下，引导学生在理解、应用、迁移党的基本知识中，突破重点、解决难点，提升了学生的关键能力、必备品格和学科核心素养。

亮点二：议题的巧设化。本课将"中国共产党始终坚持以人民为中心"的政治学道理与抗疫中党的故事情境相连接，让学生从生活中感悟和理解知识，再通过民主决策将所学知识运用到生活中，实现了理论知识与现实生活的无缝对接和活学活用，凸显了议题的生活化。本课以"如何理解中国共产党要始终坚持以人民为中心"为总议题，下又分设了三个分议题，构成了"一题三议"的议题体系，凸显了议题的层递性。以情境中张文宏医生的"一线岗位全部换上党员，能不能讨价还价"为辩题，设置认知冲突，让学生在小组辩论中掌握和升华学科认知，实现学生思辨力的提升，凸显了议题的思辨性。另外，本课的议题有描述性议题、辩论性议题和决策性议题等多种形式，凸显了议题的多样性。

亮点三：活动的多样化。活动型学科课程是新课标对思想政治学科的最新定位，在课程内容情境化的基础上开展探究活动是新课标对思想政治课教学的新要求。本课通过议题描述的连线活动增强了思政课的适切性，通过议题辩论活动增强了思政课的思想性，通过议题决策增强了思政课的建设性，最终实现了课程内容结构化、课程内容情境化、课程内容问题化以及课程内容活动化的活动型教学模式，通过多样化的活动，彰显出思政课理论性与实践性的统一、灌输性和启发性的统一以及显性教育和隐性教育的统一。

（娄鹏飞，开封市基础教育教研室，中小学高级教师）

文化创新的途径

河南科技大学附属高级中学　王红超

作者简介：

　　王红超，男，1999年7月毕业于华中师范大学思想政治教育专业，中小学一级教师，教龄23年，主要成果有《〈文化创新的途径〉教学设计》（发表于2018年第8期《思想政治课教学》期刊）、《论语读书会社团活动成果》、课题"高中综合实践活动课程有效实施策略探析"（结项成果获市级优秀奖）等。

一、教学背景分析

1. 教材内容分析

本课内容为（旧版教材）《文化生活》第五课"文化创新"的第二框。第一框重点学习了社会实践与文化创新的关系，本框主要探讨怎样进行文化创新。这是本单元的重点，也是学习文化生活知识的重要落脚点之一。

2. 学情分析

通过前面教材内容的学习，学生已经对传统文化、文化的多样性有了正确的认识，理解了文化创新与社会实践的关系，在知识上为本节课的学习奠定了基础。另外，高二学生对发生在身边的文化现象有着浓厚的兴趣，现代传媒的发展也让他们能接触到更多优秀的文化产品，比如中央电视台的《经典咏流传》《朗读者》《中国诗词大会》等节目。随着学生对文化产品的欣赏增多，有主动参与文化创新的想法，但是机会少。因此，在教学中通过感受文化作品的魅力，培养学生的文化感知力与深度分析能力，更重要的是通过设计活动让学生尝试进行简单的文化创作。

3. 整体设计思路

依据课程标准的要求，这节课的关注点是学生通过学习能够说明并阐述文化创新与社会实践、中华传统文化及外来文化的关系，并能够自觉进行文化创新。因此，决定选择文化热点《经典咏流传》节目与教材结合，通过"看经典—析经典—听经典—创经典"四个环节的设计来实现三维目标。

首先，通过教师演唱《经典咏流传》文化节目推出的曲目《苔》，引入"文化创新的途径"一课；其次，通过对《经典咏流传》三个创作案例的探究，来理解教材知识，提升分析能力；最后，运用所学知识，通过模仿《经典咏流传》的创作方法，对《赏牡丹》一诗进行创作实践，并让学生进行课堂展示，从而激发创作热情，实现"知""用""信""行"的目标。

二、教学目标

（1）结合《经典咏流传》节目内容，阐明文化创新要立足于社会实践，"推陈出新，革故鼎新"，与不同民族文化交流、互鉴。反对"守旧主义""封闭主义""民族虚无主义""历史虚无主义"。

（2）通过对《经典咏流传》节目的赏析，参与对唐诗《赏牡丹》歌词、音乐及现代诗的创作，增强学生的文化创新意识和能力。

（3）通过对《经典咏流传》几个创作案例的探究，学生能够更加热爱民族优秀传统文化，同时增强了学生对本民族优秀文化的价值认同。

三、教学重难点

1. 教学重点
文化创新能力的培养。

2. 教学难点
在文化创新中坚持正确的方向，克服错误倾向。

四、教学过程

导入新课：教师演唱歌曲《苔》

师：这首歌很多人都会唱，这主要得益于央视的《经典咏流传》节目。这个节目通过"和诗以歌"的形式对中国传统诗词进行二次创作，让传统诗词重新焕发了生命力。《经典咏流传》节目获得了大家的认可,不单单是因为这些经典的诗词,更重要的是这些诗词的呈现有了新意。这节课,我们就一起来从几个具体的创作案例中探究一下让经典出新意的秘密。

活动一:看视频,体验创作与生活实践的关系

教师活动:播放《经典咏流传》视频《苔》。

师:视频中的梁俊老师是贵州贫困山区石门坎的支教老师。他发现那里80%的人都是苗族人,他们不怎么会说普通话,但都热爱唱歌。酷爱吉他的梁老师搜索古诗音乐,发现都太古老,缺乏朗朗上口的旋律来吟唱,于是自己开始创作,给将近50首古诗谱曲,"用音乐学诗",教室里响起了歌声,语文教学找到了新突破,孩子们爱上了古诗文,很多学生开始尝试写诗。

"白日不到处,青春恰自来。苔花如米小,也学牡丹开。"清朝袁枚的这首小诗《苔》,在孤独了三百多年后,通过梁俊老师和孩子们的演唱一夜之间被亿万中国人记住了。梁俊对《苔》的重新演绎,是用"平凡人也应如牡丹般绽放"的精神激励山村孩子们,也是写给天地间每一个平凡而又尊贵的生命,引发了无数人的共鸣。

教师活动:(出示问题)梁俊老师为什么要对古诗谱曲?他又为什么选择袁枚的这首小诗《苔》进行创作?

学生活动:学生依据观看《经典咏流传》所获得的有关信息讨论作答,认识到梁俊老师之所以要对古诗进行谱曲,目的是在不擅长说普通话的苗族学生中进行普通话教育,梁老师选择《苔》这首诗就是因为看到了这首小诗所蕴含的催人向上、创造人生精彩的精神。

教师总结:梁俊老师的创作活动是为了适应实践的需要,也是在他的教育实践中完成的,其目的就是促进自己的教育活动更好地开展,从结果来看,他是成功的,因为孩子们爱上了古诗文,开始尝试写诗。由此看来,文化创新离不开实践活动,立足于社会实践是文化创新的根本途径。

【设计意图】通过问题的创设,复习旧知识"社会实践与文化创新的关系",又自然推出"立足于社会实践是文化创新的根本途径"这一新知,达到"温故启新"的目的。

活动二:析歌词,领悟创作与传统文化的关系

教师活动:播放《经典咏流传》视频《明日歌》。

师：《明日歌》中除了明朝钱福创作的"明日复明日，明日何其多。我生待明日，万事成蹉跎"的歌词，音乐人贾轶男还增加了现代歌词："爸妈曾经对我说，生活得有意义。老师也曾对我说，寸金难买寸光阴。时光偷偷溜过去，趁我还没在意。白日梦也没少做，醒来全都忘了。"歌曲旋律轻松，歌词励志经典，穿越历史时空来到当下，不少观众把它比作新年"洗脑神曲"，"旋律一听就印在脑海，根本停不下来"，直言"可以拯救新年拖延症"，再也不赖床了。

教师活动：（出示问题）音乐人贾轶男为什么要在钱福的词后增加现代歌词呢？这些现代歌词与钱福的《明日歌》有什么关系？

学生活动：学生体会钱福《明日歌》的内涵，即要珍惜时间，牢牢抓住稍纵即逝的今天，今日事今日毕，做事不拖延。分析贾轶男增加的现代歌词的特点及其主题：语言上与钱福的《明日歌》一致，生活化，通俗易懂；主题上与钱福的《明日歌》一脉相承，都是劝人们不要虚度光阴。但是增加的现代歌词更符合现代日常用语特点，用充满时尚感与时代感的现代语言对传统经典所阐释的道理进行了新的演绎。

教师活动：展示习近平总书记的话，即要加强对中华优秀传统文化的挖掘和阐发，努力实现中华传统文化的创造性转化、创新性发展。

师：我们不能离开传统文化空谈文化创造，我们今天的文化活动要以我们中华民族优秀的传统文化为根源理解传统文化，挖掘传统文化中的时代价值，继承优秀传统文化，用现代精神解读传统文化，在内容和形式上对传统文化进行改造，在传播手段上进行创新，给优秀传统文化赋予时代气息。即要实现文化创新，除了要立足社会实践，还要继承传统，推陈出新。也就是像习近平总书记所说的，要对中华优秀传统文化进行挖掘和阐发，实现中华传统文化的创造性转化、创新性发展。

只有继承传统、推陈出新，才能实现传统文化的创新性发展；只有创新性发展，才能实现中华传统文化的创造性转化。

【设计意图】通过视频情境材料的呈现，既让学生感受到文化创新的魅力，又让学生在分析中体会文化创新离不开对优秀传统文化的继承，更是对中华优秀传统文化的推陈出新，同时也锻炼学生分析问题的能力。

活动三：听音乐，感受文化创新与外来文化的关系

教师活动：播放《经典咏流传》视频《登鹳雀楼》。

师：请大家闭上眼睛用心听，视频里的音乐都是由哪些乐器发出的？

学生活动：闭上眼睛认真听音乐，仔细辨别声音。能够分辨出音乐中的演奏乐

器有二胡、古典吉他、马头琴、萨朗吉琴等。此外，演唱的部分既有汉语，也有英文。

师：《登鹳雀楼》这首诗在《经典咏流传》舞台上是由中、法、蒙、印四国艺术家组成的果敢 Duplessy 疯马乐队进行演绎的，具有标准的"国际范儿"。不同乐器相互应和，相得益彰，融合出别样绚丽的乐风，场上天真烂漫的童声，场外全国各地学生们简单纯粹的声音，汉语和英语交替呈现，让观众深刻地感受《登鹳雀楼》的意美、音美、形美。多元文化交流融合、交相辉映，创造出让人大开眼界的文化成就。

在这里，无论是来自另外三个国家的音乐家的演奏，还是英文歌词的演唱，都是在表达这首中国古诗的辽远意境和中国人不畏艰险、勇于求索的精神。也就是说，虽然吸收了大量的外来的东西，但音乐所表达的中国内核没有改变，所有的表现手段都是为展现中国文化、中国精神服务的。

总之，我们要面向世界，博采众长。要通过文化的交流、借鉴与融合实现文化创新，既要以世界优秀文化为营养，充分吸收外国文化的有益成果，又要以我为主，为我所用，深深根植于自己民族的文化土壤。

（过渡）文化创新要立足于社会实践，既要继承传统、推陈出新，又要面向世界、博采众长。但现实中有人认为，中国 5000 年的传统文化是"糟粕"，是"精神包袱"，主张用西方文化取代中国传统文化；也有人认为，中华优秀传统文化是世界上最优秀的文化，是我们中华民族的根和魂。

你认同这两种观点吗？请结合历史与现实说明理由。

学生活动：从中国历史的和现实的角度，用事实说明中国 5000 年文化成就璀璨，是世界文化大观园中不可缺少的色彩，也是我们今天文化发展进步的根源；同时列举事实，说明我们的传统民族文化中还有许多落后的地方，西方文化也有很多优秀成果，我们需要继承优秀传统文化，学习外来文化优秀成果。既不能封闭守旧、停步不前、盲目排外，也不能否定历史、丧失自信、全盘西化。

教师活动：展示习近平总书记讲话。

> 传承中华文化，绝不是简单复古，也不是盲目排外，而是古为今用、洋为中用，辩证取舍、推陈出新，摒弃消极因素，继承积极思想，"以古人之规矩，开自己之生面"，实现中华文化的创造性转化和创新性发展。
>
> ——2014 年 10 月 15 日，习近平在文艺工作座谈会上的讲话

师："民族虚无主义"和"历史虚无主义"否定我们的民族文化，否定我们的历史；"守旧主义"和"封闭主义"盲目自信，盲目排外，不思进取。这两种观点都是错误的，都是我们在文化发展中应该极力反对的。我们应该像习近平总书记讲的那样，"古为

今用、洋为中用,辩证取舍、推陈出新",实现中华文化的创造性转化和创新性发展。

【设计意图】通过专心听,感受音乐的魅力,感受多种文化碰撞、融合、和谐的意趣,理解文化创新不可拘于一隅,各种文化要相互交流、融合、借鉴,做到扬长避短、博采众长,同时明确任何对外来文化的吸收、借鉴都是要发展本民族文化。在此基础上,让学生通过对两种错误观点的辨析,历史地、辩证地分析问题,反对两种错误倾向,增强文化自信和文化自觉,树立全球视野。

活动四:谱新曲,在创作中实现由"知"到"行"的升华

教师活动:通过多媒体展示唐代洛阳籍诗人刘禹锡的《赏牡丹》。

庭前芍药妖无格,
池上芙蕖净少情。
唯有牡丹真国色,
花开时节动京城。

师:请各学习小组同学根据我们所发现的《经典咏流传》创新的"秘笈",对唐朝诗人刘禹锡的这首《赏牡丹》续新词、谱新曲、配新舞。

学生活动:各小组迅速根据本组成员各自特长进行分工,有人编新词,有人写乐谱,有人演唱,有人编舞蹈。然后,各组进行汇报表演。同学们热情高涨,创作精彩纷呈。摘录其中一首续写歌词:

在梦中,在梦中/你的花痕化作泪一首/挥一挥手,变成了梦/让我的心都为你停留/你的泪,你的手/一颦一笑,掀起了温柔/待到花开的时候/整个清晨都为你倾心守候。

师:欣赏了同学们的创作,我真的很感动,禁不住也赋诗一首。

锦书遥寄未有期,倚栏独望花若云。满城皆是花下客,客去城空谁主人。何当把酒祝东风,且慢深深且从容。今岁魏紫别处艳,唯见姚黄有闲情。

【设计意图】通过动手创作并展示创作成果,学生在创作中体验快乐,体验过程,体验成就感。学生的文化创作热情得到激发,同时树立起"我也是创新主体""我也能创新"的意识,实现由"知"到"行"的提升与飞跃。

教师结束语:今天,我们大家通过对《经典咏流传》节目几个片段的分享与探索,不仅知道了文化创新的途径,也在实际的文化创作中收获了成功创新的喜悦,有了创新的强烈冲动,迫切希望投入到创新的行动中。我相信,我们每个同学未来不论从事什么职业,都会立足实践、推陈出新、博采众长、矢志创新。习近平总书记曾说,要不忘初心、牢记使命，以"功成不必在我"的精神境界和"功成必定有我"的历史担当，保持历史耐心，发扬钉钉子精神。中华文化不必因我们而实现复兴，但未来中华文化必将呈现我们每个人血与汗水的颜色。

【板书设计】

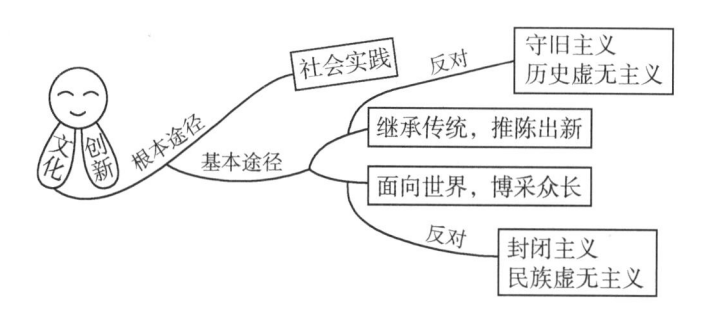

五、教学反思

本节课注重贯穿新课程理念，准确把握了教学重难点。通过与文化热点节目的巧妙结合设计，充分调动了学生学习与文化创作的积极性，学生课堂参与度高，师生互动有效地实现了教学目标。反思有三：一是好的课堂必须有好的设计作前提，即好的师生活动预设；二是教师必须有真情投入，有真心喜欢文化并传递给学生文化的热情；三是课堂上需要教师对学生有充分的信任，并大胆地放手，学生才会生成出人意料且很精彩的表现。

专家点评

评价一节思想政治课的优劣，要从教师和学生两个层面来看。教师层面主要看教学目标的设定、课堂活动的设计及执行、教师形象的展示等，学生层面主要看学生课堂参与的状态以及是否实现了"知""用""信""行"的统一。本节课无论是从教师层面看还是从学生层面看，都可以算得上一节好课。

首先，教师层面。这节课是旧课标的课程，三维目标的设定依据旧课标，但不局限于旧课标。整节课设计了四个课堂活动，分别是"看"中"体验"、"析"中"领悟"、"听"中"感受"、"谱"中"升华"，前三个活动都是对《经典咏流传》节目的欣赏,在欣赏的过程中探索,且欣赏的方式不同,探索的路径也不同。以文化热点创设教学情境,立足情境设置探索问题。情境不是杜撰的,是真实的生活问题自然而不生硬,是学生心中的疑问,有思考意义,且不是直接指向教材文本,具有思考的必要性,是真问题。问题的答案可以升华成教材知识。由现实问题,经过思考得出结论,结论进一步升华成理论知识,让学生体验知识的生成过程,打通了现实到知识的道路,符合思维规律和教学规律。第四个活动则是这节课的高潮,也是最精彩之处。南通大学附中的王锦飞老师在《核心素养视野下知识教学的路径选择》一文中指出:"只有在实践活动中才能更加有效地培养关键能力、铸就必备品格、形成正确价值观。"学生给刘禹锡的《赏牡丹》一诗续写、谱曲、演唱、编舞,就是让学生在实践中运用习得的知识、方法,架起了由"知"到"行"的桥梁。教师作品的展示在向学生展现自己才华的同时,也给学生树立了一个榜样,让学生对老师产生一种尊敬,这种尊重会更加坚定教师走创新的道路。

其次,学生层面。这是评价一节课优劣的最主要层面。"构建以培育思想政治学科核心素养为主导的活动型学科课程"是思想政治课新课程标准的基本理念之一。这节课,学生的活动是立体的,在行为上有"看""读""听""写""演"等,在心理上有"体验""领悟""感受"等,在思维上有"分析""归纳""演绎""判断""推理""辨析"等。通过这些活动,学生实现了全方位参与课堂。从参与的广度上看,基本上实现了学生的全员参与,课堂上没有"旁观者",只有"探索者"。从参与的深度上看,学生是在解决现实问题中进行真思考,而不是看到问题直接去教材上找答案,因为问题点中了学生思维的兴奋点;学生在思考中不但找到了具体问题的答案,而且还能够进行归纳、推理、提升、拓展、迁移,认识到了任何文化创新都要立足社会实践,既要继承传统、推陈出新,又要兼收并蓄、博采众长,实现了由"特殊"到"一般"再到"特殊"的认识过程。从参与的效度来看,能够在最大程度上提高学生的思想政治学科核心素养。学科核心素养是学科育人价值的集中体现,是教师教学和学生学习的目标。这节课,对于提高学生对于中华民族文化的认同,树立文化自信与文化自觉效果明显;学生运用历史的、辨证的方法批判"守旧主义""历史虚无主义""封闭主义""民族虚无主义"的错误倾向,坚持了马克思主义的基本立场、观点和方法,培养了学生的科学精神；学生通过对古诗进行再创作，收获了自我创造的成就感和幸福感，进一步树立通过奉献服务人民的参与意识，培养了学生的社会责任意识和行动能力，从而实现了由"知"经"用"达"信"提"能"铸"品"促"行"的课程目标。

（王志奎，洛阳市教育局中小学教研室主任，中小学高级教师）

世界是普遍联系的

洛阳市第一高级中学　刘晓彤

作者简介：

刘晓彤，女，2015年毕业于洛阳师范学院思想政治教育专业，硕士研究生学历。现任洛阳市第一高级中学教师，教龄7年。任教期间参与市级课题"活动型思想政治课堂培养学生公共参与意识与能力的方法研究""新课标，新课程，新资料"等荣获洛阳市优秀成果；先后获得洛阳市教学技能大赛特等奖、河南省教学标兵、洛阳市五一劳动奖章等荣誉。

一、教学背景分析

1. 教学内容分析

本课主要阐述了唯物辩证法的基本观点——联系的观点，目的是引导学生初步学会运用这个基本观点去看问题、办事情。联系的观点是唯物辩证法的基本观点，唯物辩证法是科学的世界观，又是指导我们认识世界和改造世界的重要思想方法。本课在全书中处于特别重要的地位，具有十分重要的作用。

2. 学情分析

根据高二学生的认知水平和思维特点，其看问题处于感性认识向理性认识发展阶段，形象思维比较强，抽象思维在逐步发展。哲学是一种思维科学，其理论比较抽象，学生缺乏实际的体验，造成学习的困难。因此，在教学中要注意挖掘身边的教学案例，尤其是学生熟悉的地方特色文化。我们要善于利用学生身边的和贴近学生生活、经验的例子，创造愉悦的教学情境。

3. 整体教学思路

议题式教学要求教师以学生的生活环境为载体，以教学议题为主线，以探究问题为纽带，以核心素养为导向，引导学生走向社会、调查研究、体会感悟、探寻答案、培育素养。在本课的教学设计中，我以洛阳这座著名的旅游城市为依托，把"如何围绕旅游产业做好发展大计"作为中心议题，并延伸出三个子议题，引导学生走向社会，调查研究，在课堂上分享成果。

二、教学目标

1．知识目标

（1）识记联系的含义。

（2）理解联系的特征及其方法论要求。

（3）正确理解联系的普遍性与客观性以及事物联系的客观性与人的活动的关系。

2．核心素养目标

（1）认同马克思主义联系的观点，学会用联系的观点分析问题。

（2）培养科学意识，掌握解决问题的科学方法，提高辩证思维能力。

（3）具有坚定的唯物辩证法的基本立场，自觉反对形而上学的思想方法。

3．情感态度与价值观目标

（1）通过对本课的学习，学会把握联系的普遍性、客观性和多样性，会用联系的观点看问题，自觉维护人类生存的环境，增强环保意识。

（2）自觉地坚持唯物辩证法，反对形而上学，在认识世界和改造世界过程中做到一切以时间、地点、条件为转移，形成辩证的思想方法。

三、教学重难点

1．教学重点

事物联系的普遍性、客观性。

2．教学难点

事物联系的客观性与人的活动的关系（人们能够改变事物的状态建立新的具体的联系）。

四、教学过程

环节一：对话洛阳，感受联系

师：最近，我收到国外一个朋友的电话，他想到洛阳看看。我在思考，我要带他去看什么呢？据此，我提出了第一个子议题：请大家探讨并提炼洛阳的旅游名片是什么。围绕旅游名片设计一条旅游线路，并阐述理由。

（分小组讨论，并请小组代表汇报讨论结果）

生1：老师、同学们，大家好，我是第一组代表。我们组设计的路线是龙门石窟—明堂天堂—天子驾六博物馆，这条路线的主题是"帝都一日游"。唐代大诗人白居易曾说："洛都四郊，山水之胜，龙门首焉。"所以龙门石窟是第一站。然后到明堂天堂去感受洛阳作为九朝古都的魅力和骄傲。最后到天子驾六博物馆，坐上时光穿梭机，到周朝去感受作为天子的礼遇。我们组一致认为，游客来到洛阳，首先应该了解洛阳厚重的历史，了解古都文化。

生2：老师、同学们，大家好，我是第二组代表。我们组设计的路线是白马寺—隋唐洛阳城—汉魏洛阳城。这条路线的主题是"丝绸之路起点游"。白马寺作为中国千年古刹，建寺之初的佛经和僧人就是沿丝绸之路而来的，白马寺是丝绸之路起点游的第一站；然后到隋唐洛阳城，隋唐洛阳城始建于隋朝，先后作为隋、唐、五代的都城和北宋的西京，历时五百多年，见证了中国古代最为辉煌的一段历史；最后到汉魏洛阳城，罗马帝国与古中国的仅有4次交往，有3次都是来到了汉魏洛阳城中，所以汉魏洛阳城见证了丝绸之路的繁荣，北宋时期，文学家司马光路过汉魏洛阳城时曾感慨："若问古今兴废事，请君只看洛阳城。"我们组一致认为，洛阳作为丝绸之路的起点应该向游客展示古都风采和文化自信。

生3：老师、同学们，大家好，我是第三组的代表。我们组设计的路线是神州牡丹园—中国国花园—国家牡丹园。这条线路的主题是"牡丹一日游"。牡丹作为我们的市花，那一层又一层张开的花瓣展现着雍容华贵的身姿，让人流连忘返。欧阳修就曾在《洛阳牡丹记》中写有"天下真花独牡丹"的诗句，更是彰显了牡丹在万花丛中的"王者"地位。我们组认为牡丹最能代表洛阳的气质和神韵。看着五颜六色的牡丹，再品尝着牡丹饼，想想都觉得很美呢！

师生小结：如果离开了这些美景，洛阳旅游城市的名片就不存在了。旅游名片和旅游城市之间是相互依赖、相互影响、相互制约、相互作用的，是不可分割的。这种相互依赖、相互影响、相互制约、相互作用的关系在哲学上就叫作联系。

联系就是事物之间以及事物内部诸要素之间的相互依赖、相互影响、相互制约、相互作用。

【设计意图】本环节设计意图是通过探讨旅游名片、设计旅游线路，让学生感受其中有关"联系"的信息，进而引申出"联系"的哲学含义。学生提炼出的旅游名片与优秀旅游城市之间的关系，古都、丝绸之路、牡丹等景观与旅游主题之间的关系，就是相互联系的关系。

环节二：欣赏牡丹，了解联系

师：2019年7月15日，中国花卉协会发出投票活动——"我心中的国花"。截止2019年7月22日24时，投票总数30多万张，牡丹得票率高达79.71%。洛阳作为牡丹花城，应抓住这个契机，做好牡丹文章。据此，我提出了第二个子议题：请大家搜集并提炼成就洛阳牡丹盛名的人文因素、自然因素以及生活中与牡丹有关的各种联系，分享研究成果。

学生活动：课前要求第一组同学查阅资料，收集成就洛阳牡丹盛名的人文因素；第二组同学寻找成就洛阳牡丹盛名的自然因素；第三组同学探究与牡丹有关的各种联系。

生1：老师、同学们，大家好，我是第一组代表。我们组查阅了很多资料，并请教语文老师，发现古代描写牡丹的诗句很多，比如唐代刘禹锡的"唯有牡丹真国色，花开时节动京城"；唐代徐凝的"何人不爱牡丹花，占断城中好物华。疑是洛川神女作，千娇万态破朝霞"；北宋欧阳修的"洛阳地脉花最宜，牡丹尤为天下奇"。这些诗句描写了牡丹的华贵，更是彰显了牡丹的"花王"地位，堪称绝句。

生2：老师、同学们，大家好，我是第二组代表。我们组在查询资料的同时，也咨询了地理老师和生物老师，了解到地形、气候、土壤、水源等都会影响牡丹的花期、花朵形状、花朵颜色。洛阳气候温和，雨量适中，土地肥沃，土壤中所含有的微量元素锰、铜、锌、钼明显高出其他地区，非常符合牡丹的种植要求。洛阳市地质矿产局的一项科研成果证明，洛阳牡丹开得硕大鲜亮确实与洛阳的地理位置有关。生物老师告诉我，牡丹颜色缤纷，品种繁多，也与牡丹自身的同化和异化及遗传和变异有关。

生3：老师、同学们，大家好，我是第三组代表。近年的牡丹花会扩大了牡丹产品的销售量，同时也进一步带动了洛阳的物流、饮食、旅游业的发展，这是直接联系和间接联系的关系；牡丹花会的举办成功，得益于牡丹品质过硬，也感谢各级政府和企业的大力支持，这是内部联系和外部联系的关系；牡丹花会的成功召开，短期内有利于扩大产品的销量，从长远看有利于围绕"洛阳牡丹"四字打造国际品牌，这是眼前联系与长远联系的关系；第37届牡丹文化节期间，除原有的赏花项目，滑雪、漂流等项目也吸引了诸多游客，这是整体与部分的联系。

师小结：通过分析可以看到，联系不但具有普遍性还具有多样性。在认识世界和改造世界的过程中，要善于分析和把握事物存在和发展的各种条件。既要注重客观条件，又要恰当运用主观条件；既要把握事物的内部条件，又要关注事物的外部条件；既要认识事物的有利条件，又要重视事物的不利条件。联系多样的方法论就是一切以时间、地点、条件为转移。

【设计意图】本环节的设计意图是帮助学生理解联系具有普遍性和多样性。联系的普遍性表现在事物内部诸要素相互联系，与周围事物之间相互联系，整个世界是由种种联系交织起来的有机整体。成就洛阳牡丹盛名的人文因素、自然因素就体现了联系的普遍性。而联系还具有多样性，有直接联系和间接联系、内部联系和外部联系、眼前联系与长远联系、整体和部分的联系等。以牡丹为原点，大家不难发现这些联系。

环节三：幸福生活，利用联系

师：联系具有客观性。但人们可以根据事物固有的联系，改变事物的状态，建立新的联系。据此，我提出了第三个子议题：花会搭台，经贸唱戏。近年来，洛阳市围绕牡丹做文章，以牡丹为原点，利用牡丹建立起许多产业链，从而发展洛阳经济，造福洛阳人民。大家能说明这些具体的产业链吗？

生1：我是第一组代表，我来谈谈洛阳牡丹食品的产业链。目前洛阳市开发的牡丹食品有牡丹花茶、牡丹籽油、牡丹饼、牡丹燕菜等200多种产品，生产厂家有168家，从业人员14万人，年产值约80亿元。这种根据牡丹食用性建立起来的具体联系能更好地造福洛阳人民。

生2：我是第二组代表，我来谈谈洛阳的牡丹瓷产业链。当洛阳的"赏花经济"如火如荼时，工艺美术大师李学武就专注研究牡丹瓷，将牡丹花和瓷器工艺完美结合，开发出80多个品种的牡丹瓷。目前生产企业有14家，从业人员约5万人，年产值约40亿元。

生3：我是第三组代表，我来谈谈洛阳的牡丹画产业链。洛阳牡丹画的领军人物是王绣，她的许多牡丹画作品享誉世界。但洛阳还有一个画牡丹的群体，就在孟津区平乐镇平乐村。那里有3000多位农民画牡丹，2018年卖出52万幅牡丹画，经济收入过亿元；平乐农民牡丹画带动了研学、文创、电商、物流等业态的发展，闯出一条文化传承、文旅融合的发展新路子。

师小结：联系是事物本身所固有的，不以人的意志为转移的。联系虽然是客观的，但人们可以根据事物固有的联系，改变事物的状态，调整原有的联系，建立起新的具体的联系，造福人类。

【设计意图】本环节设计意图是帮助学生理解联系具有客观性。让学生寻找以牡丹为原点而延伸出来的产业链，达到"知行合一"的效果，将本课抽象的理论知识与生产生活实践完美地结合起来，从而将书本知识落实在了现实生活中。

五、教学反思

教材上有关联系的系列知识过于抽象，所列举的事例距离学生生活较远。而学生身边的牡丹食品产业链、牡丹瓷产业链、牡丹画产业链，是生动的、鲜活的事例。这些产业链上的代表人物，在洛阳市是有影响力的。学生在调查产业链，对接书本知识的过程中，培养了知识迁移能力以及公共参与素养。学生只有在"公共参与"中亲自走访、观察、提炼，才能增强知识的价值感，领悟文化生产力的巨大作用。教师围绕议题开发活动型课堂，引导学生带着知识走进生活，用知识对接显示，是探索核心素养培养路径的有益尝试。

总之，在当前新课标、新高考、新教材的背景下，高中思想政治课教学又开始了一轮新的探索。结合教材知识进行校本化教研，围绕议题推动活动型课程的构建，是新时期思想政治课教学的有益尝试。但是，在课堂的准备环节还是有些仓促，没有给学生更充分的时间进行调研和获取资料。在课堂生成环节，学生的课堂练习较少，没有充足的时间进行反馈。

专家点评

本堂课是开展议题式教学、建构活动型课堂的典型课例，以"洛阳市是著名的旅游城市，我们应如何围绕旅游产业做好发展大计"为中心议题，并延伸出了三个子议题，设计成三个教学环节。在"对话洛阳，感受联系"环节，通过探讨旅游名片，设计旅游线路，让学生感受其中有关"联系"的信息，引申出"联系"的哲学含义。在"欣赏牡丹，了解联系"环节，通过提炼成就洛阳牡丹盛名的人文和自然因素以及生活中与牡丹有关的各种联系，帮助学生理解"联系具有普遍性和多样性的特征"。在"幸福生活，利用联系"环节，通过让学生寻找洛阳以牡丹为原点而延伸出来的产业链，帮助学生理解"联系具有客观性"，人们可以根据事物固有的联系，改变事物的状态，建立起新的具体的联系，从而造福人类。在本环节中，学生调查了身边的牡丹食品产业链、牡丹瓷产业链和牡丹画产业链，这些都是生动的、真实的生产生活。同学们在走访、观察、提炼和思考中，增强了知识的价值感，领悟了文化生产力的魅力。

　　本堂课是在当前新课标、新高考、新教材的背景下，议题式教学的一次有益探索。在类似的议题式教学中，议题的设置要具有情境性、学科性、活动性和开放性。我们要让议题引领学生走进生活，贴近实际，使教材知识对接生产生活实践，让学生的学习达到"知行合一"的效果。这对于培养学生的核心素养具有重大而深远的意义。

（马仲宏，洛阳市第一高级中学，中小学正高级教师）

坐着高铁看中国　开启复兴新征程

——中国特色社会主义进入新时代

平顶山市实验高中　王培迪

作者简介：

王培迪，女，2014 年毕业于华中师范大学思想政治教育专业，担任一线教学工作 7 年，中小学一级教师，现任高一年级教师。主要研究成果有：参与河南省教育科学规划一般课题"基于核心素养的高中政治课议题式教学实践研究"已结题，课例曾在 2020 年度"一师一优课"活动中获得省级三等奖，在 2018 年全省教育系统教学技能竞赛（电教系统高中政治）中获得二等奖。

一、教学背景分析

1. 教学内容分析

本课时内容是人教版教材必修 1《中国特色社会主义》第四课第一框内容，课题和教材内容紧跟党的理论创新，政治理论性较强。本课时内容以党的十八大以来我国社会主义现代化建设取得的历史性成就，引出中国特色社会主义进入了新时代，阐释新时代我国社会主要矛盾的变化及其新要求，坚持和发展中国特色社会主义要一以贯之。通过本框内容的学习，学生要明确中国特色社会主义的内涵、深刻把握新时代社会主要矛盾的变化、坚持和发展中国特色社会主义等。

2. 学情分析

高一学生已经具备了一些相关的学科知识，对党的十八大以来取得的发展成就和社会主要矛盾的变化有了一些了解，同时也拥有了一定的思考辨析能力，这为本框内容的学习奠定了良好的基础。但是，学生对时事政治关注不够多，且本课内容时政性和理论性比较强，学生理解起来有一定难度。因此，教师应避免空洞的说教，补充丰富的视听素材，让学生体验、感受和理解，增强学生的情感体验，从而增强民族自豪感、使命感和社会责任感。

3. 整体教学思路

本节课设计为议题式课堂教学，围绕"中国经济发展进入新时代"设置"坐着高铁看中国"的议题情境，按照"中国经济发展进入了新时代，新时代的科学内涵和社会主要矛盾，新时代的我们应该如何作为"的逻辑，设置新时代、新矛盾、新作为三个子议题，以此确立"感受新成就　进入新时代""把握新矛盾　提出新要求""返回平顶山　实现新作为"三个环节。让学生结合自己的体验和感受，进行自主学习和小组合作，探究其中的活动。同时利用平板电脑上的爱学智慧课堂平台，开展生生互动和师生互动，让学生把党的基本理论与生活经验相结合，在对比中把握社会主要矛盾的变化，认同国家的"两个一百年"发展目标和两个阶段的战略安排，感召学生把个人梦想融入中国梦想，逐步达成本课时的教学目标。

二、教学目标

（1）了解党的十八大以来中国特色社会主义事业取得的巨大成就，激发学生的民族自豪感和自信心，认同中国特色社会主义进入新时代，增强中国特色社会主义道路自信。

（2）通过对比找出社会主要矛盾的变化，分析人民日益增长的美好生活需要的制约因素，正确理解新时代我国社会主要矛盾，辩证分析我国的发展现状，提高学生用发展的观点和联系的观点看问题的辩证思维能力。

（3）明确我国仍处于并将长期处于社会主义初级阶段，明确我们要一以贯之地坚持和发展中国特色社会主义。体悟个人理想的实现要融入中国梦的进程中，坚定中国特色社会主义理想信念，增强自身使命感和责任感，愿意投身实践，把爱国情感落实到个人行动中。

三、教学重难点

1. 教学重点

知识重点：正确理解社会主义新时代我国社会主要矛盾，中国特色社会主义新时代的内涵和意义，新时代要一以贯之地坚持和发展中国特色社会主义。

德育重点：增强对中国特色社会主义新时代的政治认同，引导学生将个人理想与伟大中国梦融合，坚定中国特色社会主义理想信念。

2. 教学难点

正确理解新时代主要矛盾的变与基本国情的不变。

四、教学过程

导入：（展示图片）恢宏大气的平顶山西站（高铁站）

随着经济的发展，高铁已经延伸到了我国广袤大地的东西南北，可谓是我国经济发展的见证者和记录者。如今，平顶山也进入了高铁时代，郑万高铁线平顶山高铁站运营通车，从平顶山乘坐高铁40分钟就可以到达郑州！这节课，让我们从平顶山西站出发，坐着高铁看中国，看中国之美，体会中国变迁，感受中国经济发展的新时代。

始发站：平顶山。

旅途小要求：大家要边听边看边思考，用笔记录下沿途感悟，与大家分享你的收获。

【设计意图】通过展示学生熟悉的平顶山高铁站的图片带领学生快速置身"坐着高铁看中国"的议题情境，激发学生对本节课学习的兴趣。学生置身议题情境时，关注和记录自己内心的情感变化和感受并相互分享，能够增强学生的情感体验。

环节一：感受新成就　进入新时代

教师活动：PPT呈现图片和文字。

第一站：郑州——内陆城市对外开放的新路径。播放中欧班列从郑州到德国汉堡路线图。

第二站：上海——经济高质量发展新标杆。纵贯东部七省市的京沪高铁，带动了京津冀、长三角等区域经济高质量发展。透过上海浦东30多年来的巨大变迁让学生直观感受经济的发展。（播放视频《浦东30年，创造一个奇迹》）

议学活动1：

（1）结合沿途见闻和日常生活，说一说平顶山近几年在哪些方面变化比较大。

（2）试着总结党的十八大以来我国取得的辉煌成就，并简要分析取得这些成就的原因。

学生活动：观看课件时用心感受并记录，经过自主思考后对议学活动1进行小组讨论（时间3分钟），探究后分享成果，语言高度凝练、简洁扼要，并对其他小组的汇报情况进行评价。

学生小组分享：近几年平顶山的发展提质增效，空气质量明显好转，湛河水更绿了，等等。党的十八大以来国家的变化有：经济实力、科技实力、综合国力跃上新的台阶，经济从高速度发展转向高质量发展，人民生活水平显著提高，生态环境明显改善，对外开放持续扩大……

学生补充：中国取得这些成就的原因有坚持中国特色社会主义道路和理论、党的领导、国家的正确战略部署，也离不开广大人民群众的艰苦奋斗等。

师生共同小结：党的十八大以来我国社会主义现代化建设取得了历史性成就，中国特色社会主义进入了新时代。

【设计意图】学生在置身议题情境、聆听同伴分享探究成果的过程中，感受到强大的视听觉冲击，从而引导学生透过平顶山的变化进一步直观感受国家取得的巨大成就，提高学生的民族自豪感和自信心，增强政治认同。

第三站：北京。新时代，新征程，让我们乘坐京沪高铁去北京观看庆祝中国共产党成立100周年大会。

（教师播放视频）习近平总书记在庆祝中国共产党成立100周年大会上的讲话片段。

议学活动2：

结合视频和教材内容进行思考：

（1）新时代是什么样的时代？

（2）中国特色社会主义进入新时代意味着什么？

学生活动：阅读教材，总结后回答。

师生共同小结：

（1）新时代的科学内涵：这个新时代，是承前启后、继往开来、在新的历史条件下继续夺取中国特色社会主义伟大胜利的时代，是决胜全面建成小康社会、进而全面建设社会主义现代化强国的时代，是全国各族人民团结奋斗、不断创造美好生活、逐步实现全体人民共同富裕的时代，是全体中华儿女勠力同心、奋力实现中华民族伟大复兴中国梦的时代，是我国日益走近世界舞台中央、不断为人类作出更大贡献的时代。

（2）中国特色社会主义进入新时代的意义：略。

【设计意图】引导学生正确认识中国特色社会主义新时代的内涵和意义，增强道路自信。

环节二：把握新矛盾　提出新要求

教师活动：PPT呈现国家战略安排时间线。

回顾我国的国家战略安排，从党的十九大到党的二十大，是"两个一百年"奋斗目标的历史交汇期，我国现在处于新的历史方位。这些成就的取得，意味着我国从实现全面建成小康社会的第一个百年奋斗目标迈向第二个百年奋斗目标。

议学活动3：

（1）设想下一个百年奋斗目标实现时，我们的生活会变成什么样。

（2）当前制约满足人民美好生活需要的因素有哪些？应该如何解决我国新的社会主要矛盾？请结合教材内容进行总结。

学生活动：

（1）学生畅想未来，与小组成员分享自己期望的未来生活，并推选小组代表进行展示。

（2）学生使用爱学智慧课堂平台抢答功能进行抢答。

随着我国生产力的显著提高，人们的物质文化需要已经能够满足，我们对美好生活提出了更高层次的向往。因此，当前制约我们美好生活需要得到满足的主要因素，不是社会生产的落后，而是发展不平衡不充分的问题。

（教师播放PPT强调社会主要矛盾的变化）

学生回答：解决社会主要矛盾需要着力解决经济发展不平衡不充分的问题，提升发展的质量和效益，贯彻新发展理念，还需要坚持社会主义初级阶段基本路线，即坚持以经济建设为中心，坚持四项基本原则，坚持改革开放。

教师提醒：我国社会主要矛盾的变化，没有改变我们对我国所处历史阶段的判断，我国仍处于并将长期处于社会主义初级阶段的基本国情没有变。

师生共同小结：新时代我国的社会主要矛盾发生了变化，发展的不平衡不充分已经是满足人民日益增长的美好生活需要的主要制约因素，应坚持社会主义初级阶段基本路线。

【设计意图】学生通过对未来美好生活的畅想，思考满足美好生活需要的制约因素，辩证分析我国经济与社会发展现状，从而认识到新时代社会主要矛盾已经发生变化，正确理解新时代我国社会主要矛盾，提高学生的思辨能力，增强理论自信。

教师活动：展示党的十九届四中全会和党的十九届五中全会"热词"。

党的十九届四中全会公报中提出的"坚持"（教材第 46 页相关链接）。

党的十九届五中全会公报中"坚持"一词出现 29 次：坚持党的全面领导、坚持以人民为中心、坚持改革开放、坚持新发展理念……

议学活动 4：

思考：党中央提出的这些"坚持"对我国坚持和发展中国特色社会主义有何启示？

学生活动：学生讨论后结合教材使用爱学智慧课堂平台的抢答功能进行抢答，说一说启示内容，并邀请其他学生进行评价和补充。

师生共同小结：新时代坚持和发展中国特色社会主义必须一以贯之。

环节三：返回平顶山　实现新作为

教师活动：PPT 展示《2035 年我们将建成这样的国家》系列图片。

议学活动 5：

新时代，如何把个人梦想与中国梦紧密结合？现阶段作为高中学子，应该如何作为？将你的想法写下来，提交到白板任务中。

学生活动：写下个人想法并拍照上传到爱学智慧课堂平台，使用该平台中的互批功能，查看同学提交的个人想法，并进行评价。

教师活动：在学生提交的个人想法中选择具有代表性和典型性的回答，并邀请同学们分享。

学生分享自己的想法：

1. 2035 年的曹若涵 30 岁，已经成为一名科技工作者，能够为中国的科技进步贡献一份力量，现阶段作为高中的学生，要努力学习，报效祖国！

2. 2035 年的秦毅 30 岁，在国家航天局工作，那时的中国已经在航空航天领域取得了更多的成就。因此，现在作为高中学子，我要努力学习，争取考上北京航空航天大学，把自己的航天梦融入国家的航天梦，用自己的力量助力中国梦的实现！

教师点拨升华：从 2020 年到 2035 年，同学们从 15 岁的青少年成为 30 岁的青年人，这 15 年会经历升学、就业、实现个人价值，个人成长发展与国家的发展紧密相连，个人理想的逐步实现也要与中国梦的实现过程紧密结合。少年强则国强，国家第二个百年奋斗目标的实现也需要在座每一位同学的砥砺奋斗！

师生共同总结：今天我们感受了党的十八大以来我国取得的辉煌成就，认识了新时代的科学内涵，理解了新时代我国社会主要矛盾，明确了新时代要一以贯之地坚持和发展中国特色社会主义。新时代是奋斗者的时代,新时代属于每一个人,每一个人都是新时代的见证者、开创者、建设者。我们要把个人理想与伟大中国梦的实现相融合,以自己的努力报效祖国,积极投身中华民族伟大复兴的中国梦的实践。

(教师播放视频)习近平主席寄语青年——青年是国家的未来,也是世界的未来。……衷心希望新时代中国青年积极拥抱新时代、奋进新时代,让青春在为祖国、为人民、为民族、为人类的奉献中焕发出更加绚丽的光彩!

结束语:征途漫漫,唯有奋斗。希望同学们能够不负青春,不负韶华,不负这个伟大时代!

音乐响起,师生齐唱《歌唱祖国》。

【设计意图】本环节是德育的关键环节。通过展示2035年远景目标图景,让学生产生对未来美好生活的憧憬,学生通过分享个人理想和齐唱《歌唱祖国》,进行情感升华,感召学生把个人梦想融入伟大中国梦,承担起家国使命、社会责任,合理规划自己的高中生活,把爱国情感落实到日常行动中。

课后作业:本节课你有哪些感受和收获?请将你的感受和收获记录下来,投稿到我校李艳语高中政治名师工作室。

【设计意图】了解学生的学习效果和学习目标达成情况,评价学生学习过程中的表现情况。

五、教学反思

本课时设计为议题式课堂教学,设置议题情境"坐着高铁看中国",围绕我国经济发展进入新时代设置了三个环节并分别设置了议学活动,让学生在创设的议题情境中进行观察、感受、思考、辨析、反思,重视学生的情感体验,学生在课堂上与小组成员进行合作与分享,在教师和学习伙伴的帮助下、在活动的历练中和自主辨析的思考中,将生活经验与党和国家的理论观点有机结合,从现象到本质、从体验到认知、从了解到认同,符合学生的认识顺序,突出了学生的主体地位,调动了学生的学习兴趣,课堂气氛活跃热烈,学生在轻松的学习环境中达成了政治认同和公共参与的学科核心素养目标,将德育落在了实处。

本课时的设计在进行课堂教学时,既要注意鼓励学生各抒己见,引导学生在发散思维的同时有所聚焦,还要注意课堂氛围的烘托,以更好地实现情感的升华。

专家点评

　　本课是高一教材中的新课题、新内容，理论性强，想要上好这节课不容易。本节课按要求设计成德育课，并采用议题式教学模式，符合新课标要求，紧密结合思想政治学科的活动型学科课程特点，实现了"课程内容活动化""活动内容课程化"，关注学科核心素养的培育，着眼于学生的真实生活和长远发展。通过设置"坐着高铁看中国"的议题情境，用高铁之旅串联四个教学环节，过渡自然的同时有利于以境激趣、以境启思、以境育情，课堂设计生动、有趣，吸引学生积极参与，让学生在不知不觉中感动、感恩于党和人民的伟大创举，激发参与新时代中国特色社会主义伟大实践的热情，将培养学生政治认同和公共参与等学科核心素养落在了实处。

　　本节课教学目标重视学科核心素养，教学设计结构完整，教学环节紧凑，环环相扣，教学内容重视联系生活，充分利用时政资源，选取的时事政治素材比较新颖，形式多样，能够调动学生的兴趣。教学过程重视学生活动，教学方法重视学生情感体验，教学组织形式科学有效，能够熟练运用信息技术手段拓展教育资源和教育空间，教学效果关注学生情况，促使教学评价方式的多样化。教师基本功扎实，教学理念新颖，时代感强，有升华有意境，能够充分体现学科核心素养，促进学生情感价值观的发展，凸显了思想政治课的德育功能。

　　（李艳语，平顶山市实验高中政史地教研组长，中小学正高级教师，河南省教育专家，河南省名师，平顶山市领雁人才）

小菜园　大市场

——从农田经营看市场配置资源

焦作市第一中学　刘　熙

作者简介：

刘熙，男，2013年毕业于北京师范大学思想政治教育专业，中共党员，中学一级教师，教龄9年，现任教于焦作市第一中学。曾获河南省优质课一等奖、河南省教育系统教学技能竞赛一等奖、河南省中小学优秀教师"特色示范课堂"一等奖。

一、教学背景分析

1. 教学内容分析

本课为人教版高中思想政治必修2《经济与社会》第二课"我国的社会主义市场经济体制"第一框"使市场在资源配置中起决定性作用"内容，旨在介绍市场经济的一般理论，让学生对市场经济的运行规律有一个初步的认识。主要包括以下内容：第一，合理配置资源的必要性和基本方式；第二，市场配置资源的运行机制、优点和局限性；第三，运用法律和道德规范市场秩序。

本课内容蕴含着丰富的德育资源：通过对市场调节机制及优点的分析，引导学生认识到我国社会主义市场经济体制的优越性，从而坚定中国特色社会主义道路自信、制度自信；通过对如何规范市场秩序的分析，引导学生进一步增强法治意识、规则意识和诚信意识，让爱国、诚信、法治等社会主义核心价值观的种子自然而然地浸润课堂，滋养心灵。同时，本课内容还与党的十九届五中全会精神中"坚持和完善社会主义基本经济制度，充分发挥市场在资源配置中的决定性作用"相承接，通过本课内容学习，可以帮助学生更为深入地领会国家大政方针政策，从而进一步推动党的十九届五中全会精神进校园、进课堂、进头脑。

2. 学情分析

（1）受生活经验和知识储备所限，学生难以从社会和历史角度看待市场的作用，从而达成对我国社会主义市场经济体制的认同，因而需要提供生活实例及史实材料来调动学生的学习兴趣，激发学生积极思考。

（2）由于高一学生具备了一定的分析生活中具体现象的能力，因而可以结合学校新开辟的班级菜园的种植、经营和管理来引导学生进行本课的学习。

3. 整体教学思路

本节课从学生生活实际出发，选取学生身边的、熟悉的、感兴趣的"校园班级责任菜园种植与经营"作为切入点，创设活动情境。通过"模拟决策，感悟市场魅力""拨转时针，重温历史记忆""科学思维，全面认识市场""出谋划策，助力市场发展"四个环环相扣、互动性强的课堂环节，引导学生进行研讨交流、深入思考，从而较好地掌握市场调节有关知识，并在学习知识的同时进一步增强法治意识、规则意识和诚信意识，让爱国、诚信、法治等社会主义核心价值观的种子自然而然地浸润课堂，滋养心灵。同时，在每一个环节适时融入相关的党的十九届五中全会精神，从而推动党的十九届五中全会精神进校园、进课堂、进头脑，提升学生政治认同，落实立德树人根本任务。

二、教学目标

（1）感受发展社会主义市场经济给我国经济带来的翻天覆地的变化，坚定中国特色社会主义道路自信、制度自信。（政治认同）

（2）能够从不同角度阐述规范市场秩序的措施，认识法律规范和诚信建设的重要性，增强法治意识、规则意识和诚信意识。（法治意识）

（3）学会辩证看待市场调节这一手段，理解其调节机制，并能够结合实例分析其优点和局限性。（科学精神）

（4）关注社会现实，学会运用所学经济学观点分析和解决现实问题。（公共参与）

三、教学重难点

1. 教学重点

市场配置资源的调节机制，规范市场秩序，坚定中国特色社会主义制度自信。

2. 教学难点

市场配置资源的调节机制。

四、教学过程

导入

播放课前拍摄的视频——《焦作一中班级责任田掠影》，展现班级责任田里种植的各种各样长势喜人的蔬菜。

师：在咱们校园里有这样一处地方，绿意盎然、生机勃勃，可谓"风景这边独好"。大家知道这是哪儿吗？

生：学校新建的班级责任田。

师：下学期咱们班也会有一块自己的菜园子，大家想在里面种些什么呢？

学生活动：自由发言，说出大白菜、萝卜、冬瓜、辣椒、茄子等很多不同的答案。

师：看来同学们的需要是多种多样的，但是一块田能种得下吗？

生：不能。

师（总结）：其实，这正是经济生活中一组重要的基本矛盾，即"资源是有限的，而人的需要是多种多样的"。为此，我们必须合理配置资源。这节课我们一起通过菜园的经营来探究市场是如何配置资源的。

【设计意图】选取学生身边的、熟悉的、感兴趣的"校园责任田"这一案例进行新课导入，一方面可以调动学生的学习兴趣，另一方面响应全国教育大会"加强劳动教育"这一要义，创设与劳动有关的情境对学生进行适时引导，从而在潜移默化中弘扬劳动精神。

环节一：模拟决策，感悟市场魅力

教师组织学生开展模拟决策活动。

（多媒体呈现活动说明）

假定每个小组自主经营一块菜园，作为蔬菜种植户，自负盈亏。由于土地、人力、财力等资源的限制，在资源稀缺的情况下，只能选择种植一种蔬菜，请每个小组做出自己的选择。

注意事项：

1. 通过小组讨论做出选择，小组讨论 2 分钟。

2. 每个小组要将讨论结果写在白板的对应位置，同时选取发言人，说明小组做出这一选择的理由。

3. 认真听取同学发言，并准备结合发言内容回答问题。

学生分组讨论。小组代表进行发言，介绍小组的选择及做出这一选择的理由。

小组 1：白萝卜。中国人自古有"冬吃萝卜夏吃姜"的传统，所以不愁没人买。

小组 2：大白菜。吃大白菜的人多，而且吃大白菜的场景也多，火锅、炒菜、凉拌都可以。

小组 3：辣椒。听妈妈说，现在市场上辣椒的价格越来越贵，而且不排除还有继续上涨的趋势。

…………

教师针对发言内容进行提问：

问题 1：种植户是基于市场上哪些因素进行决策的？请用关键词加以概括。

问题 2：这些调节机制对于蔬菜市场的发展可以起到哪些积极影响？

学生回答问题：

问题 1：种植户主要是通过价格、供求、竞争机制进行调节的。

问题 2：价格涨落情况，可以比较及时、准确、灵活地反映供求关系变化，传递供求信息，实现资源配置；通过市场竞争，商品生产者和经营者在利益杠杆的作用下，将积极调整生产经营活动，从而引导资源流向效率高的领域和企业，推动科学技术和经营管理的进步，促进劳动生产率的提高和资源的有效利用，实现优胜劣汰。

教师总结并进行板书：市场调节的机制，市场调节的优点，市场经济的含义。

【设计意图】结合学生生活，通过模拟菜园经营为学生创设一个制定和调整经营决策的活动情境，引导学生通过小组合作在生活中寻找和发现线索，运用生活实例来分析市场调节的运行机制与优点，从而对供求、市场、竞争与经营决策之间的关系有更为准确、深刻的理解。

环节二：拨转时针，重温历史记忆

师：在刚才的活动中，大家是自主根据市场信息进行决策，设想一下，如果由国家来统一安排蔬菜的生产经营与分配消费，会是怎样一番现象呢？

（学生联系计划经济时期的历史知识进行发言）

生1：凭票供应。

生2：数量有限，种类有限，想买也买不到。

…………

师：是的，咱们国家曾经也实行过一段时间的计划经济，让我们一起跟随历史时针的拨动，来重温时代的记忆。

小组展示：上台通过列举史实、播放视频等方式讲解由计划经济到市场经济时期我国经济体制的不断完善，以及与之对应的我国蔬菜供应状况的历史变迁。

教师总结：改革开放40余年，从计划经济到市场经济，我国蔬菜的年产量突飞猛进，2019年达到近7亿吨，极大满足了人们对美好生活的向往和追求。这就是市场的魅力，也印证了建立社会主义市场经济体制这一伟大历史创举的正确性和优越性。

【设计意图】学生通过大量直观的数字、鲜明的对比、生动的案例以及自己的亲身体验来感受建立社会主义市场经济体制这一伟大创举的正确性和优越性，从而了解"它是什么"，并且相信"它是对的"，增强中国特色社会主义制度自信、道路自信。

环节三：科学思维，全面认识市场

师：既然市场有如此之大的魅力，那么市场是不是万能的呢？接下来，我们来更加全面地认识市场。

（多媒体呈现材料，几家欢喜几家愁：蔬菜丰收却垂头丧气的菜农、一车烂掉的大白菜……）

师：市场调节有那么多的优点，为什么还会出现这种情况呢？

（学生结合生活现象分析问题）

生1：种植或者不种植的决定都是因为要获得利益，价值规律自发调节导致市场主体自发追逐利益，但也可能导致盲目竞争、不当行为和两极分化。

生2：菜农们掌握的信息不完全，无法掌控价格的变化趋势。

生3：信息滞后，导致事后调节，赶不上变化。

师（总结）：同学们的发言正反映了市场调节所固有的弊端，即自发性、盲目性和滞后性。

（多媒体呈现知识表格并进行知识讲解，见表1）

表1　市场调节固有弊端的原因和表现

	自发性	盲目性	滞后性
原因			
表现			

师：下列物品中哪些是市场不能调节或不能让市场调节的？请说明理由。

（多媒体呈现内容）

国防、治安、消防、教育、枪支、毒品、爆炸物、医疗。

（学生回答问题）

生1：市场解决不了国防、治安、消防等公共物品的供给问题。

生2：枪支、毒品等社会危险品不能让市场调节。

生3：教育、医疗等与民生息息相关的重要服务不能完全由市场来调节。

师：看来啊，市场也不是万能的，如果单一由市场进行调节会造成什么后果呢？

生：单靠市场调节，会影响资源配置效率，导致资源浪费；会导致经济运行大起大落，社会经济不稳定；会产生不正当竞争、垄断，损害社会公平；会导致收入差距拉大。

师：因此，单一市场调节是不可取的，要想市场真正有效地发挥作用，还需要政府进行宏观调控。正如党的十九届五中全会所强调的那样，坚持和完善社会主义基本经济制度，充分发挥市场在资源配置中的决定性作用，更好发挥政府作用，推动有效市场和有为政府更好结合。

（多媒体呈现党的十九届五中全会精神名片）

【设计意图】与上一环节环环相扣，通过呈现蔬菜种植者面临的困境，引导学生认识到单一市场调节可能导致的危害，从而分析得出市场调节的弊端这一知识点。同时，回顾党的十九届五中全会精神，进一步引导学生认识到经济体制的健全不仅需要"有效的市场"，还需要"有为的政府"来进行宏观调控，即"有效市场与有为政府相结合"。

环节四：出谋划策，助力市场发展

师：随着经济的发展和生活水平的提高，人们越来越追求绿色、安全、健康的消费，与之相适应的是我国有机蔬菜市场也在快速发展，那么这些有机蔬菜是不是真的绿色、安全、健康呢？课前咱们的调查小组走进了焦作市区的几家有机蔬菜种植大棚和超市进行了走访和调查，我们来听一听他们是怎么说的。

学生展示：小组作专题调查报告《有机蔬菜市场调研》。

主要内容：蔬菜安全关系国民健康，有机蔬菜的价值被越来越多的人认可，但我们也发现我市有机蔬菜市场上还有些不良乱象，存在着普通农产品傍名牌、买证书、蹭"有机"等问题，有的超市甚至把非有机食品当成有机食品出售，挂羊头卖狗肉……

提出问题：如何规范市场秩序，助力有机蔬菜市场健康发展，真正满足人们"绿色、安全、健康"的需要呢？

师（提示）：措施类问题我们应该怎么回答？

生：分主体、多角度回答。

师：这一问题主要涉及哪些主体？

生：政府、蔬菜生产经营者和消费者。

师：针对这些问题，这些不同的主体应该采取哪些措施呢？下面请同学们按照自己小组分配到的角色，通过讨论回答问题。

（多媒体呈现活动要求）

  1. 全班同学分为政府、生产者经营者、消费者三大组进行分组讨论。

  2. 讨论时间2分钟。

  3. 每个小组推选代表进行发言。

（学生分组讨论并发言）

小组1：政府要建立公平、开放、透明的市场规则，完善主要由市场决定价格的机制，凡是能由市场形成价格的都交给市场，政府不进行不当干预；政府定价要提高透明度，接受社会监督。

小组2：生产者和经营者要遵守法律法规，合法经营；同时还要树立诚信观念，遵守市场道德。

小组3：作为消费者，我们要增强权利意识、法律意识，依法维护自己的权益；还要树立诚信观念，遵守市场道德。

教师总结：规范市场秩序的措施。

师：李克强总理在国务院常务会议上明确指出，"市场经济首先是信用经济，信用经济必须是法治经济"。因此，无论是哪一个主体，都需要增强法治意识、规则意识和诚信意识，正所谓"法安天下，德润人心"。

【设计意图】通过小组合作和教师适时引导，让学生认识到不讲诚信、不守规则会带来经济的畸形发展，从而引导学生树立法治意识、规则意识和诚信意识。

【课堂小结】播放歌曲：《春天的故事》。

（多媒体呈现：社会主义市场经济体制的建立过程）

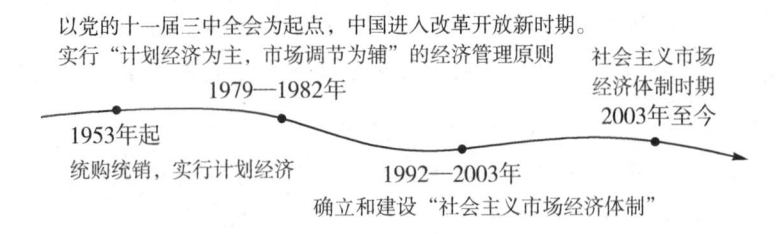

```
                以党的十一届三中全会为起点，中国进入改革开放新时期。
                实行"计划经济为主，市场调节为辅"的经济管理原则
                                                          社会主义市场
                        1979—1982年                      经济体制时期
                                                          2003年至今
        1953年起
        统购统销，实行计划经济
                                    1992—2003年
                                确立和建设"社会主义市场经济体制"
```

师：正如《春天的故事》歌曲所唱的那样，1992年的春天，一场春风吹绿了华夏大地，社会主义市场经济体制在中国开始落地生根。30年来，从计划经济到市场经济，我国的经济面貌发生了翻天覆地的变化。有经济学家说，"从1992年到现在，中国这几十年所发生的一切，是任何高明的计划都计划不出来的"，那是谁的功劳呢？

生：社会主义市场经济的发展。

师：此时此刻，咱们的菜园子更绿了，菜篮子更满了，我们的国家也在两个一百年的交汇点上翻开了新的画卷。而未来，有了大家的参与，相信我国经济定能乘着春风，焕发出更大的生机与活力！

【设计意图】选取以描绘改革开放和社会主义市场经济体制建设的代表歌曲《春天的故事》作为结尾，一方面呼应课堂导入，对本课内容进行提炼和总结；另一方面呼应党的十九届五中全会公报内容，再次升华主题，也寓意祖国在春天中开启新的征程，开始新的腾飞。

五、教学反思

本课为人教版高中思想政治必修2《经济与社会》第二课"我国的社会主义市场经济体制"第一框"使市场在资源配置中起决定性作用"内容，由于内容较多，要在40分钟内讲完，应该说时间是非常紧张的。为此，本教学设计简化了基础知识的处理，抓住本课的主干脉络，通过"模拟决策，感悟市场魅力""拨转时针，重温历史记忆""科学思维，全面认识市场""出谋划策，助力市场发展"四个环节构建出一条清晰的线索，引导学生进行研讨交流、深入思考，从而较好地掌握市场调节主干知识。但也正因为这样，本节课在知识的处理上不够全面，一些比较基础但是比较重要的知识因为简化处理导致学生掌握得不够好，如计划经济与市场经济的对比，如果再详细和突出一些，

应该会更有利于增强学生对社会主义市场经济的认同感。

专家点评

在思政课落实立德树人根本任务的探索中，议题式课程成为教师们积极实践的重点课程之一，刘熙老师执教的"小菜园 大市场——从农田经营看市场配置资源"一课就是对议题式教学的一次成功尝试，该案例有三个突出特点：

第一，价值目标优先，彰显了学科德育特色。刘老师这节课突出的优势和特色是对社会主义核心价值观的潜移默化，这节课选取我国蔬菜市场的发展为背景来讲解市场配置资源，讲述了我国改革开放以来蔬菜市场发生的翻天覆地的变化，同时适时融入党的十九届五中全会精神，做到了法治意识与科学精神、德育和智育的有机统一，体现出较高的政治学科核心素养。

第二，创设活动情境，调动了学生兴趣。本节课刘老师从学生身边的学校班级责任田说起，将蔬菜市场发展作为研究议题，为学生创设了自主经营决策的情境，让学生有话说，想说话，能说话，充分调动了学生主动参与课堂的积极性，为学生自主思考和学习提供了有利条件，彰显了学生的主体地位。

第三，学生活动环环相扣，实现了育人目标。在这节课中，刘老师设计了"模拟决策，感悟市场魅力""拨转时针，重温历史记忆""科学思维，全面认识市场""出谋划策，助力市场发展"这样四个环环相扣、互动性强的课堂环节，线索清晰，逻辑性强，引导学生在活动情境中切身感受我国社会主义市场经济发展带来的巨大变化，有效落实了教学目标，同时收获了较好的德育效果。

（赵班，焦作市第一中学政治组教研组长，中小学高级教师，焦作市高中政治名师工作室主持人，河南省中原名师培养对象）

价值的创造与实现

西峡县第一高级中学　孙丽平

作者简介：

　　孙丽平，女，2005年毕业于西南师范大学（现西南大学）思想政治教育专业。自毕业以来，一直就职于南阳市西峡县第一高级中学，中学一级教师。从教十余年来，先后被评为县、市学科先进个人，南阳市优秀教师，河南省名师，河南省学术技术带头人。2017—2018年，主持市级课题"疑探教学思想下提升小组合作高效性策略研究"，该课题已结项并获奖。多篇论文获省、市级一等奖或在CN刊物上发表。

一、教学背景分析

1. 教学内容分析

　　本节课是人教版高中思想政治必修4《哲学与文化》第二单元第六课最后一框的内容，这一内容是该单元的重要组成部分，关系到学生树立正确人生观与价值观的教学落脚点，是学生认识得到升华的关键一课。探寻实现人生价值的条件和途径，是课程标准要求本节课要实现的目标。价值要在劳动中创造，在奉献中实现，实现价值要具备一定的主客观条件，对于这些问题，学生有一定的感性认识，但要上升到一定的理论高度并系统化，会有一定的难度。因此应该帮助学生理清线索，使学生顺利地掌握知识，并运用到实践中去，提高学生的思维水平和思想境界。

2. 学情分析

　　处在青春期的学生，已开始思考自己的价值是什么，怎样实现自己的人生价值。他们经常会用伟人的事迹来勉励自己，但同时也会存在一些错误认识或对自己如何实现人生价值认识不清，需要进一步对其进行理性引导，使其确立正确的价值观，找到实现自己人生价值的正确道路。同时，进入高二，部分学生面对学业压力，面对困难和挑战，缺乏足够的毅力；对树立理想和信念的重要性缺乏深入的思考和深刻的认识。

3. 整体教学思路

重视学科育德，关注学生生活，是设计本节课所遵循的理念和原则，因此在选材和活动设计上，着眼于学生的真实生活和长远发展，使理论观点与生活经验有机结合，让学生在活动体验、自主辨析中思考，感悟真理的力量。本节课把议题式教学和活动型学科课程与疑探教学流程相结合，将张桂梅校长的感人事迹作为探究材料，根据课程内容设计三个探究活动：在"感动你我——劳动与奉献"中，思考如何拥有幸福人生，探究劳动在实现人生价值中的作用和意义；在"辩理明义——个人与社会"中引导学生树立家国情怀，将个人理想与国家发展需要相结合；在"知行合———想做与能做"中引导学生从哲学角度思考坚持的价值，培养其意志品质，思考树立正确价值观的意义，引导其崇德向善。

二、教学目标

（1）掌握相关知识，明确如何创造和实现人生价值，理解劳动是人类最基本的实践活动，也是人的存在方式，形成有关价值创造与实现的正确认知。

（2）通过观点辩论和材料分析提高思辨能力，探寻实现人生价值的条件和途径，探究劳动在实现人生价值中的作用和意义；理解只有对社会作出贡献才是真正有价值的人生；形成劳动和奉献的意识，具有自觉创造和实现人生价值的觉悟和能力。

（3）通过活动体验与感悟，能够处理好个人与社会、与国家的关系，具备向命运挑战、奋起冲击生命制高点的勇气，能够与那些有条件的人一起搏击长空，铸就人生辉煌。

三、教学重难点

1. 教学重点

弘扬劳动精神，实现人生价值。

2. 教学难点

在个人与社会的统一中实现价值。

四、教学过程

课堂导入，自主设疑

教师活动：播放"感动中国"2020年度人物张桂梅的感人事迹视频。

师生活动：一起诵读《感动中国》写给张桂梅的颁奖词："烂漫的山花中，我们发现你。自然击你以风雪，你报之以歌唱。命运置你于危崖，你馈人间以芬芳。不惧碾作尘，无意苦争春，以怒放的生命，向世界表达倔强。你是崖畔的桂，雪中的梅。"

教师设疑：同学们，平凡而又伟大的张老师用生命点滴书写出来的人生故事给了你怎样的思考呢？

学生发言：（略）

教师导入教学：同学们的思考都很有价值，归结起来就是，张桂梅，她是怎样成为大山女孩的明灯？她是在什么样的环境和条件下成为大家敬仰和学习的楷模？为什么她能够获得一个又一个规格越来越高的勋章？她的人生对我们有什么启示？接下来，就让我们带着这些问题一起走近张桂梅，去体悟人生价值的创造与实现。

【设计意图】通过观看视频，迅速把学生带入特定的情境中，师生共同感受一名教育工作者的高尚人格和博大精神魅力，从而引发思考。学生的发言和总结，则把从情境中得出的感悟引向深入，自然引入课题。

环节一：对话文本，探究解疑

教师引导：请同学们阅读教材，在获取整体感知的基础上，重点探究材料中的三个问题（详见下面环节），并把每个探究问题中的空白部分补充完整。进行自主探究，时间4分钟。

（学生自主阅读教材，思考问题）

教师要求：（自主探究结束）请同学们以小组为单位，互相交流自己的观点，注意讨论要求：

（1）全员参与，积极表达意见。

（2）结合教材知识，把探究题目补充完整，并梳理问题答案。

（3）每组可以自行选择重点突破一个探究问题。组长控制好讨论节奏。

（4）讨论快结束时请展示代表进行展示，其他同学可以继续讨论。

（讨论快结束时，出示展示规范及评价要求）

展示规范：条理清晰、要点化，语言简练、规范化，字迹工整、美观化。

评价要求：①评价量化展示内容(10分制)；画出重点词句，改正或补充（用红笔）。②进行知识拓展，解答疑问，注意与其他同学互动。

学生以小组为单位讨论自己的思考成果，互相质疑解疑，并展示小组成果。

【设计意图】通过自主阅读和思考，培养学生独立学习的能力。采用小组讨论等方式培养学生的合作、探究能力。通过快速展示，使其懂得时间、规范的重要性。

环节二：链接生活，提升认知

探究一：感动你我——劳动与奉献

材料一：办学12年来，张桂梅走过长达11万公里的家访之路，翻过的大山更是不计其数，白天她是校长，晚上她是保安，长时间的高强度劳作，使得张桂梅的身体每况愈下，肺气肿、小脑萎缩等16种疾病纷纷缠上了她，可张桂梅依旧坚守岗位。

材料二：她像一盏明灯，燃烧自己，照亮大山女孩的梦。2020年华坪女高159名学生参加高考，150人达到本科线，本科上线率为94.3%，其中一本上线人数70余人。低分进、高分出，高考成绩常年位居丽江市前茅，华坪女高创造了大山里的教育奇迹。12年来，1800多名女孩从这里考上大学，改变了人生轨迹。

材料三：张桂梅吃穿用都很简朴，多年以来，她把节省下来的工资、奖金共计100多万元，都用来捐助教育和儿童福利事业。为了给寒冬腊月里发高烧的男生保暖，她把丈夫留下来的珍贵的毛背心送给了他；为了省下钱来资助学生，她戒掉了肉食，常年吃素；为了回报和她并肩作战的女高教师们，她把数年来领取的劳模慰问金全部用作教师们的教学奖励金，可她自己却连一袋牛奶都舍不得喝。细心的人会注意到，在全国脱贫攻坚总结表彰大会上，张桂梅坐着轮椅接受表彰时所穿的外套和几天前在"感动中国"2020年度人物颁奖盛典上穿的是同一件。一件外套参加几场盛典，没有人觉得她很穷，反而觉得她是那么富有。

探究问题1：没有家庭、无车无房、一身病痛……一件外套参加几场盛典，为什么没有人觉得她穷，反而觉得她是那么富有？我们感动于张桂梅的什么行为和精神？

学生活动：学生针对探究问题1进行充分评价、交流观点。

教师点评和总结：劳动的人是幸福的，人在劳动中才能实现和证明自己的价值；努力奉献的人是幸福的，人在奉献社会的实践活动中创造价值。（劳动—财富—贡献—价值的关系）

张桂梅的"富有"是因为她劳动着、奉献着,她在实现人生价值的同时,也拥有了一个幸福的人生。

师生共同小结:弘扬劳动精神,实现人生价值(根本途径)。①在劳动中创造价值。劳动是人类最基本的实践活动,也是人的存在方式。人只有在劳动中才能创造和实现自己的价值。在社会主义社会,劳动是创造人类美好生活、促进人的自由全面发展的重要手段。②努力奉献的人是幸福的。积极投身于为人民服务的实践,是实现人生价值的必由之路,也是拥有幸福人生的根本途径。

典例印证:"鸟是幸福的,它把歌唱给森林,唱给旷野;花是幸福的,它把甜蜜献给鸟雀,献给蜂蝶。"你能从下面的选项中找出这首诗所揭示的人生哲理吗?(答案:B)

A. 不同的人有不同的幸福观

B. 在劳动和奉献中才能拥有真正幸福

C. 不同的人具有相同的幸福观

D. 人生的目的就在于获得自己的幸福

【设计意图】这是本节课的难点和重点。怎样化解难点,突出重点?采用三种措施:一是研读教材,理清思路。二是讨论总结,建构认知。三是拓展迁移,注重运用。选择题的使用,不仅是知识的巩固,更是情感的升华。

探究二:辩理明义——个人与社会

材料一:聚力教育,助推扶贫。"为了贫困山区的教育,即使倒在讲台上,长眠于华坪的沃土之中,也无怨无悔"。张桂梅为了改变山区母亲素质和促进教育公平,在几年间对400多户贫困家庭进行了家访,把党和政府的温暖送到大山里,把大山里有理想和梦想的女孩带出来,最终创办了全免费的女子高中,为贫困家庭的女孩争取到了学习的机会,用教育阻断贫困的代际传递。

材料二:2004年,张桂梅提出要办一所全免费的女子高中。凭她一己之力,责任之大,困难之多,让人难以想象。2007年,张桂梅的"女高梦"出现在各大媒体的报道中,一夜之间全国皆知。当年,女子高中就被正式提上政府议程,市、县两级财政共拨款200万元。2008年9月,在各级党委、政府和各界爱心人士的鼎力支持下,华坪女高终于建成,张桂梅被任命为该校党支部书记、校长。

她把自己的十七大党代表证、五一劳动奖章、奥运火炬和毕生的荣誉证书,全部捐给了县档案馆。她说:"我的一切都是党和人民给的,我奉献给党和人民的还远远不够。"

探究问题2：张桂梅认为自己的一切都是党和人民给的，你从中能获得什么启发？实现人生价值，我们每个个体该如何处理与集体、与社会的关系？

学生活动：学生针对探究问题2进行充分评价、交流观点。

教师设问激疑，引发讨论：有人总觉得强调个人与社会的统一，不利于个性张扬。你是否赞成？说明你的理由。

（学生讨论、交流、发言）

师生共同小结：在个人与社会的统一中创造和实现价值（客观条件）。利用社会（他人）条件为社会（他人）服务，其实就是个人与集体关系的具体体现。要求以适合自己的独特的方式贡献社会，比如结合爱好和兴趣、行业与工作等。坚决反对不择手段的、不惜牺牲他人利益的"个人奋斗"，怪异和陋习。

【设计意图】这是本节课思想教育的难点。高中正是学生个性形成时期，要引导学生正确张扬和发展个性，处理好个人与集体的关系，把贡献的"共性"融入具有"个性"的贡献的具体方式中。教学中主要采用案例教学法和知识教育法。通过扫清认知障碍，促进学生形成正确价值观。

探究三：知行合一——想做与能做

材料一：办校10年来，3650个日夜，身患重症、满身药味、满脸浮肿的张桂梅住在女子高中学生宿舍，与学生同吃、同住，陪伴学生学习。每天早上5点钟起床，托着疲惫的身躯咬牙坚持到晚上12点30分才睡，周而复始，常年如此。张桂梅曾说过，"人要有一种不倒的精神，一种忘我的精神，一种自信的精神，雨水冲不倒，大风刮不倒，只有我们坚持着，觉得自己能行，就不会倒，什么样的奇迹都会创造"。

材料二：1988年，她以优异的成绩考入了丽江教育学院中文系。三年紧张、快乐的学生生活，使她在学识上打下了坚实的基础。参加工作30多年来，凭着对教育事业的热爱，不断学习先进的教学经验和教学方法，精心研究，积极探索教育规律和民族教育发展的新模式，因材施教，进行素质教育，总结出一套适合民族贫困山区教育特点的教学方法。

材料三：张桂梅之所以为党的教育事业、为人民的教育事业锲而不舍、坚定不移、无私奉献，就是因为她具有崇高的理想和坚定的信念，虽病魔缠身，遭受一次又一次的打击，却始终把学生放在心上，把党的教育事业放在心上。她说，是党为她指引了一条光明的人生路，是党为她铺满了鲜花盛开的路，她所做的算不了什么，她就是要以共产党人坚定的理想信念，为党和人民奉献自

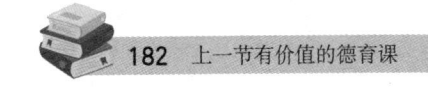

己的全部。

探究问题 3：张桂梅校长的成功之路是怎样走出来的？对你实现人生价值有何启发？

学生活动：学生针对探究问题 3 进行充分评价、交流观点。

师生共同小结：在砥砺自我中创造和实现价值（主观条件）。①创造和实现人生价值，需要充分发挥主观能动性，需要顽强拼搏、自强不息的精神。②创造和实现人生价值，需要努力增长自己的才干，全面提高个人素质。③创造和实现人生价值，需要有坚定的理想信念，需要有正确价值观的指引。④创造和实现人生价值，需要锤炼品德修为，不断打牢道德根基。

【设计意图】这是重要的思想教育点。张桂梅老师的感人事迹启示我们在实现人生价值的道路上要接受锻炼、磨炼意志，要自立自强、精益求精，要有坚定的理想和信念，不断修身立德打牢道德根基。典例引导使认知更加清晰。

环节三：情感升华，贵在行动

教师引导：同学们，张桂梅老师在劳动和奉献中、在个人与社会的统一中、在砥砺自我中实现了个人梦，也助推中国梦的实现。2021 年是"十四五"的开局之年，站在"两个一百年"历史交汇点上，"十四五"被赋予新使命，我国开启了全面建设社会主义现代化国家新征程。实施这一规划和实现第二个百年奋斗目标，需要你，需要我，需要我们的共同努力。那么，"迎接'十四五'，实现中国梦"，你能从张桂梅老师的感人事迹中，获取哪些有益的人生启示？

学生活动：学生思考讨论、小组交流、个人发言。

教师引导总结：同学们说得很好。我们要把自己命运与国家命运相结合，为实现中国梦贡献心血汗水，做到"爱国"；我们要在未来的工作岗位上做好本职工作，把平凡工作做得不平凡，顽强拼搏，自强不息，做到"敬业"；我们要信守承诺，勇于担当，不辱使命，对国家、对人民负责，做到"诚信"；我们要尊重他人，和睦相处，团结身边每一个有正能量的人，做到"友善"。

同学们，张桂梅老师代表的是一个时代，背后站立的是一个民族，努力实现的是一个国家的梦想。伟大的中国梦是由中华儿女每个人的梦组成的，中国梦的实现需要每个中国人的努力，让我们自觉践行社会主义核心价值观，牢记校训，担当民族大任，从小事做起，从现在做起，从自己做起。因为：

你所站立的地方，正是你的中国；

你怎么样，中国便怎么样；

你是什么，中国便是什么；

你有光明，中国便不黑暗；

你有梦想，中国便有希望；

你有行动，中国便可进步！

【设计意图】思想政治课具有鲜明的实践性。如何坚持知行合一的原则，让学生学以致用，引导学生从认识上的"怎么看"转化为实践中的"怎么办"？该环节通过开放型问题的设计和使用，引导学生学习张桂梅的感人事迹，既深化了教材的学习，又取得了核心价值观教育的预期效果，真正达成了学科育德的目标。

五、教学反思

1. 把立德树人作为根本任务，关注学科核心素养的落实

本节课以张桂梅校长的感人事迹为载体，引导学生科学地认识及弘扬劳动精神，实现人生价值，在个人与社会的统一中创造和实现价值，在砥砺自我中创造和实现价值。坚持情感优先，自觉加强核心价值观的无痕渗透教育。使学生能把朴素的国家情感上升到科学精神，从科学精神上升到稳定的政治认同，从而坚定地为实现中华民族伟大复兴的中国梦而不懈奋斗。

2. 坚持以学生为主体，调动学生的积极性

教学环节的设计贴近学生的思维实际，通过将核心议题分解成探究问题组，层层设疑，给予学生更多思考空间，引导学生深入思考和感悟。

3. 采用议题式教学，与疑探特色教学相结合

在议题设计中注意围题而议，让议题情境化；议中有思，让议题问题化；议中有情，让议题升华。让学生在议题讨论中明晰了理论知识，升华了道德情感，并与西峡疑探特色教学相结合，致力于培养学生主动设疑、合作探究的意识和精神。

专家点评

教育因"立德树人"而崇高，如何在高中思想政治课教学中坚持立德树人，从而使教学拥有一副仰望天空的美丽姿态，一份成全生命的温暖情怀，是每一位高中政治教师必须破解的实践课题。孙丽平老师的这节课给我们提供了很多有益的借鉴与思考。

第一，精选课程资源，为"立德树人"打下坚实的生活基础。张桂梅校长的感人事迹无疑是2021年年初最具代表性的媒体报道，其先进事迹犹如一册鲜活的教科书，成为青年学生健康成长的人生指南。孙丽平老师在教学中自觉引入这一资源并贯串整节课，不仅使教学内容贴近生活和时代，而且激发了学生的学习兴趣和探究激情，促进了学生对教材重点、难点内容的理解，明显增强了教育效果，提升了教学效益。

第二，重视知识教学，为"立德树人"构筑扎实的知识载体。学科知识是学生道德成长的理性基础。我国著名心理学家林崇德教授指出："我坚信，没有知识不会领会生命的真正意义，愚蠢的人不可能有德行。"孙丽平老师在课堂教学中巧妙设置课堂环节和探究问题，让知识在情境呈现中活化，在合作探究中生成，在理解迁移中应用，在激发引导中创造，从而达到让学生深刻理解文本知识的目的。这种对文本知识的深度解读，为"立德树人"构筑了厚实的知识载体。

第三，重视多样学习方式，为"立德树人"创造广阔的学习空间。朱晓曼曾说过，价值观教育得以实现的形式，比价值观教育内容本身更重要。这表明，学生的学习方式本身就具有教育性。孙丽平老师的这节课十分重视学生学习方式的多样设计。从观看视频的体验学习到面对三个情境的探究学习，从对"在个人与社会的统一中如何发展个性"的理性辨析到"张桂梅感人事迹给我们的人生启示"的开放型思考，从自主阅读思考、合作交流探究的激情参与到面对教师激情演讲带来的心灵震撼，等等，都发挥了学习方式的教育功能，为教学中"立德树人"创造广阔的学习空间。

第四，坚持"鲜活灵动"的实践取向，为"立德树人"探索明亮的前行方向。本节课共设计四大板块，在"课堂导入，自主设疑""对话文本，探究解疑""链接生活，提升认知"的基础上，增加了"情感升华，贵在行动"。孙丽平老师在总结学生对开放型问题回答的基础上，引用崔卫平教授的一段寄语："你所站立的地方，正是你的中国；你怎么样，中国便怎么样；你是什么，中国便是什么；你有光明，中国就不黑暗……"这段朗诵使情感得以升华，课堂达到高潮，真正达到了学科育德的效果。

总之，孙丽平老师的这节课从学生真实困惑出发，选择真实的案例情境，用"感动你我——劳动与奉献""辩理明义——个人与社会"和"知行合一——想做与能做"三个探究活动解读知识脉络，围绕目标开展真正的合作探究，很好地在探究活动中落实学科育德目标，是一节优秀的高中德育教学案例。

（张爱琴，西峡县基础教育教研室，中小学高级教师）

践行社会责任　促进社会进步

驻马店市第二高级中学　张风帆

作者简介：

张风帆，女，2011年7月1日毕业于洛阳师范学院思想政治教育专业，中共党员，驻马店市第二高级中学党建科副科长，中小学一级教师，11年教龄，现任高二年级思想政治课教师。

一、教学背景分析

1. 教学内容分析

本课讲述内容为人教版高中思想政治必修2《经济与社会》的综合探究"践行社会责任　促进社会进步"，由劳动精神、绿色生产与绿色消费、乡村振兴这三个模块构成。弘扬劳动精神有助于实现乡村振兴和共同富裕，绿色生产与绿色消费是乡村振兴的内在要求，这三个模块是相互促进、相辅相成的。课程标准对本课的内容要求是："阐明劳动对社会发展和进步的意义，弘扬劳动精神，树立崇尚劳动、热爱劳动的观念。"建议围绕"怎样弘扬劳动精神与投身创新创业""如何推动绿色生产与绿色消费""如何实现乡村振兴和共同富裕"开展探究活动。

2. 学情分析

高中生对我国疫情防控和脱贫攻坚取得的成就有着较清楚的认识、较深刻的体验和较强烈的自豪感，对国家实现"十四五"规划蓝图信心满满、热情高涨，以疫情防控下的安全和发展问题为主题进行教学，能够充分调动学生的学习积极性。高中生已经具备一定的辩证思维能力，能够通过议题探究将教材知识迁移到真实的问题情境，深入理解劳动精神的内涵，树立正确的创业观念和消费观念，深刻把握乡村振兴的重要意义和措施。学生运用现代信息技术的能力较强，可以通过各种渠道获取完成议学任务的相关信息。

3. 整体教学思路

本课以思想政治学科大概念"劳动创造美好生活"为核心，采用议题式教学方式，根据教材内容以及课程标准对学生核心素养的培养目标，依据学生现有的知识和能力水平，结合疫情防控这一热点，设计了教学总议题——"疫情之下，如何创造美好生活"。在总议题之下又设计了三个子议题："怎样弘扬劳动精神""如何处理扩大内需与绿色消费的关系""青年一代如何助力乡村振兴"。创设了"劳动美——讴歌最美劳动者""生态美——践行绿色消费观""家乡美——乡村振兴看吾辈"三个真实情境，使学生在议学的过程中思辨，生成对教材知识的深度理解，提高运用教材知识解决现实问题的能力。学生是议题式教学过程中的主体，教师在此过程中充当学生学习的引导者、组织者、合作者，注重对学生学科核心素养的培养。

二、教学目标

（1）通过组织学生为"最美劳动者"写颁奖词，使他们树立正确的劳动观，认同劳动最光荣、劳动最崇高、劳动最伟大、劳动最美丽。通过学习最美劳动者事迹，激发学生积极承担社会责任、促进社会发展的热情和信心。

（2）通过观点辩论，正确认识扩大内需和绿色消费的关系。引导学生树立正确的消费观，坚持简约适度、绿色低碳的生活方式，反对奢侈浪费和不合理消费；增进学生对党和国家政策的理解，增强学生的政治认同，提高民族自豪感和自信心，坚定不移地拥护中国共产党的领导和中国特色社会主义制度。

（3）通过社会调研，挖掘本市的资源优势，拟定回乡创业规划，提出推进乡村振兴和实现共同富裕的建议。引导学生将个人命运与国家民族命运紧密联系在一起，坚持以辛勤劳动、诚实劳动、创造性劳动实现自己的人生价值，愿意为推进乡村振兴和实现共同富裕贡献力量。

三、教学重难点

1. 教学重点

通过调研交流，提出推进乡村振兴和实现共同富裕的措施。

2. 教学难点

处理好弘扬劳动精神、绿色生产与绿色消费、乡村振兴三者之间的关系。

四、教学过程

导入

以《诗经·伐檀》中崇尚劳动、鄙视不劳而获的诗句"坎坎伐檀兮,置之河之干兮。河水清且涟猗。不稼不穑,胡取禾三百廛兮?"导入本课的总议题"疫情之下,如何创造美好生活"。

【设计意图】使学生在品读经典诗歌的过程中,感受到中华民族自古以来就是崇尚劳动的民族,讴歌劳动之光荣、劳动者之美是中华民族的优良传统。结合学生亲历的伟大的全民抗疫,让学生思考,在疫情之下,劳动者应该怎样创造美好的生活?每一个公民应该承担哪些社会责任?怎样承担社会责任?引入本综合探究的课题"践行社会责任 促进社会进步"。

环节一:劳动美——讴歌"最美劳动者"

播放视频《逆行者》,向学生展示抗疫过程中的"最美逆行者"群像,他们中有火速驰援武汉的医疗队,有创造了"中国速度"的"火雷兄弟",有开足马力生产医用防护服的工人,有无声而作的雷神山医院医疗垃圾转运队队员,有坚守一线的社区工作者……各行各业劳动者都立足本职工作岗位为抗疫作出了贡献,谁是你心中最美的劳动者?如果召开"最美劳动者"表彰大会,你会把"最美劳动者"的奖项颁发给谁?请你为他写颁奖词。这些"最美劳动者"身上有着共同的可贵品质,那就是热爱劳动、诚实劳动、辛勤劳动。请结合"最美劳动者"的事迹谈谈你对劳模精神、劳动精神和工匠精神的认识。

教师活动:教师播放视频,提出本课的第一个子议题——"怎样弘扬劳动精神",组织学生为"最美劳动者"写颁奖词。引导学生结合"最美劳动者"的事迹深入探究劳模精神、劳动精神和工匠精神的内涵、地位、作用和要求。

学生活动:学生思考自己心中"最美劳动者"的形象,并用最真挚的话语为"最美劳动者"写颁奖词。各小组派代表发布"最美劳动者"颁奖词。学生分小组讨论,谈谈对劳模精神、劳动精神和工匠精神的认识。

师生共同小结:伟大出自平凡,英雄来自人民。千千万万劳动者在各自岗位上埋头苦干、默默奉献，汇聚起了战胜疫情的强大力量。劳动者只有岗位不同，没有地位悬殊，光荣属于每一位劳动者，只要立足本职工作岗位诚实劳动，就能够在平凡的岗位上创造出不平凡的业绩。我们要大力弘扬劳模精神、劳动精神、工匠精神，培育践行爱岗敬业、争创一流、艰苦奋斗、勇于创新、淡泊名利、甘于奉献的劳模精神，崇尚劳动、热爱劳动、辛勤劳动、诚实劳动的劳动精神，执着专注、精益求精、一丝不苟、追求卓越的工匠精神，干一行、爱一行、钻一行、精一行，用自己的实际行动为经济社会的发展贡献力量，为实现中华民族伟大复兴的中国梦辛勤劳动！

【设计意图】以形象直观的视频唤起学生对每一位劳动者的崇敬之情，使学生体会到中国抗疫的成功不是某一个英雄人物的功劳，而是每一位平凡的劳动者的功劳，帮助学生树立正确的劳动观，引导学生明白立足平凡的工作岗位也能够成就不平凡的事业。同时，使学生树立辩证唯物主义的历史观，明确人民群众是历史的创造者。

环节二：生态美——践行绿色消费观

这一环节设计的活动是辩论，让学生以"扩大内需与绿色消费矛盾吗"为辩题，分小组进行辩论，在辩论的过程中越辩越明、悟出真知。正方的观点是"扩大内需与绿色消费不矛盾"，反方的观点是"扩大内需与绿色消费矛盾"。

教师活动：教师播放新闻，受疫情影响，全球经济衰退，为了复苏经济，我国政府在疫情稳定后提出了扩内需、促消费，通过刺激居民能消费、敢消费、愿消费，使扩大内需成为拉动经济的强力引擎。习近平总书记多次强调厉行勤俭节约、绿色消费，这与扩大内需带动经济增长的举措是否相矛盾呢？教师在此背景下发布两难性的子议题"如何处理扩大内需与绿色消费的关系"。

学生活动：学生在思考后，根据观点的不同自行组成两队，进行激烈的辩论。第一轮辩论结束后，交换观点，进行第二轮辩论。

师生共同小结：一方面，扩大内需，包括扩大投资需求和消费需求这两个方面，要深化供给侧结构性改革，引导企业投资个性化、智能化、绿色化的商品，释放更多消费需求，这就要求企业要绿色生产，居民要绿色消费。另一方面，绿色消费倡导简约适度、绿色低碳的生活方式，反对奢侈浪费和不合理消费；不是减少消费、限制消费，而是更高质量的消费，对于倒逼供给侧结构性改革有重要意义，这对于推动中国经济高质量发展，建设人与自然和谐共生的现代化有重要作用。由此可见，扩大内需与绿色消费不是矛盾的，而是相互促进的，扩大内需倡导绿色消费，绿色消费有利于合理扩大内需。消费者要做到量入为出、适度消费，避免盲从、理性消费，保护环境、绿色消费、勤俭节约、艰苦奋斗，为复苏中国经济贡献出正能量。

【设计意图】复苏经济、振兴经济是常态化疫情防控过程中要解决的重要问题。这个辩题从当下复苏经济的角度出发，设置了与学生生活密切相关的真实性情境和议题，让学生去思考、辩论，在理解和运用学科知识解决真实问题的基础上落实思想政治学科核心素养。一是增强政治认同。学生在辩论中能深入理解政府扩大内需政策和厉行勤俭节约倡议的现实背景和重要意义，理顺二者之间的关系，进而认同党和国家的领导，形成共同的价值追求和行动向导，构建劳动创造幸福生活的精神支柱，成为社会主义合格建设者和接班人。二是树立科学精神。本环节设置的议题具有两难性，启发学生运用辩证的思维方法看问题，在认清社会发展规律和阶段性特征的基础上解决问题，有利于学生形成正确的价值取向，提高辩证思维能力，在解决真实问题的过程中增长才干。三是提高公共参与能力。学生在辩论活动中纷纷表示，作为一名中国公民，要把自己个人的命运与国家民族的命运紧密地联系在一起，要从自身做起，积极响应国家的号召，坚持绿色消费原则，为国家的经济复苏贡献力量。在这一活动中，从国家政策联系到个人发展，从自我合理消费需求的满足上升到国家经济高质量发展的追求，从"小家"的感情升华到"大家"的感情，引导学生厚植家国情怀。

环节三：家乡美——乡村振兴看吾辈

2020年，我们打赢了疫情防控阻击战，又吹响了脱贫攻坚战的胜利号角，成为世界上第一个成功控制疫情的国家，也是世界上第一个实现疫情之下经济正增长的国家，还是创造人类减贫奇迹的国家。现阶段我们面临着安全和发展两大难题，如何有效控制疫情，巩固脱贫攻坚成果，实现乡村振兴呢？作为中国特色社会主义现代化建设事业的建设者和接班人，青年一代应该主动作为，积极承担起时代使命，为建设美丽家乡、美丽中国献计献策。

教师活动：教师在课前已向学生布置了社会调研任务，让学生广泛地搜集资料，了解我市具备的资源优势。在授课中，教师介绍第三个子议题——"青年一代如何助力乡村振兴"；发布课堂任务，让学生拟定回乡创业计划，论证创业项目的可行性，并谈谈作为创业者要具备哪些品质。

学生活动：在课前，学生要进行社会调研，通过上网搜集资料、读报纸杂志、人物访谈等方式获取我市在乡村振兴中能够用到的自然文化等资源。在课堂上，各小组派代表发布本组的回乡创业计划，从项目名称、项目内容、项目依托的资源优势、创业者的素质等方面进行各小组之间的交流。

师生共同小结：在助力乡村振兴事业，制订回乡创业计划时，不仅要有个人创业的小梦，也要有为实现中国梦而奋斗的大梦；要将社会效益放在首位，做到社会效益与经济效益的有机统一；作为创业者要具备较强的综合素质，要守法经营、诚信经营，要积极承担社会责任、履行社会义务，要饮水思源、回报社会、造福人民。当前，乡村振兴事业要做到疫情防控与产业发展两不误，可以开发我市的红色文化资源和秀美自然资源，发展旅游业，从绿水青山中要金山银山；可以立足我市花生、芝麻、红薯等农产品资源丰富的优势，发展特色产业，做好农产品深加工，延伸产业链，提高农产品附加值；可以发展电子商务，用好线上平台，打开农产品销路；可以发挥我市劳动力资源优势，加强农民工培训，提高农民工劳动技能，向各大城市输入多元化、技能型的新型劳动者，不仅实现成功创业，也能带动更多人就业，不断缩小城乡发展差距，实现人的全面发展和共同富裕。

【设计意图】这一活动设计指向的是我国乡村振兴的措施和绿色生产，活动的主体是学生，关系到家乡的发展和学生未来的职业选择，学生的兴趣很高，思路活跃，乐于表达。社会调研和回乡创业企划活动使学生从社会实践中获得知识，符合学生的认知规律，有利于学生对其思考的问题进行全方位的描述与系统的分析，有助于学生对研究的问题进行深刻的思考并提出创造性的建议，从而找到解决问题的关键因素或关键环节。通过搜集资料，学生弄清楚了家乡的资源，并用创业项目交流的方式呈现出来。在活动中，学生积极拟定创业项目，助力乡村振兴，在了解家乡的过程中增强对家乡、对人民的热爱，从而增强学生的政治认同感和公共参与意识，使学生提高家乡振兴靠吾辈的觉悟，增强为建设美丽家乡而奋斗的自觉性和主动性。通过这一个环节的设计，让学生知道，疫情之下，每一名平凡而又伟大的劳动者，都能够发挥聪明才智，用自己的劳动创造更加美好的生活。

五、教学反思

1. 围绕大概念，优化了议题式教学环节

为了实现学生的真正理解，在大概念视角下优化了议题式教学的环节，探索了大概念视角下高中思政课议题式教学优化模式：提炼学科大概念，制订学科核心素养导向的教学目标，以大概念为核心设置议题式教学要素，提高学生综合运用所学知识解决新情况、新问题的能力，进一步提高课堂实效。

2. 依托大概念，落实了学科核心素养

坚持学生理解的知识观，依托大概念进行"以终为始"的教学设计，从"学生理解什么、如何证明学生理解、怎样促进学生理解"这个思路进行教学设计。在课堂上注重发挥学生的主体地位，让学生结合真实的情境，围绕议题，进行自主合作探究，完成挑战性的活动。本课重在引导学生增强责任意识和担当能力，通过拟定回乡创业计划，引导学生关注家乡发展，激发学生为实现乡村振兴和共同富裕而创新创业，有利于学生内化知识、升华情感、外化于行，在潜移默化中引导学生落实学科核心素养。

【本文系河南省教育科学"十四五"规划2021年度课题"大概念视角下高中思政课议题式教学优化研究"（项目编号：2021YB1561）的研究成果】

专家点评

本课的教学设计以思想政治学科大概念为核心，采用议题式教学方式，创设了真实的问题情境，设置了具有挑战性的活动，既体现了思想政治学科综合性、活动型课程的性质，又使思想政治学科的核心素养在教学活动中落地。

本课设置的总议题是"疫情之下，如何创造美好生活"，这一议题是从学生亲历过的社会大事件新冠肺炎疫情的防控角度出发设计的，学生对疫情比较关注、重视，对于疫情之后的美好生活既有期待又有担忧，抓住学生的这一密切关注点，就能够抓住学生在课堂中的学习兴趣。在总议题之下，又设置了三个子议题。议题的设置，做到了结合新课标的要求、教材的知识结构、学生的生活实际和发展需求。既围绕教材知识，又具有一定的广度；既贴近学生的生活，又具有一定的深度；既符合学生的认知能力，又具有一定的复杂性。让学生在可议性、两难性、结构不良性的议题中思辨，在思辨中掌握知识、升华情感。围绕议题，对应结构化的学科内容，进行序列化的活动设计，贯穿于课堂教学全过程。学生在教师引导下，运用结构化的学科知识，积极思考，参与讨论、辩论，主动分享、交流，必备知识实现系统化，关键能力不断提升。

（杨现勇，江苏师范大学，教授）

中国特色社会主义进入新时代

济源高级中学　李娟燕

作者简介：

李娟燕，女，1999 年 7 月毕业于洛阳师范学院政治教育专业，中共党员，中小学高级教师，23 年教龄，现任高一思想政治课教师。其主持省级课题"小组合作在高中政治课堂中的运用研究"已结题，参与的省级课题"研究性学习活动中培养学生核心素养的实践研究"获河南省基础教育教学研究项目优秀成果二等奖。

一、教学背景分析

1. 教学内容分析

本节课内容选自人教版新教材高中思想政治必修 1《中国特色社会主义》第四单元第四课第一框题，主要是对学生进行国情教育。本框题共三目。

第一目"新时代的科学内涵"。教材从易于引起学生关切的问题和教学内容的需要出发，选择党的十八大以来中国特色社会主义事业取得的辉煌成就作为情境导入，引发学生交流讨论对新时代的感受。由此让学生明白中国特色社会主义进入新时代，是我国发展新的历史方位。教材接着阐述了新时代的特点，又从三个方面阐述了中国特色社会主义进入新时代的重要意义。

第二目"新时代我国社会主要矛盾"。首先，教材阐明了新时代社会主要矛盾发生变化的历史背景，明确我国社会主要矛盾已经转化为人民日益增长的美好生活需要和不平衡不充分的发展之间的矛盾。其次，教材阐明了我国仍处于并将长期处于社会主义初级阶段的基本国情。最后，明确了中国共产党在社会主义初级阶段的基本路线。

第三目"新时代坚持和发展中国特色社会主义要一以贯之"。首先，教材安排了探究活动，是要学生认识中国特色社会主义事业的前进道路不可能一帆风顺。其次，教材阐述了新的历史条件下当代共产党人的任务。最后，教材明确新时代是奋斗者的时代，每一个人都是新时代的见证者。要不忘初心、牢记使命，以永不懈怠的精神状态和一往无前的奋斗姿态，一以贯之坚持和发展中国特色社会主义，在广袤国土上继续书写14亿多中国人民伟大奋斗的历史新篇章。

2. 学情分析

高中生处于一个成长的重要时期，这个时期的学生主体意识觉醒，自我感很强，正是世界观、人生观、价值观形成的阶段。针对这一特点，对学生进行国情教育，意义就是使学生知国、爱国、报国，即在全面地、历史地、实事求是地认识我国国情的基础上树立正确的观点，培养热爱祖国的道德情感和报效祖国的意志品质，培养政治认同、科学精神的政治学科核心素养。

3. 整体教学思路

通过四个环节的活动——"时政链接　学生汇报""专家解读　认清矛盾""自主探究　勇于担当""跨越时空　对话先驱"，真正把学生带入课堂，让学生既感受到在中国共产党的领导下祖国的日益强盛，又认识到不平衡不充分的发展状况，能够居安思危。最后设计创新作业，请学生以"我与2035有个约定"为题，列出一份自己的梦想清单，鼓励学生只争朝夕，不负韶华。

二、教学目标

（1）知道新时代的科学内涵。通过收集筛选报刊、书籍、互联网上的信息，小组汇报党的十八大以来我国取得的辉煌成就，培养学生自主学习能力，树立爱国情怀。

（2）明确我国社会主要矛盾。通过学生讲述"爸爸妈妈与改革开放的故事"，回顾改革开放40余年的历程，设计观看视频、探究多个素材等活动，让学生看到中国特色社会主义已经进入新时代的同时又要居安思危。

（3）明白新时代坚持和发展中国特色社会主义要一以贯之。通过分析新时代奋斗者的案例故事，讲述济源红色故事，鼓励学生肩负起实现中华民族伟大复兴中国梦的时代重任。

三、教学重难点

1. 教学重点

新时代的科学内涵。

2. 教学难点

新时代社会主要矛盾。

四、教学过程

导入：观看短视频《忆往昔峥嵘岁月稠》

（导语）100多年前，正是南湖红船点燃的星星之火，形成了中国革命的燎原之势。我们党从这里走向井冈山，走向延安，走向西柏坡，走向一个又一个胜利。100多年来，我们党带领中国人民不懈奋斗，中华民族迎来了从站起来、富起来到强起来的伟大飞跃。

今天中国特色社会主义已进入新时代，新时代意味着什么？我们怎样在习近平新时代中国特色社会主义思想指引下，把我国建设成为社会主义现代化强国？这节课我们一起探究交流这些问题。

【设计意图】通过观看短视频，回顾党带领中国人民走过的伟大历程。从而引出中国特色社会主义进入了新时代，开启了新的征程，引发学生思考中国特色社会主义已经进入新时代，青年学生该如何为党和国家的事业接续奋斗，激发学生认清国情，认同中国特色社会主义道路和制度。

活动一：时政链接　学生汇报

创设情境1：同学们，你们的爸爸妈妈大多是改革开放的同龄人，谁能讲述"爸爸妈妈与改革开放的故事"？

生1：家里买了车，生活水平提高了。

生2：家住农村，村里的环境越来越好了，告别了"水泥路"。

生3：……

创设情境2：课前大家通过上网、查资料了解了党的十八大以来中国特色社会主义事业取得的巨大成就。请小组代表进行汇报展示砥砺奋进的五年。

小组1：中国路、中国桥、中国港、大兴国际机场等基础设施不断完善。

小组2：天宫、天眼、蛟龙、悟空、大飞机等重大科技成果领先。

小组3：脱贫攻坚战取得了全面胜利，还举办了进口博览会等。

教师补充点拨：一桥连三地，天堑变通途。新时代已经开启，我们要继往开来，奔向新征程。

师生共同小结：第一目"新时代的科学内涵"。（1）新时代的科学内涵。从以下五点理解：第一点，从历史、现在、未来的联系上看，这是承前启后、继往开来、在新的历史条件下继续夺取中国特色社会主义伟大胜利的时代；第二点，从我们承担的历史使命看，这是决胜全面建成小康社会、进而全面建设社会主义现代化强国的时代；第三点，放到中国人民对美好生活的追求上看，这是全国各族人民团结奋斗、不断创造美好生活、逐步实现全体人民共同富裕的时代；第四点，放到民族复兴的角度看，这是全体中华儿女勠力同心、奋力实现中华民族伟大复兴中国梦的时代；第五点，放在世界大局中看，这是我国日益走近世界舞台中央、不断为人类作出更大贡献的时代。（2）中国特色社会主义进入新时代的意义。"三个意味着"分别从民族复兴的角度、社会主义角度、中国特色社会主义对世界发展中国家的贡献来阐释中国特色社会主义进入新时代的意义。

【设计意图】通过学生汇报、展示、讨论，教师点拨，让学生准确把握我国发展新的历史方位，明确开启新时代，奔向新征程。

活动二：专家解读　认清矛盾

创设情境1：（课件展示）1956年、1981年、2017年党做出的三次社会主要矛盾的判断。

教师设问：请你说明我们党做出上述三次社会主要矛盾判断的历史背景及原因。

生1：1956年社会主义三大改造完成，人们希望建立先进工业国。

生2：1978年改革开放，人民的物质文化需要日益增长。

生3：党的十八大以来，我国人民在经济、政治、文化、社会、生态等方面需要日益增长。

创设情境2：播放视频《专家"敲黑板"：不平衡不充分》。

教师设问：新时代，我国社会的主要矛盾已经发生了变化。那么，我国所处的阶段是不是也变化了？

小组讨论、发言：我国仍处于并将长期处于社会主义初级阶段这个基本国情没有变。

教师点拨：我们要牢牢把握社会主义初级阶段的基本国情，为建设社会主义现代化强国奋斗。

师生共同小结：第二目"新时代我国社会主要矛盾"。（1）我国社会主要矛盾，人民日益增长的美好生活需要和不平衡不充分的发展之间的矛盾。（2）牢牢把握基本国情。（3）社会主义初级阶段的基本路线。

【设计意图】通过师生互动，教师讲解，加深学生对新时代社会主要矛盾、社会主义初级阶段的内涵的认知。让学生认识到我们不能躺在过去的基础上自我欣赏，也不能在扬扬自得中让精神走向懈怠。理解我国社会主要矛盾的变化并没有说明我国已不再处于社会主义初级阶段，从而落实政治认同的核心素养。

活动三：自主探究　勇于担当

创设情境：观看视频《时代楷模黄文秀》。

教师设问：黄文秀的事迹给你带来什么启示？作为新时代的青年人，你打算如何为祖国交出合格答卷？

生1：黄文秀遇到困难不退缩。

生2：她干工作很热情，村里群众都很喜欢她。

生3：我要向黄文秀学习，用自己的力量努力为社会作贡献。

生4：保持积极上进的状态，勇于担当，争做时代新人。

师生共同小结：第三目"新时代坚持和发展中国特色社会主义要一以贯之"。（1）原因：新时代中国特色社会主义是中国共产党领导人民进行伟大社会革命的成果，也是党领导人民进行伟大社会革命的继续，必须一以贯之。（2）当代中国共产党人的任务。（3）新时代是奋斗者的时代。

【设计意图】学生通过观看视频，了解黄文秀的先进事迹，学习黄文秀敢于向贫困作斗争的坚毅品格，激励学生立志扎根人民、奉献祖国，落实责任担当的核心素养。

活动四：跨越时空　对话先驱

创设情境：河南济源，愚公故里。1945年，毛泽东同志在党的七大闭幕式上发表了题为《愚公移山》的重要讲话，号召全党全国人民"下定决心，不怕牺牲，排除万难，去争取胜利"。济源既是愚公移山故事的发祥地，又是革命老区，是中国共产党人的初心和使命的重要承载地。作为革命老区，济源有着浓厚的红色文化积淀和底蕴，济源红色教育基地见表1。

表 1　济源红色教育基地

图片	背景
	1940年4月下旬，八路军总司令朱德一行遵照党中央和毛泽东的指示，从太行根据地出发前去洛阳与第一战区司令长官卫立煌谈判。经过长途跋涉，5月5日，朱德一行抵达河南济源，夜宿留庄，这里几近太行山的尽头。第二天就要离开这条已浴血奋战近三年的山脉了，朱德不由得心潮起伏，思绪万千，赋诗抒怀。这首著名的七绝《出太行》就是这时写的
	革命战争年代，留庄民兵与杜八联其他地区民兵一道联防抗敌，保卫了"杜八联革命小苏区"，有力支援了陈谢兵团强渡黄河、逐鹿中原的解放战争，涌现出薛平华、李传玉等一批著名的民兵英雄。新中国成立后，留庄民兵组织在保卫胜利成果、发展集体生产中充分发挥了主力军作用，被誉为"人民武装的一面旗帜"

对话先驱：如果可以穿越时空，回到革命先驱生活的年代，你最想对他们说些什么？

学生活动：学生热烈发言，讲述自己的感触。

【设计意图】通过宣传济源红色故事，采用与先驱对话的方式，一方面意在引导学生了解党史，传承红色基因；另一方面使学生懂得感党恩，不负前辈嘱托，不负青春韶华，鼓起迈进新征程、奋进新时代的精气神。

【课堂小结】同学们，新时代坚持和发展中国特色社会主义，要从中国的国情出发，任何超越现实、超越阶段而急于求成的倾向都要竭力避免。无论现在用来奋斗的青春，还是将来用来回忆的青春，每一个生逢其时的年轻人都应自豪地感到，自己是新时代的同行者，我们都要为祖国强起来而不懈奋斗！

【板书设计】

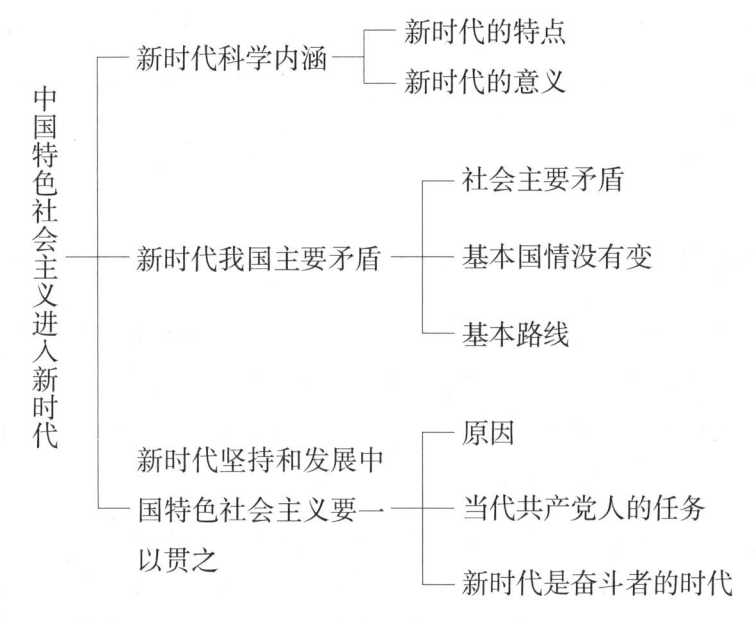

```
                    ┌─ 新时代科学内涵 ──┬─ 新时代的特点
                    │                    └─ 新时代的意义
                    │
中                  │                    ┌─ 社会主要矛盾
国                  │                    │
特                  ├─ 新时代我国主要矛盾 ┼─ 基本国情没有变
色                  │                    │
社                  │                    └─ 基本路线
会
主                  │                    ┌─ 原因
义                  │                    │
进                  ├─ 新时代坚持和发展中 ┼─ 当代共产党人的任务
入                  │  国特色社会主义要一 │
新                  │  以贯之             └─ 新时代是奋斗者的时代
时
代
```

【作业设计】创新作业——梦想清单·请您珍藏

从国家发展生命周期的角度来看，中国先后经历了"站起来""富起来"的飞跃，正在走进一个"强起来"的黄金时代；而从人的生命周期的角度来看，年轻的"80后""90后""00后"们，人生黄金时期与"两个一百年"奋斗目标的实现相吻合，是这一历史进程的见证者，更是参与者和创造者。未来30年，现在的青年必然担负这一理想和使命，是不折不扣的"强国一代"！请以"我和2035有个约定"为题，列出一份你的梦想清单，并好好珍藏。

【设计意图】2021年3月《中华人民共和国国民经济和社会发展第十四个五年规划和2035年远景目标纲要》发布，结合这个文件精神，设计创新作业，希望同学们不忘初心，坚定理想信念，不负韶华，勇于追梦。

五、教学反思

国情教育即是国家认同教育。对学生进行国情教育是高中思想政治课的重要任务之一。本框题内容大多选自党的十九大报告原文，基于高一学生的认知水平，为了将枯燥的理论知识与学生的生活实际结合起来，我们精心选择视频图片，并设计了四个环节的活动，引发学生兴趣，促使学生积极参与课堂教学。

本节课立足让学生成为学习的主人，通过学生讲述爸爸妈妈与改革开放的故事、汇报调研的史实资料、观看时代楷模的先进事迹、对话先驱，采用师生互动、生生互动、小组交流等多种方式，充分发挥信息技术的作用，真正明确新时代的科学内涵，把握新时代社会主要矛盾，鼓励学生立志肩负起实现中华民族伟大复兴中国梦的时代重任，培养学生政治认同、科学精神、公共参与的核心素养。

专家点评

李娓燕老师这节课内容选自人教版新教材，本框题的理论知识较多，学生接受起来比较困难。基于教材和学情，李老师大胆创新，引入多种活动，调动学生积极参与课堂教学，完成了预设的教学目标和任务，有效落实了政治学科的政治认同、科学精神、公共参与的核心素养。

这节课有三大亮点：一是突出学生主体。李老师非常注重调动学生的自主性，课前布置搜集党的十八大以来的辉煌成就、访谈自己的爸爸妈妈；课堂上鼓励学生积极思考、大胆发言，并利用小组合作探究，突破思维难点。二是活动设计巧妙。通过四个环节的活动"时政链接　学生汇报""专家解读　认清矛盾""自主探究　勇于担当""跨越时空　对话先驱"，真正把学生带入课堂，让学生既感受到祖国的日益强盛，又认识到不平衡不充分的发展状况，并坚定跟党走、坚持社会主义道路的信心。三是创新作业升华。李老师紧扣时政，结合《中华人民共和国国民经济和社会发展第十四个五年规划和2035年远景目标纲要》，设计以"我与2035有个约定"为题的梦想清单，带领学生展望国家的未来、青年的未来，使学生懂得国家什么样，你的未来才是什么样，培养具有家国情怀的青年人。

总之，这一节课既有理论知识的细致讲解，又有不同形式活动的串联；既对话先驱，又展望未来；是一节条理清晰、重点明确的思想政治课，更是让学生受益匪浅的精彩的国情教育课，落实了立德树人的根本任务。

（田伟才，济源高级中学，中小学正高级教师）

社会历史的本质及发展

河南省实验中学　马丹丹

作者简介：

马丹丹，女，2006年毕业于东北师范大学哲学社会学专业，中共党员，中小学一级教师，教龄16年，现任教于河南省实验中学。

一、教学背景分析

1. 教学内容分析

（1）课程标准的内容要求及教学提示

本节课选自人教版高中思想政治必修4《哲学与文化》第二单元第五课第一、二框题，内容主要包括描述不同社会形态的本质特征，揭示人类社会发展的一般过程，阐明社会发展的历史进程取决于社会基本矛盾的运动。

教学提示：以"怎样揭示人类社会发展的奥秘"为议题，探究人类社会发展的基本规律和主要阶段。可采用图说等方式，阐释生产力与生产关系、经济基础与上层建筑相互作用的原理，揭示生产力与生产关系的矛盾运动是社会发展的根本动力。可列举实例，反映不同社会形态的更替，证实生产关系是否适应生产力发展是衡量社会进步的标准。

（2）教材分析

马克思主义哲学包括辩证唯物主义和历史唯物主义两大模块，该部分内容是历史唯物主义的开篇，研究的是人类社会的本源等问题，是整个历史唯物主义的奠基部分。

2. 学情分析

社会的发展和进步是我们有目共睹的，但社会发展的源泉和动力是什么，对于高中学生来说，却不能系统回答。探究人类社会发展的基本规律，才能认识和利用规律，正确发挥主观能动性助推国家社会发展。学生在学习第一单元第二课"探究世界的本质"时，已经学习过物质和意识的辩证关系；在学习第一单元第三课第三框"唯物辩证法的实质与核心"时，已经学习过矛盾是事物发展的源泉和动力，因此，在学习此部分内容时，已经具备一定的理论基础。

3. 整体教学思路

本节课以上海浦东开发开放30余年的发展变化为背景，围绕"是什么让浦东不普通？"这一中心议题，根据教材内容结构和教学需要，分别设计了三个子议题："子议题一：党中央作出浦东开发开放的原因及意义。""子议题二：浦东不普通的源泉和动力是什么？""子议题三：浦东的开发开放有着怎样的趋势？"通过分析党中央作出开发开放浦东这一决策的原因及这一决议对浦东发展产生的影响，引导学生理解社会存在和社会意识的辩证关系。通过分析浦东发展过程中的种种举措和发展的过程，引导学生理解、识记人类社会的基本矛盾和基本规律，掌握社会历史发展的总趋势。通过让学生搜集和分享浦东发展所取的举世瞩目的成就，让学生透过浦东这个缩影，感受国家的发展，培养学生尊重社会发展规律，走社会历史发展的必由之路的思想意识，增强学生的爱国热情和民族自豪感。

二、教学目标

（1）观看视频资料，通过分析党中央作出浦东开发开放决策的原因及这一决议对浦东发展产生的影响，理解社会存在和社会意识的辩证关系。

（2）通过分析浦东发展的举措和过程，理解并识记人类社会的基本矛盾和基本规律；掌握社会历史发展的总趋势。

（3）通过分享浦东发展成就，培养学生尊重社会发展规律，走社会历史发展的必由之路的思想意识。

三、教学重难点

1. 教学重点

社会存在和社会意识的辩证关系。

2. 教学难点

人类社会发展的基本矛盾和基本规律。

四、教学过程

第一步：导入新课

教师活动：（图片导入）同学们，如果咱们要去上海旅游，你觉得有哪些地方是必去的打卡之地？（学生回答，教师总结）上海值得一看的地方确实很多，而大家刚才说到的上海迪士尼、世博会中国馆、东方明珠、上海金茂大厦、上海环球金融中心（图片展示），这些地方有一个共同点，大家知道吗？它们都位于上海浦东！2020年是浦东开发开放30周年，现在的浦东可以说是中国发展的一个标杆。然而，30多年前的浦东是怎样的景象？在浦东发展的背后又有着怎样的故事？让我们通过一个短篇来回顾一下。

【设计意图】通过让学生思考回答上海旅游胜地有哪些，并结合图片展示告知学生他们熟知的上海迪士尼、世博会中国馆、东方明珠、上海金茂大厦、上海环球金融中心等都位于浦东，不仅可以激发学生的学习兴趣，从一开始就点燃课堂，而且还能让学生感受伟大祖国的繁荣发展，进而激发学生强烈的爱国之情。

第二步：新课学习

教师活动：播放短片《而立浦东》。

（通过视频让学生了解国家开发开放浦东决策的背景及浦东开发开放以来的发展成果）

师：浦东开发开放30多年来，发生了翻天覆地的变化。在浦东发展的背后，蕴含着怎样的社会发展规律？是什么助推了浦东的发展？这节课，就让我们一起来探究一下。

总议题："是什么让浦东不普通？"

浦东能够快速发展，跟30多年前党中央作出的开发开放浦东的重大决策有着非常密切的联系。党中央为什么作出这一决策？这一决策，对于浦东的发展又有怎样的意义？

子议题一：党中央作出浦东开发开放的原因及意义。

教师活动：请同学们首先阅读教材"社会存在与社会意识"一目的内容，结合视频材料，合作探究下面三个问题：

（1）30多年前党中央基于什么作出开发开放浦东的决策？

（2）开发开放浦东的决策对浦东产生了怎样的影响？

（3）先有决策后有浦东发展，是否说明党中央的意志造就了浦东的今天？为

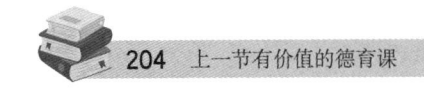

什么？

（学生在阅读教材的基础上，小组讨论以上三个问题，分小组展示学习成果，教师共同归纳总结）

（1）社会存在和社会意识的含义

社会存在是指社会的物质生活过程，主要指物质资料的生产方式，还包括地理环境、人口等社会生活的物质方面。

社会意识是指社会的精神生活过程，既包括社会意识的各种形式，即政治、法律、哲学、道德、艺术、宗教等观点，还包括社会心理和自发形成的风俗、习惯。

（2）社会存在和社会意识的辩证关系

①社会存在决定社会意识，社会意识是对社会存在的反映。

a. 有什么样的社会存在，就有什么样的社会意识。

b. 社会存在的变化、发展决定社会意识的变化、发展。

②社会意识具有相对独立性，社会意识具有能动作用。

a. 社会意识和社会存在具有不完全同步性。（先于或落后于）

b. 社会意识对社会存在具有反作用。落后的社会意识对社会的发展起阻碍作用，先进的社会意识对社会的发展起积极的推动作用。

方法论：要求我们从社会存在出发，重视社会意识的作用，树立正确的社会意识，克服错误的社会意识。

【设计意图】社会存在与社会意识的含义及辩证关系与前面唯物论部分所学的物质与意识的含义及辩证关系有异曲同工之处，学生理解和接受起来并不困难，通过小组合作探究，学生能较快掌握相关概念，并能用理论分析现实问题。

子议题二：浦东不普通的源泉和动力是什么？

教师活动：浦东的发展速度举世瞩目。学习唯物辩证法的时候我们就知道了，事物发展的源泉和动力是什么呢？

学生活动：异口同声说出"矛盾"二字。

师：对，是矛盾！那么，推动浦东发展的源泉和动力是什么呢？

师：上一节课，老师给大家布置了一个任务，就是搜集浦东在发展过程中所采取的助推发展的举措。下面，有请这次轮值的分享小组来为我们展示一下他们搜集到的资料。

资料：

30多年前，党中央审时度势作出开发开放浦东的决策。

20世纪90年代，浦东率先实现土地、资金、技术、劳动力等要素的市场化，按照法规先行的开发思路，形成较为稳定、可预期的市场环境。

21世纪初，浦东新区率先进行国家综合配套改革试点，着力转变政府职能与经济运行方式，着力改变二元经济与社会结构，全面实现综合性制度创新。

党的十八大以来，面临国内外发展环境的转变，上海自贸试验区在浦东应运而生，探索我国对外开放的新路径和新模式，实现以开放促发展、促改革、促创新。

…………

结合同学展示的材料，合作探究：

（1）哪些举措促进了浦东的发展？

（2）这些举措是如何发挥作用的？

尝试运用知识卡中的内容，从理论层面解读上面两个问题。

知识卡：

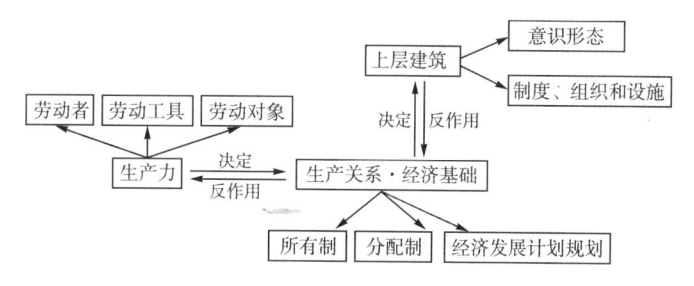

回答问题：

（1）实现土地、资金、技术、劳动力等要素的市场化；法规先行；转变政府职能与经济运行方式；等等。

（2）要素的市场化，激发市场活力；法规先行，提供法律保障，保障生产顺利进行；转变政府职能与经济运行方式，协调政府与市场的关系；等等。

从理论层面解读：①调整生产关系适应生产力发展的需要；②调整上层建筑适应经济基础助推生产力发展。

特别提醒：注意区分经济基础和上层建筑。

凡与经济有关的制度、体制、政策，属经济基础，如基本经济制度、分配制度、市场经济体制、财税制度、土地"三权分置"制度、退休政策等。

政治、法律制度属上层建筑，如人大制度、政党制度、司法制度等。

政治、法律制度的设施属上层建筑，如军队、警察、监狱、法庭、政府机构等。

与意识形态有关的观念,如毛泽东思想、科学发展观、习近平新时代中国特色社会主义思想等,属上层建筑。

总结:

(1)生产力与生产关系的辩证关系原理:①生产力决定生产关系。②生产关系对生产力具有反作用。

方法论:调整和变革生产关系以适应生产力的发展。

(2)经济基础与上层建筑的辩证关系原理:①经济基础决定上层建筑。②上层建筑对经济基础具有反作用。

方法论:调整和变革上层建筑适应经济基础发展,促进生产力的发展。

【设计意图】社会基本矛盾、基本规律的知识是本框题的难点。通过让学生搜集资料作为情境,并设置探究问题引导学生一步步分析情境,培养学生发现问题和解决问题的能力,并通过教师的讲解辅助,实现重难点的突破。

子议题三:浦东的开发开放有着怎样的趋势?

浦东的发展速度和成就举世瞩目,然而万般成就出艰辛,浦东的发展过程也是不断克服困难的过程。

资料:

过去:围绕社会主义市场经济体制改革不断攻坚克难,抗击1997年亚洲金融危机;2001年加入世界贸易组织后与国际标准接轨,以及在百年未有之大变局中承担新一轮改革开放试点;2020年应对新冠肺炎疫情,浦东始终不负使命,立足于高水平开发、高层次开放,为我国改革开放战略升级奠定基础。

现在:开发浦东、振兴上海、服务全国、面向世界。

未来:三十而立,更立潮头,未来可期。

总结:

(1)总趋势:社会历史发展的总趋势是前进的、上升的,发展的过程是曲折的。

(2)实现方式:人类通过各种实践活动不断解决社会的基本矛盾实现的。

①阶级斗争是阶级社会发展的直接动力;②改革是社会主义社会发展的强大动力。

【设计意图】"社会发展的趋势"部分知识难度不大,并且和唯物辩证法发展观事物发展的趋势部分异曲同工,学生通过解读材料,可以顺利完成教学任务,教师只需点拨一下改革的相关知识。

知识小结：

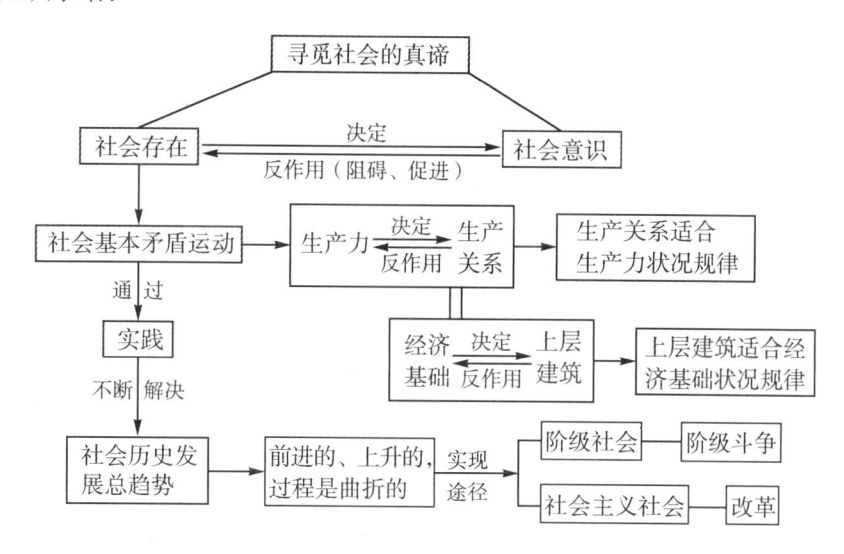

```
                        寻觅社会的真谛
                       ╱            ╲
                              决定
                   社会存在  ←――――→  社会意识
                          反作用（阻碍、促进）
                    ↓
                              决定    生产
               社会基本矛盾运动  生产力 ←――→ 关系    生产关系适合
                              反作用          生产力状况规律
                    ↓通过
                   实践        经济  决定  上层    上层建筑适合经
                              基础 ←――→ 建筑    济基础状况规律
                   ↓不断解决         反作用
                                          实现    阶级社会 ― 阶级斗争
               社会历史发    前进的、上升的，  途径
               展总趋势      过程是曲折的            社会主义社会 ― 改革
```

五、教学反思

本节课结合真实情境，运用视频、图片等资料辅助教学，并动员学生搜集资料，充分调动了学生的积极性和热情。通过议题设置，引导学生思考分析问题，培养了学生解读材料、提取信息、解决问题的能力。但在具体实施中，由于重难点突破用了较多时间，社会基本矛盾的解决、改革等问题处理得比较简单。

专家点评

"高中思想政治课程是落实立德树人根本任务的关键课程。以培育社会主义核心价值观为目的，是帮助学生确立正确的政治方向、提高思想政治学科核心素养、增强社会理解和参与能力的综合性、活动型学科课程。"在"社会历史的本质及发展"的教学案例中，教师对教材内容进行了大胆整合，采取了活动型学科课程的一种重要教学方式——议题式教学。该教学设计选取了浦东开发开放的真实情境，将"是什么让浦东不普通？"作为中心议题，根据教材内容结构和教学需要，分别设计了三个子议题："子议题一：党中央作出浦东开发开放的原因及意义。""子议题二：浦东不普通的源泉和动力是什么？""子议题三：浦东的开发开放有着怎样的趋势？"巧妙设计的总议题，很好地激发了学生学习的兴趣。结合教材具体内容和教学要求，设立的三个子议题，既贴合教材，又紧跟时代，并且符合学生的认知规律，难度适中，让学生有可议之处，也有议论的能力，非常好地调动了学生课堂参与的热情和积极性。本节课在整个教学过程中都进行了精心规划和精准实施。在议题导引下，学生结合真实的情境，积极主动地思考与分析归纳，掌握了教材知识，提升了学生运用教材知识分析解读问题的能力，培养了学科素养和民族自信心、自豪感。整节课，结构清晰，重难点详略得当，节奏把控得非常好。基于以上分析，可以看出本节课教学案例是基于《普通高中思想政治课程标准（2017年版）》理念下的一节成功的活动型课程，对广大一线高中思想政治课教师更好地理解和运用议题式教学提供了引导和帮助。

（焦秋洪，河南省实验中学，中小学正高级教师）

"做新时代的劳动者"小初高一体化教学

河南省基础教育教学研究室　杨伟东

登封市北区小学　郑素华

登封市菜园路初级中学　李倩倩

登封市嵩阳路高级中学　孙秋云

作者简介：

作者1：杨伟东，男，1968年9月生，1990年9月毕业于北京师范大学经济学专业，中共党员，河南省基础教育教学研究室中学政治教研员，中小学高级教师，教龄32年，主持完成省级教科研课题多项。

作者2：郑素华，登封市北区小学教师，《"抗疫离不开他们"教学设计》作者。

作者3：李倩倩，登封市菜园路初级中学教师，《"抗疫人人有责"教学设计》作者。

作者4：孙秋云，登封市嵩阳路高级中学教师，《"新时代的劳动者"教学设计》作者。

教学设计开发背景：

当前，如何由浅入深、纵向衔接、横向贯通，统筹规划思政课教学，切实推进大中小学思政课一体化建设，是思想政治教育教学的一项重要且迫切的理论和实践任务。

2019年8月，中共中央办公厅、国务院办公厅印发《关于深化新时代学校思想政治理论课改革创新的若干意见》，要求在大中小学循序渐进、螺旋上升地开设思政课。如何推进大中小学思政课一体化建设，是思想政治教育教学教研的一项重要任务。

2020年3月，中共中央办公厅、国务院办公厅印发《关于全面加强新时代大中小学劳动教育的意见》，意见提出，在大中小学设立劳动教育必修课程，系统加强劳动教育。除劳动教育必修课程外，其他课程结合学科、专业特点，有机融入劳动教育内容。在跨学科横向贯通层面，思政课如何融入劳动教育？以劳动教育为主题的大中小学思政课一体化教学，能否丰富大中小学劳动课建设？

2020年伊始，一场突如其来的新冠肺炎疫情牵动着全中国14亿多人民的心！在这场"战疫"中，有为人民群众生命健康驰援一线的医护人员、解放军战士、科研工作者，有为抗疫提供后勤保障的生产者、运输司机、快递小哥，有为精准防疫日夜值守的社区基层工作者，等等，疫情中涌现出的各行各业"最美劳动者"，就是劳动教育最好的"活教材"，就是最为生动的思政课。

《普通高中思想政治课程标准（2017年版）》"教学与评价建议"中明确提出："围绕议题，设计活动型学科课程的教学。"高中思想政治课程标准对初中和小学道德与法治课具有指导意义，小学和初中道德与法治课能否开展议题式教学？

河南省登封市小初高三个学段的三位教师，以"培养学生对劳动的认同"为目标，以"做新时代的劳动者"为教学内容，以"抗疫中涌现出的'最美劳动者'"为教学情境尝试了小初高思政课一体化教学。

"抗疫离不开他们"教学设计

一、教学背景分析

1. 教学内容分析

本课内容是以抗疫中涌现出的"最美劳动者"为背景，对人教版小学《道德与法治》四年级下册教材中的"生活离不开他们"、三年级下册教材中的"我们的公共生活"、五年级下册教材中的"公共生活靠大家"的教学内容进行整合，培养儿童热爱劳动的意识，认同劳动的情感，尊重劳动者的行动。

2. 学情分析

小学四年级的学生已经有了一定的生活体验，对各行各业的劳动者有了一定了解，对劳动的意义有所认识。但是，因生活阅历、年龄等因素影响，缺乏对社会劳动者工作的深入感知。加上大多数学生都是独生子女,长辈及父母对他们都是宠爱有加,很少承担劳动,以至于出现有些孩子不懂得珍惜劳动成果和感恩他人的辛苦付出的现象。

3. 整体教学思路

本课以"哪些行为是劳动""抗疫离不开谁""谁的贡献大""如何尊重劳动者"为线索,旨在让学生感受劳动者的重要性,学会珍惜劳动成果,树立尊重劳动和热爱劳动的意识。通过"说一说"活动,让学生感知哪些行为是劳动,体会到生活的方方面面都离不开劳动者。通过"想一想"活动,让学生认识劳动的意义。通过"辩一辩"活动,让学生学会热爱劳动,尊重劳动者。通过"画一画"活动,让学生学会感恩劳动者,树立尊重劳动和热爱劳动的意识。

二、教学目标

(1)通过说一说疫情中各行各业的劳动者,感知哪些行为是劳动,知道生活离不开各行各业的劳动者,感受各行各业劳动者的重要性。

(2)通过想一想谁为我们抗疫提供了服务,学会珍惜劳动成果,体会劳动的意义。

(3)通过辩一辩谁的贡献大,知道劳动者没有高低贵贱之分,学会热爱劳动,尊重劳动者。

(4)通过画一画心中"最美的劳动者",树立尊重劳动和热爱劳动的意识,增强学生的社会责任感。

三、教学重难点

1. 教学重点

知道生活离不开各行各业的劳动者,体会各行各业劳动者的艰辛,懂得应该尊重普通劳动者,珍惜劳动成果,体会劳动的意义。

2. 教学难点

懂得社会分工需要不同的职业,各行各业劳动者没有高低贵贱之分。树立尊重劳动、热爱劳动的意识,增强社会责任感。

四、教学过程

导入

视频播放"战'疫'纪实"——疫情中各行各业劳动者的故事。

【设计意图】以小学生亲身经历的抗疫中真实的劳动者故事导入,让学生感受疫情期间各行各业的劳动者的真实劳动和付出,激发学生学习的兴趣。

环节一:说一说

师:同学们,我国能够在全民抗疫中取得阶段性胜利,正是由于无数的劳动者的默默付出。那我们试想一下,疫情来了,如果没有医生,我们的生活会是什么样呢?如果没有生产口罩的工人,又会是什么样呢?如果没有警察,没有众多的基层社区志愿者……那么,整个中国乃至世界又会是什么样呢?

请你说一说,居家隔离期间,你认为我们生活中的哪些行为是劳动?抗疫中还离不开哪些劳动者?他们的劳动与我们的日常生活有什么关系?

学生活动:同桌之间自由交流与分享,然后请学生代表在全班汇报交流分享。

教师总结:我们在家整理自己的物品、主动承担家务、去超市采购家庭所需所付出的体力活动是劳动,我们独立思考完成每天的学习任务所付出的脑力活动也劳动,我们积极配合社区防疫工作也是劳动。不仅仅在全民战"疫"中,在我们日常生活中的方方面面都离不开各行各业劳动者的付出。也正是他们所提供的不同的服务,才使这个社会有序地运转起来。

【设计意图】从学生日常生活中的小事出发,感知哪些行为是劳动,知道人人都要劳动。让学生从中养成良好的劳动习惯,体会生活的方方面面都离不开劳动者。

环节二:想一想

师:同学们,让我们再来看一看,在我们抗疫中的每一天,是谁为我们提供了服务和方便?

(图片展示)①商场工作人员为我们的购物提供了方便。②教师的辛勤付出为我们上网课提供了方便。③小区门口的基层志愿者为我们的健康和安全提供了方便。④记者等媒体工作者为我们及时了解疫情进展提供了方便。

下面请大家想一想:生活中还有哪些劳动者为我们提供了服务和方便?如果没有他们的付出,会给我们的生活带来哪些影响呢?

学生活动：小组讨论，并派代表进行汇报交流。

师生共同归纳总结：不同的劳动者，有不同的岗位，为我们提供着不同的服务，但不管是哪个岗位劳动者的服务，对于我们来说都很重要，我们的抗疫离不开他们的服务。

【设计意图】让学生从抗疫的人物故事中发现自己所享有的劳动服务，学会尊重、珍惜他人劳动，明白劳动的社会意义。

环节三：辩一辩

教师活动：疫情期间，无数"逆行者"驰援武汉。洋洋说："我认为钟南山爷爷是我们的大英雄，他在疫情中贡献最大。"华华说："疫情中，送外卖的叔叔风雨无阻为我们服务，他们也很辛苦，贡献也很大。"

你赞同洋洋的观点，还是华华的观点呢？请同学们就这两个同学的观点谈谈你对劳动和劳动者的认识，并发表你的看法。

学生活动：全班同学分成两队，就洋洋和华华的观点展开辩论。

教师总结：社会的良好运转需要不同职业人们的劳动。尽管不同的职业在劳动方式上存在着差别，但劳动者之间是平等的。因此，不管是钟南山爷爷还是送外卖的叔叔都是为大家服务的劳动者，贡献都很大。尽管人们从事着不同的劳动，但他们都有一个共同的称呼——"劳动者"。我们大家以及我们的父母和其他亲人也是其中的一员。

【设计意图】让学生通过观点的辨析，引出"职业不分贵贱"的观点。引导学生学会热爱劳动，尊重所有为社会发展、国家建设辛勤付出的劳动者。

环节四：画一画

教师活动：通过前面的学习，同学们又认识了这么多可敬可爱的劳动者。请同学们用手中的画笔，画出你心中"最美劳动者"。

学生活动：画出心中的"最美劳动者"，并与其他同学分享交流。

师生共同课堂小结：我们的生活离不开各行各业的劳动者，每一位劳动者都有其职责，大家各尽所能，为我们服务。我们应该尊重每一位劳动者及其劳动成果，感恩他们的辛苦付出。

【设计意图】巧借绘画，让学生展开想象的翅膀，画出心中"最美劳动者"，致敬所有劳动者。让学生利用手中的画笔，把他们对奋战在抗疫前线的无数劳动者深深的敬意和爱戴汇聚在一幅幅艺术作品中。使学生感恩劳动者的付出，树立尊重劳动和热爱劳动的意识。

五、教学反思

本节课基于小学阶段学生的认知水平和生活经验，以抗疫为教学情境，整合了劳动教育的相关内容，开展了启蒙性学习，进行了启蒙性学习评价。通过"说一说""想一想""辩一辩""画一画"四个层层递进的活动，使学生逐步认识到了什么是劳动，为什么抗疫离不开劳动者，如何尊重劳动者，最终达成培育情感认同的目标。

1. 实现了培育情感认同

小学阶段是萌生劳动意识的重要时期，如何让小学生从感情上认同劳动，笔者没有直接告诉学生劳动的重要性，也没有告诉学生重视劳动可以得高分，而是先让学生说一说，了解现状；想一想，深入了解；再让学生辩一辩，两难中选择；画一画，达到感情上认同。通过一系列启蒙性活动，培养学生热爱劳动、尊重劳动、感恩劳动的意识，从而萌生国家意识、社会意识、责任意识的情感。

2. 整合了劳动相关知识

劳动教育在小学各年级道德与法治课中都有体现，本节课按照"是什么—为什么—怎么办—怎么落实"的思路对小学段有关劳动的知识进行了整合。

3. 开展了抗疫启蒙教育

教育部要求各个学校开展疫情防控教育，本节课基于小学段的特点，导入抗疫故事，通过创设抗疫中离不开哪些劳动者、谁在抗疫中贡献大、画出抗疫中"最美劳动者"情境，在创设情境开展启蒙性劳动教育的同时开展了抗疫启蒙教育。

4. 开展了启蒙性学习

小学阶段的学生具有强烈的好奇心和求知欲。在进行劳动教育的时候，以他们熟知的抗疫中真实的劳动者的故事导入，让课堂"动"起来，从日常生活中的小事出发，让学生"活"起来。通过思考还有哪些劳动者为抗疫提供方便，让学生"想"起来。辩论谁的贡献大，让学生"比"起来。画出你心中"最美劳动者"，送给最可爱的人，让学生"敬"起来。"动""活""想""比""敬"，让小学生的生活充满了童趣，让小学的思政课充满了灵动。

5. 进行了启蒙性评价

在"说一说"环节，评价了学生感知劳动、感受劳动者重要性等方面。在"想一想"

环节，评价了学生发现、尊重、珍惜劳动等方面。在"辩一辩"环节，评价了学生对不同职业的看法。在"画一画"环节，评价了学生尊重劳动、热爱劳动等方面。感知、感受、发现、尊重、珍惜、热爱，是符合小学生成长规律的，是符合小学段学生认知规律的，是符合教育教学规律的。这些突出学段特征的评价，有利于培养小学生对劳动情感的认同，促进学生德智体美劳全面发展。

"抗疫人人有责"教学设计

一、教学背景分析

1. 教学内容分析

本课以抗疫中各行各业的"最美劳动者"为背景，以人教版初中《道德与法治》八年级上册的"天下兴亡，匹夫有责"为主要内容，整合八年级上册"勇担社会责任"、九年级上册"和谐与梦想"、九年级下册"走向未来的少年"的有关劳动教育内容，讲述劳动、实干的重要性，引导学生学习和尊重国家的建设者，树立正确的劳动观和职业观，激发学生的爱国主义情感和历史责任感，号召青年学生发扬实干精神，主动勇担历史重任，实现人生价值。

2. 学情分析

初中学生对劳动并不陌生，但是在现实生活中，大多数学生却很少接触真正的劳动，对劳动的意义和价值认识不足，以至于轻视劳动，有的学生甚至对某些岗位的劳动有歧视、厌烦等错误态度。更有部分学生认为，美好的未来自然会实现，对只有通过辛勤劳动、艰苦付出才能实现梦想的认识不足，缺乏实干精神，不愿脚踏实地、埋头苦干。还有部分学生不能认识青少年自身的责任，总觉得国家的发展是成人的事情、是未来的事情，很难从我做起，从现在做起。

3. 整体教学思路

本课以"做新时代的劳动者"一体化课堂教学为主旨，根据初中教材中的劳动内容，以抗疫中各行各业的"最美劳动者"为背景，对教材中相关内容进行整合。通过"我来演，你来猜"活动，引发学生对不同职业劳动的认识和思考；通过"你来辩，我来析"环节，引导学生认识劳动的重要性，树立正确的劳动观；通过"议一议，怎么干"的探究，使学生认识到实干的重要性，明确自己的责任，激发为国家奋斗的热情；通过"撸起袖子加油干"的行动，增强责任感，提高主动劳动的自觉性。

二、教学目标

（1）通过体验不同劳动者的劳动，认识不同职业劳动的特点，体会劳动者的艰辛，培养热爱劳动、尊重劳动人民的情感。

（2）通过观点辩论，提高思辨能力，认识劳动的重要性，树立正确的劳动观。

（3）通过案例分析，认识实干的重要性，增强培养实干精神的意识，激发为社会、为国家奋斗的热情。

（4）通过晒劳动、写倡议活动，提高劳动意识，增强自己的责任感，提出参与国家建设切实可行的做法。

三、教学重难点

1. 教学重点

理解劳动的重要性，增强劳动意识和责任感。

2. 教学难点

尊重劳动者，培养热爱劳动人民的情感，养成热爱劳动的习惯。

四、教学过程

导入新课

（多媒体展示）将疫情中出院的小患者给医务工作者鞠躬的画面引入本课。

【设计意图】以疫情防控中医务工作者的付出，得到患者对其劳动的感恩和敬意，引发学生思考：我们为什么会对他们充满敬意？我们还要致敬抗疫中的哪些劳动者？

活动一：我来演，你来猜

教师活动：讲述游戏规则，表演者上台表演在疫情中自己最尊敬的劳动者，可以用动作和语言描述给对方猜测，表演者边演边讲述最尊敬的劳动者的事迹，其他学生做好点评质疑准备。

学生活动：上台表演展示，讲述事迹，学生点评。

教师点评：同学们的表演很精彩，看来英雄所见略同。钟南山院士、李兰娟院士以及支援武汉的"逆行者"，他们都是英雄，是我们学习的榜样，他们用劳动托起了我们抗疫的信心，使我们看到了战胜病毒的希望，我们要向他们致敬！

【设计意图】激发学生的参与兴趣，调动学生的积极性，让学生在体验中感悟。通过讲事迹、说职业，引发学生对不同职业劳动的认识和思考，增强学生对劳动者的尊重和感恩。

活动二：你来辩，我来析

教师活动：展示武汉火神山医院图片和疫情数据信息。提出问题：武汉火神山医院十天建成并投入使用，上万名新冠肺炎患者康复出院，如今工人复工、学生复学，是谁的功劳？你认为抗疫中脑力劳动者作出的贡献大，还是体力劳动者作出的贡献大？

学生活动：分成正方和反方展开辩论。正方：脑力劳动者为抗疫作出的贡献大。反方：体力劳动者为抗疫作出的贡献大。

师生共同归纳：劳动是财富的源泉，也是幸福的源泉。今天，我们在抗击疫情方面取得的成就，都是劳动者用辛勤劳动、诚实劳动、创造性劳动换来的。虽然每个人所处的岗位不同，从事不同的劳动，但都在为抗击疫情作出贡献，为国家和社会发展作出贡献。正是无数劳动者兢兢业业、艰苦奋斗、无私奉献，成就了我们今天的美好生活。劳动成就今天，无论是脑力劳动者还是体力劳动者，都是国家的建设者，都值得我们尊敬和学习。

【设计意图】通过观点的辨析，提高学生对劳动的认识，培养学生的思辨能力。学生在激烈争辩中，认识到无论是脑力劳动者还是体力劳动者，都是国家的建设者，都值得我们尊敬和学习。

活动三：议一议，怎么干

教师活动：播放视频《快递小哥汪勇的事迹》。提出议题：汪勇身上哪些精神值得我们学习？工作是否有必要让自己很辛苦？

学生活动：思考，小组商议，建构答案。

师生共同小结：实干是通向成功的桥梁，抗疫需要实干精神。今天，国家建设展现出光辉灿烂的前景，中华民族伟大复兴的中国梦越来越接近现实。把中国梦变成现实，创造未来的美好生活，需要一代代人埋头苦干和接力奋斗，需要每个人在各自工作岗位上付出更多的辛勤和汗水。

【设计意图】通过这一活动，学生感受到了实干精神，理解了实干精神的意义，从而激发其为社会、为国家奋斗的热情。

活动四：撸起袖子加油干

师：抗疫人人有责！现在虽然复课了，但防疫不能掉以轻心，请每一个学生撸起袖子整理个人书桌、生活空间的卫生，力所能及地为抗疫出一份力，最后评出咱班这节课的"最美劳动者"。

学生活动：整理个人书桌及周围空间的卫生，体验抗疫劳动。

教师总结：同学们，青少年是祖国的未来和希望，老师希望你们用实干增长知识，用双手实现梦想，积极承担责任，为国家贡献力量。

【设计意图】根据初中学生的年龄特点和践行的可操作性，选择让学生整理个人书桌及周围空间的卫生，并及时做出体验性评价。通过这一联系自身实际的活动，明确责任、落实行动，升华思想认同。

五、教学反思

本节课基于初中生的认知能力和思维水平，以抗疫为教学情境，整合了劳动教育的相关内容，开展了体验性学习，进行了体验性学习评价。通过"我来演，你来猜"，"你来辩，我来析""议一议，怎么干""撸起袖子加油干"四个层层递进的活动，达成了培育思想认同的目标。

1. 立足培育思想认同

本节课聚焦劳动教育，培养学生劳动最光荣、劳动最美丽、崇尚劳动、热爱劳动的思想意识。由于初中生开始寻求独立，可能会拒绝老师的讲解。为此，通过精准目标定位引领思想认同，创设抗疫情境深化思想认同，参与劳动实践增强思想认同。

2. 整合了劳动相关知识

劳动教育在初中各年级道德与法治课中都有体现，本节课按照"是什么—为什么—怎么办—怎么落实"的思路对初中段有关劳动的知识进行了整合。

3. 把疫情当教材

用疫情中出院的小患者鞠躬的画面导入新课，展示武汉火神山医院图片、疫情数据信息，播放抗疫视频《快递小哥汪勇的事迹》，为抗疫撸起袖子整理个人书桌及周围空间的卫生等一系列抗疫情境。把疫情当教材，充分挖掘疫情资源的育人功能，将思政课的劳动教育融入学生的真实生活中。

4. 开展了体验性学习

教师给学生提供了可视、可听、可感、可做的体验性情境，学生通过表演进行职业体验，通过辩论进行角色体验，通过"议一议"进行榜样体验，通过践行进行劳动体验。

5. 进行了体验性评价

在"我来演，你来猜"环节，评价了学生理解劳动的含义、体验劳动艰辛等方面。在"你来辩，我来析"环节，评价了学生理解劳动的意义，认识到自己的角色与责任等方面。在"议一议，怎么干"环节，评价了学生对通向成功路径的思考。在"撸起袖子加油干"环节，评价了学生对做"最美劳动者"的热情和期待。

"新时代的劳动者"教学设计

一、教学背景分析

1. 教学内容分析

本课内容是基于旧版人教版思想政治必修1《经济生活》、《普通高中思想政治课程标准（2017年版）》课程内容模块2《经济与社会》、人教版思想政治必修4《生活与哲学》中"新时代的劳动者"的相关内容进行重新整合，以疫情中涌现的各行各业的"最美劳动者"为背景，讲述劳动、就业、维权等内容，注重围绕丰富职业体验，阐述"劳动精神"的内涵、意义，引导学生崇尚劳动、热爱劳动、尊重劳动人民，强调劳动作为人的存在方式对于人类文明发展进步的作用。本课教学的落脚点是认同劳动，树立正确的就业观，保护好劳动者的合法权益，在劳动和奉献中实现创造价值，实现人生价值。从教育的意义上来看，本课更侧重于德育，既传授了劳动知识，又培育了人性，更加强了疫情防控教育，促进了学生的发展。

2. 学情分析

高中生对劳动、就业并不陌生，但缺乏深度的思考；对维权有一定了解，但要通过法定的程序，找到适切维权的途径有一定难度；虽然知道一些抗疫中的"最美劳动者"，但挖掘却不够。

3. 整体教学思路

本课以抗疫中涌现出的"最美劳动者"为教学情境，结合高中学段有关劳动教育的相关内容，采用议题式教学法，开展启蒙性学习。通过播放抗疫公益歌曲《我们一定会胜利》导入本课内容，感受劳动的光荣。通过劳动篇中对"最美劳动者"图片的展示，引发学生感悟光荣属于劳动者，探究劳动的意义；通过就业篇中的模拟招聘会、辩论会，合作探究就业的意义、形势和途径；通过维权篇中的案例分析，探寻维权的路径和程序；通过未来篇中计划书的设计，引导学生明确未来发展方向，提高实践能力，做新时代的劳动者。

二、教学目标

（1）通过劳动篇的探究活动，归纳劳动的含义、意义及劳动者的地位。

（2）通过就业篇的模拟招聘会、辩论会活动，总结就业的意义、形势和途径，培养正确的择业观。

（3）通过维权篇的案例分析活动，寻求维护自身合法权益的途径，增强依法维护劳动者权益的法律意识，提高依法维权的能力。

（4）通过未来篇的规划活动，培养实践能力，落实学习任务，培育核心素养。

三、教学重难点

1. 教学重点

树立正确的就业择业观。

2. 教学难点

增强依法维护劳动者权益的法律意识，提高依法维护劳动者合法权益的能力。

四、教学过程

教师导入：播放抗疫公益歌曲《我们一定会胜利》。

学生活动：思考为什么我们一定会胜利。

【设计意图】播放高中生喜闻乐见的歌曲，将学生带入真实的议题情境中，引起学生共鸣，引导学生认识到我们战胜疫情是无数劳动者无私奉献的结果，导入本课内容的学习。

环节一：劳动篇

教师活动：展示疫情中涌现的各行各业的"最美劳动者"的照片，引导学生思考他们分别为抗疫作出了什么贡献，什么是劳动，劳动有何重要的意义。

学生活动：自主探究劳动的意义，仔细感悟光荣属于劳动者。

【设计意图】通过欣赏本次疫情中各行各业默默付出的普通劳动者的身影，学生深切感受劳动者的伟大，劳动是人类文明发展进步的源泉。引导学生认同劳动价值，尊重劳动者。

（过渡）正是有了劳动，人类社会才会不断向前发展，那么你们觉得怎样才能实现你的劳动？两个字，要靠"就业"。下面我们进入就业篇，探究就业的意义、形势和途径。

环节二：就业篇

教师活动：展示后疫情时代复工就业政策，引导学生思考复工的意义。

学生活动：思考讨论为什么要就业。

师生共同归纳总结：就业是最大的民生，对整个社会生产和发展具有重要意义。

【设计意图】从学生熟悉的后疫情时代的复工出发，引导学生关注现实问题，培育学生的政治认同。

教师活动：展示后疫情时代就业形势，组织学生围绕"就业靠党和政府、靠企业，还是靠劳动者"展开辩论。

学生活动：分三组辩论，每组选取1名辩手进行主辩论，其余同学参与自由辩论。

师生共同归纳总结：党和政府、企业、劳动者促进就业的措施。

【设计意图】通过创设争辩的议题情境，引导学生在多元的观点中使自己的观点同别人的观点区分开来，又同别人的观点结合起来，更加深入和全面地总结出如何促进就业。

教师活动：模拟后疫情时代招聘会，引导学生思考如何就业择业。

学生活动：参与模拟招聘会并说明理由。

【设计意图】通过模拟招聘会的方式让学生设身处地思考就业需具备的素质，树立正确的就业择业观，提高公共参与能力。

（过渡）当我们有了一种正确的择业观，我们在积极履行劳动义务的同时，必须会依法维护自己的合法权益。如何维权？下面我们进入维权篇的学习。

环节三：维权篇

教师活动：展示因疫情原因无法按时返岗，被无理辞退的案例，引导学生探究劳动者的权利有哪些，维护劳动者的权益有何意义，怎样维护劳动者的权益。

学生活动：合作探究。

【设计意图】通过创设情境，案例分析，让学生寻求维护劳动者权益的途径，提高依法维权的能力，增强法治意识。

环节四：未来篇

教师活动：请学生根据将来的发展趋势并结合自己的特点，为自己设计一份就业计划书。

学生活动：结合自己的实际情况，拟写就业计划书，并在全班分享自己的未来规划。

【设计意图】践行学习成果，明确未来发展方向，培养学生实践能力，培育学生公共参与能力。

五、教学反思

本节课根据新课程标准相关要求，遵循"课程内容活动化""活动内容课程化"的理念，采用议题式教学，展开了活动型学科课程的教学探索：

1. 立足培育核心素养

本节课创设了以抗疫为主题的系列情境，让学生运用劳动的相关知识解决情境中的问题。通过探究劳动的意义，培育学生对劳动的政治认同。通过引导学生树立正确的就业择业观，培育学生的科学精神。通过对如何维权的探讨，培育学生的法治意识。通过制订计划书，培育学生的公共参与素养。

2. 整合了教学内容

劳动教育在高中新教材和老教材中都有体现，本节课按照"是什么—为什么—怎么办—怎么落实"的思路对高中学段有关劳动的知识进行了整合。

3. 创设一例到底情境

抗疫公益歌曲导入，展示疫情中涌现的各行各业"最美劳动者"的照片，展示后疫情时代复工就业政策，展开解决就业靠劳动者还是靠党和政府、企业的辩论，规划后疫情时代的就业计划书等一系列抗疫主题的情境。这些情境不仅蕴含着劳动知识，还可以为学生提高能力、提升核心素养搭建支架。

4. 采用议题式教学法

本节课围绕教学主题"新时代的劳动者"精心选择了"怎样做新时代的劳动者"

这个与教学契合度较高的总议题，通过"劳动是什么—为什么就业—怎么维权—怎么规划职业"等一系列分议题，形成了一个结构化的议题链，为培育学生核心素养提供了适切的教学方法。

5. 进行了常识性评价

在劳动篇，评价了学生认识劳动的意义、尊重劳动者、为做新时代"最美劳动者"而努力等方面。在就业篇，评价了学生认识我国当前的就业形势、树立正确的就业择业观、参与解决我国的就业问题等方面。在维权篇，评价了学生的法治意识、维权能力。在未来篇，评价了学生的公共参与素养。

【注：本文已发表在全国中文核心期刊《思想政治课教学》2020年第6期】

专家点评

大中小学思政课一体化建设是培养社会主义建设者和接班人的重要保证。开展思政课一体化理论和实践研究是思政课教育教学教研工作者的责任担当。河南省登封市以"做新时代的劳动者"为主题进行了小初高思政课一体化教学的尝试，呈现了一些特点。同时，也有一些问题值得进一步探讨。

1. 教学目标一体化

教学目标是把学生"带到哪里去"的问题，是一节课的起点，更是一节课的归宿。小学段的"抗疫离不开他们"，教学目标是培育对劳动者的情感认同；初中段的"抗疫人人有责"，教学目标是培育对劳动者的思想认同；高中段的"新时代的劳动者"，教学目标是培育对劳动者的政治认同。从情感认同到思想认同再到政治认同，是一个循序渐进、螺旋上升的过程。同时，无论是情感认同、思想认同还是政治认同，都是认同，都是培育学生的学科核心素养。

2. 教学内容一体化

教学内容是"教什么"的问题，思政课的教学内容既要有知识教育，还要蕴含价值观教育。小学段的"抗疫离不开他们"，教学内容的重点是懂得尊重劳动者，是启蒙性知识；初中段的"抗疫人人有责"，教学内容的重点是理解劳动的重要性，是感性认识；高中段的"新时代的劳动者"，教学内容的重点是树立正确的就业择业观，是理性认识。从尊重劳动者到理解劳动的重要性、树立正确的就业择业观，是一个循序渐进、螺旋上升的过程。从启蒙性知识到感性认识再到理性认识，是一个知识层层递进的过程。同时，这三节课不仅实现了劳动教育的由浅入深、纵向衔接，还体现了劳动教育的横向贯通，即思政学科课程与劳动学科课程之间的协同，尝试了思政课一体化教学和劳动课一体化教学的深度融合。

3. 教学情境一体化

教学情境是"支架"问题，思政课一体化不一定是情境一体化，教学情境一体化不是思政课一体化建设的主要矛盾。当前，抗疫中涌现出的各行各业的"最美劳动者"不仅是最生动的思政课，也是最好的劳动教育教材，若能以此为背景创设由浅入深、纵向衔接、横向贯通的一体化情境，可以为思政课一体化添彩。基于此，这三节课进行了统筹尝试，小学段的"抗疫离不开他们"创设了抗疫人物故事情境，初中段的"抗疫人人有责"创设了人物事迹情境，高中段的"新时代的劳动者"创设了就业维权情境。一体化的教学情境蕴含着知识、能力、情感，不仅调动了学生的兴趣，搭建了教学的支架，还落实了教育部门关于加强疫情防控教育的要求。

4. 教学方式一体化

教学方式是"怎样把学生带到哪里去"的问题，好内容配好方法，才能有好效果。小学段的"抗疫离不开他们"，让课堂"动"起来，开展了启蒙学习。初中段的"抗疫人人有责"，让课堂"火"起来，开展了体验性学习。高中段的"新时代的劳动者"，让课堂"议"起来，开展了常识性学习。从"动"到"火"再到"议"是一个由浅入深、纵向衔接的过程，从启蒙性学习到体验性学习再到常识性学习是一个循序渐进、螺旋上升的过程。同时，这三节课都有辩论，都是通过"议题"激起学生内心的价值冲突，让学生在冲突中思考、辨别、选择，改变原有认知结构，形成新的认知，这是不是说明，高中思政课中提倡的议题式教学在小学、初中思政课也可以运用？

5. 教学评价一体化

教学评价是"确认把学生带到了哪里"的问题。小学段的"抗疫离不开他们"，进行了启蒙性学习评价；初中段的"抗疫人人有责"，进行了体验性学习评价；高中段的"新时代的劳动者"，进行了常识性学习评价。从启蒙性学习评价到体验性学习评价再到常识性学习评价是一个循序渐进、螺旋上升的过程。但无论哪个学段，评价都没有片面地同考试分数挂钩，评价的方式都是突出学段特征的，评价的目的都是培养德智体美劳全面发展的社会主义建设者和接班人。

此外，在打磨这三节课的过程中，还实现了课程理念一体化、课程设计一体化、课程教学一体化、课程教研一体化。尽管还只是小初高思政课一体化研究，尽管还存在着教学评价标准不清等问题，但毕竟已经走在了大中小学思政课一体化的路上。

（杨伟东，河南省基础教育教学研究室，中小学高级教师）

专家点评：立德树人显情怀　教学探索结硕果

（周忠振，洛阳市教育局中小学教研室，中小学高级教师）

2021年3月中旬以来，河南省基础教育教学研究室在全省范围内开展了"中小学德育优秀案例"征集评选活动。各地市基础教研部门高度重视，认真评选，共推荐了68个高中思政课德育优秀案例。经过省教研室组织专家评审，共评出一等奖案例13个，二等奖案例14个。这些案例是我省高中思政课进行德育实践的优秀成果，彰显着我省广大高中思政课教师的教育情怀，是我省广大高中思政课教师在立德树人道路上跋涉与奋斗的心血凝结。

一、彰显思政课教师德育情怀

思政课教师的德育情怀主要有三个方面：

1. 家国情怀

2019年3月18日，习近平总书记在主持召开学校思想政治理论课教师座谈会时指出，作为思政课教师，要"保持家国情怀，心里装着国家和民族"。这种家国情怀就是要解决好"为谁培养人"的问题。广大思政课教师应立足当下，着眼未来，心中装着国家，心中装着人民，敬业奉献，辛勤探索，坚持立德树人，坚持教育为人民、教育为国家、教育为改革开放和社会主义现代化建设，努力培养堪当民族复兴大任的时代新人。河南省基础教育教学研究室的杨伟东老师在组织开展"做新时代的劳动者"小初高一体化教学探索，由浅入深、横向贯通、纵向衔接、统筹规划，培养学生对劳动者的情感认同、思想认同、政治认同，站位高，立意远；焦作市第一中学的刘熙老师把党的十九届五中全会精神融入课堂，培育和弘扬爱国、诚信、法治等社会主义核心价值观；河南科技大学附属高级中学的王红超老师带领学生批驳历史虚无主义和民族虚无主义，培养学生正确的历史观、民族观；开封市基础教育教研室的娄鹏飞老师将党史教育融入思政课堂，传递民族精神薪火，传承红色基因，赓续共产党人精神血脉；济源高级中学的李娓燕老师以强烈的责任感和使命感，与学生一起正确认识中国特色社会主义进入了新时代，引领学生听党话、跟党走，践初心，勇担当。总之，从这些课中，我们可以看出，广大思政课教师贯彻落实党的教育方针，落实立德树人根本任务，用习近平新时代中国特色社会主义思想铸魂育人。

2. 育人情怀

习近平总书记强调，青少年是祖国的未来、民族的希望。我们要把下一代教育好、培养好，要心中始终装着学生。

首先要爱学生。从这些优秀课例中可以看到，我们的老师对学生呵护有加、关爱备至。登封市菜园路初级中学的李倩倩老师在"抗疫人人有责"的教学中，在培养学生尊重劳动、热爱劳动的同时，特别提醒学生在疫情面前要做好个人防护，与学生一起整理周围空间卫生；西峡县第一高级中学的孙丽平老师以张桂梅校长投身山区女子教育的事例贯穿始终，在表达对张桂梅校长尊重的同时，也是在表达自己对学生的热爱，对教育的忠诚。

其次要尊重学生的课堂学习主体地位。课堂教学不是独奏曲，也不是交响乐，更不是争鸣曲，而是协奏曲，教师"教"的活动要与学生"学"的活动相协调。要充分相信学生有能力学习，能够学会、学好；实现教的目标必须依靠学生的学，真正让全体学生都成为学习的主人。郑州市第九中学的张同秀老师组织学生"演传统""讲传统""析传统"，形成对传统文化的正确认识和正确态度；洛阳市第一高级中学的刘晓彤老师让学生在探讨洛阳旅游名片并设计旅游线路中，感受联系、认识联系、利用联系。学生始终是课堂的中心，学习始终是课堂的主题。教师的主要作用是组织、点拨、引导、总结提升、画龙点睛。

最后要发展学生。任何不以学生发展为目标的教学都是误人子弟。发展学生就要充分了解学情，确定合适的教学目标，围绕目标选择恰当、灵活的教学方法，有效组织好课堂教学，实现学生高效学习。王红超老师准确分析了学生的知识储备、生活兴趣、有创新想法但缺少创新实践的特点，通过学生"看""析""听""谱"，有效增强学生的创新兴趣、创新意识，发展学生的创新能力；驻马店第二高级中学的张风帆老师基于学生运用现代信息技术获取信息能力强的特点，通过学生社会调研，广泛搜集疫情发生以来我国政府为实现稳就业目标而采取的措施，深入理解我国的就业政策，增强对党和政府的信任，拥护中国共产党的领导，认同中国特色社会主义制度。

3. 思政情怀

思政课教师的思政情怀就是对这个职业的认同感、荣誉感以及对这门课程的责任感，就是对思政教育的一片痴心、忠心。首先是对思政课及思政课教师这个职业有一种真爱，发自内心的热爱，视若生命的真爱；其次是不仅把思政课教师作为一个职业，更是把思政教育作为一种事业乃至志业；再次是对国家、民族和人类社会发展有一种特殊的使命意识，生命投入，殚精竭虑，以一颗对思政教育的诚挚之心，致力于从品德、思想、政治上培育社会主义建设者和接班人。正是有了这份情怀，思政课教师才能把握知识的宽度、厚度与广度，才能放眼全球，关注历史，关注时代与社会，为学生发展启智润心、培根育魂。

二、探索思政课程育人方法

《普通高中思想政治课程标准（2017年版）》提出，高中思想政治课程"力求构建学科逻辑与实践逻辑、理论知识与生活关切相结合的活动型学科课程"。这次德育课优秀案例评选也是对我省高中思政课探索"活动型学科课程"建设成果的一次检阅。

1."小初高思政课一体化"积极推进

大中小学思政课一体化建设是培养社会主义建设者和接班人的重要保证，这是一项系统性工程。杨伟东老师带领登封市小初高三个学段的老师进行了积极的实践探索，以"培养学生对劳动的认同"为总目标，以"做新时代的劳动者"为教学内容，以"抗疫中涌现出的'最美劳动者'"为教学情境，在具体教学目标上，从情感认同、思想认同到政治认同，循序渐进、螺旋上升；在具体教学内容上，从启蒙性知识到感性认识、理性认识，层层递进，由浅入深；在教学情境上，从人物故事情境到人物事迹情境、就业维权情境，纵向衔接，横向贯通；在教学方式上，从启蒙性学习到体验性学习、常识性学习，由浅入深，纵向衔接；在教学评价上，从情感评价到认识评价、行为评价，突出学段特征，实现知行一体。

2.议题式教学探索由理念到实践

议题式教学是依据教学内容设置相关议题，并围绕议题创设结构化的教学情境和具体问题，学生通过思、忆、辨、探、践等进行学习的一种教学方法。议题式教学是落实活动型学科课程的重要路径。本次所收到的教学案例绝大多数都试图采用这种方法进行教学设计，可以看出，老师们对于议题式教学的认识在不断深化，实践也不断深入，效果也日渐显现。娄鹏飞老师以"为什么要弘扬民族精神？"为总议题，以"为什么说抗疫精神是中华民族精神的丰富与发展？""在这个特殊时期，弘扬抗疫精神是可有可无还是必不可少？""如何让中华民族精神薪火相传，越燃越旺"为子议题，通过"商议""辩论""决策"等课堂活动，使学生生成新知识，培养辩证思维能力，增强政治认同，树立文化自信；开封市第七中学的严蕾老师围绕"如何理解中国共产党要始终坚持以人民为中心"的总议题，设置"中国共产党是一个什么样的党""中国共产党为什么要以人民为中心""中国共产党如何做到以人民为中心"三个子议题，通过"以初心的视角明中心""以初心的视角辩中心"和"以初心的视角践中心"三个课堂活动，使学生深刻感受中国共产党坚持人民至上的价值取向，引导学生在学思践悟中坚定以人民为中心的价值选择，在奋发有为中践行党的初心和使命。

3. 体验式教学显示独特魅力

教师通过设置生活化的教学情境，把学生融入情境，让学生产生高度的代入感，直接面对问题，切身体验问题，在体验中感悟，在感悟中生成，在生成中提升。王红超老师在教学中让学生"看""读""听""写""演"，在心理上"体验""领悟""感受"，在思维上"分析""归纳""演绎""判断""推理""辨析"，深刻认识文化创新要立足实践、推陈出新、革故鼎新、博采众长；刘熙老师把学生"领进"学校的班级菜园，设计了"模拟决策""科学思维""出谋划策"等教学环节，使学生"身临其境"，在情境中生成认识、增长能力、激发感情、积极参与；王培迪老师带领学生"坐着高铁看中国"，赏中国之美景，观中国之变迁，感受新成就、把握新矛盾、开启新征程、实现新作为，以境激趣、以境启思、以境育情，感召学生把个人梦想融入中国梦想。

4. 项目式教学开启有益探索

项目式教学也是落实活动型学科课程的重要教学方法。教师设计学习项目，学生独立收集资料，处理信息，归纳提炼，获得认识，提升素养。河南省实验中学马丹丹老师组织学生围绕"是什么让浦东不普通"展开探索，学生自主收集浦东发展的有关资料，在对资料进行整理中思考认识到：浦东的发展得益于先进社会意识的推动作用，发展的举措符合社会历史发展规律，也必将通过进一步改革开放不断发展。刘晓彤老师与学生一起探讨洛阳旅游名片，设计旅游线路，学生自觉有效地通过网络、书报等获得相关探索项目的资料信息，自主评价，鉴别重组信息，提炼出概念型、理论型的认知，并论证自己认知的科学性，增强了自主发展能力。

5. 辨析式教学彰显思政课思维特点

思政课的一个重要任务就是澄清学生的一些模糊认识，如何解决这些问题，辨析式教学无疑是最为直接和有效的教学方式。教师依据教学内容，选取社会上和学生中典型模糊的认识、片面的观点，带领学生运用思辨的方法进行学习。登封市北区小学的郑素华老师让学生辨析"疫情期间，是钟南山爷爷的贡献大，还是外卖叔叔的贡献大"，李倩倩老师让学生辨析"是脑力劳动者还是体力劳动者为抗疫作的贡献大"，学生在辩论中形成全面的正确认识，培养了科学精神，提高了思维能力，增强了公共参与意识，把个人的命运、家庭的幸福和国家、民族的命运紧密地联系在一起，培育了学生的家国情怀。

三、实现学生知情意行统一

德育过程是一个知情意行相互统一的过程。思政课不仅要向学生讲授马克思主义基本原理，讲授马克思主义中国化成果特别是习近平新时代中国特色社会主义思想，更要培养学生的政治认同、科学精神、法治意识和公共参与等核心素养，坚定理想信念，树立"四个自信"，学而知、学而信，把学习成果转化为坚定意志和自觉行动。

1. 坚持以知识教学为基础

知识教学是实现学生情、意、行转化的根基、支撑，认清事物的真相，掌握真理，才能辨别真善美与假恶丑。思政课必须把传授知识放在第一位，让学生在活动中探索、在探索中生成认知。收到的所有教学案例都做到了以知识教学为依托，设置教学情境，层层展开，环环相扣。

2. 以培养情感为动力

情感是意志的源泉。思政课必须在知识传授的基础上，用榜样的力量感化学生，实现学生与马克思主义立场、观点、方法的情感共鸣，认同中国共产党的领导和中国特色社会主义，厚植爱国主义情怀和社会主义核心价值观。孙丽平老师以"感动中国"2020年度人物张桂梅老师的事迹贯穿整节课，在情感上感动学生，培养学生对劳动与奉献的尊重，培养学生对他人、对社会的关爱。

3. 以锤炼意志为保障

坚强的意志是实现人生价值的必要条件。思政课教师要培养学生勤奋、耐劳、奋斗、自制、毅力等品格，树立崇高理想和远大志向，坚定共产主义信念，立志成为社会主义合格的建设者和可靠接班人。

4. 以行为转变为归宿

学习的目的不仅在于增长知识、发展情志，最根本的还在于提高能力、付诸行动。孙丽平老师设置探究活动，让学生"想做与能做"；刘熙老师让学生"出谋划策，助力市场发展"；张凤帆老师让学生展望未来，制订职业生涯规划；李娓燕老师以"我和2035有个约定"为题，让学生列出个人梦想清单；王红超老师更是让学生对唐诗、续新词、谱新曲、配新舞，实现继承传统、推陈出新、创新文化。

四、引领思政教学改革发展

习近平总书记指出，"思政课建设要向改革创新要活力"，并提出了思政课改革创新的"八个相统一"要求。这12节优秀案例，都很好地坚持了"八个相统一"，对于引领思政课教学发展具有重要示范作用。

1. 站位高

无论是选题、选材，还是目标、方法，这12节课都体现了思政课教师高度的政治自觉性、政治判断力、政治领悟力、政治执行力。坚持用透彻的理论分析回应社会热点、回应学生关切，坚持用真理的强大力量引导学生的情志发展，坚持用习近平新时代中国特色社会主义思想指导教学实践，将新发展理念贯穿教育活动，坚持正面引导，敢于批判不良现象和错误观念，引领学生提升境界、涵养气概、勇于担当，真正为社会主义立德树人，培养人才。

2. 理念新

坚持用新课标的理念指导教学实践，在教学目标上用政治学科核心素养作引领；在教法上坚持"双主"原则——教师主导、学生主体，积极有序开展基于情境、问题导向的议题式教学、体验式教学、项目式学习、辨析式学习等，落实活动型学科课程建设；在评价上围绕学科核心素养，以激励为主，综合运用诊断性评价和发展性评价、自我评价和同伴评价、测试评价和行为评价，既评价认知，也评价情意，更看重行动；在课堂管理上，积极营造民主、和谐的氛围，平等、融洽的师生关系，协作、团结的同学关系。

3. 质量优

课堂教学既求实效，又求高效。无论是教师的灌输式讲解，还是启发式引导；无论是学生自学，还是教师导读；无论是学生合作探究，还是小组辩论；无论是音像资料，还是图文材料，都坚持以学生的学习为中心，力求真正发展学生的知情意行，达成立德树人根本目标。在达成实效的基础上，务求高效，针对不同教学任务和教学目标，采用科学恰当的方法，以最小的教学资源投入，获取最大的教学收益，最大限度地发展学生。

4. 资源广

政治学科是一个综合性学科，涉及政治学、经济学、哲学、社会学、艺术以及自然科学等，涉及社会生活的方方面面。老师们勤于积累生活中的资源，在选取教学资源时，不囿于教材、教参，不困于课程本身，具有广阔的视野，善于运用多种技术手段，广泛涉猎其他哲学社会科学以及自然科学知识、社会现象与自然现象，善于利用国内外的事实、案例、素材，既会讲历史故事，又能讲好现代活剧。总之，让学生在丰富的古今中外资源中丰富知识，感悟道理，坚定理想，立志拼搏，报效人民。

5. 思维新

习近平总书记指出，"思政课要教会学生科学的思维"。思政课不能只是给予学生抽象的概念、理论，也不能只是热热闹闹地讨论、表演、发言，而应该教给学生观察认识世界和中国的立场、观点、方法，教会学生进行思维，要让学生学会历史思维、逻辑思维、系统思维、辩证思维、创新思维等。教师在教学设计中善于创新，无论是教学环节的设计、情境的创设，还是问题组的设计及解决，都能够很好地体现思维的特点，以教师的创新思维引领学生的思维创新。

五、玉之有瑕，朋辈仍需探索

我们不求全责备，但我们必须清醒地看到，思政课教学在立德树人的行进道路上取得巨大成就的同时，也仍有一些问题需要进一步探索解决。

1. 准确理解议题式教学

我们的广大教师虽然在教学设计理念和教法上意图采用议题式教学，但从实际的教学设计和实践来看，教师对于议题式教学的基本观念、基本方法理解还不准确，对于议题与话题、问题、课题等概念还区分不清，导致一些课堂教学有议题式教学之名而无议题式教学之实。

2. 提高课堂活动的可操作性

教师在备课中设计了大量的课堂活动，但由于对学生的实际动手、动脑、协作能力等了解不够，或缺少相应的物质、技术支撑，或程序过于复杂，学生参与不积极或无法参与，导致有些活动在课堂无法有效开展。还有些活动仅仅是形式上的热闹、活跃，而无目标上的实效。

3. 深入研究问题设计策略

首先，课堂问题要有价值。这种价值，一是对实现教学目标有用，是指向教学

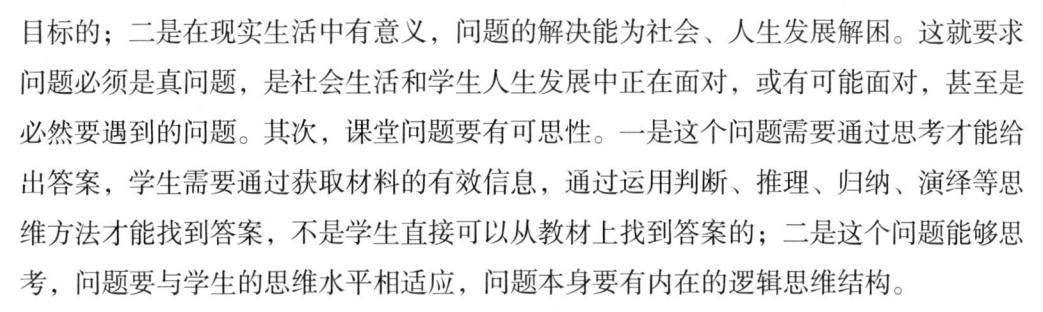

目标的；二是在现实生活中有意义，问题的解决能为社会、人生发展解困。这就要求问题必须是真问题，是社会生活和学生人生发展中正在面对，或有可能面对，甚至是必然要遇到的问题。其次，课堂问题要有可思性。一是这个问题需要通过思考才能给出答案，学生需要通过获取材料的有效信息，通过运用判断、推理、归纳、演绎等思维方法才能找到答案，不是学生直接可以从教材上找到答案的；二是这个问题能够思考，问题要与学生的思维水平相适应，问题本身要有内在的逻辑思维结构。

总之，这 12 节课展示了河南省广大高中思政课教师在落实立德树人根本任务中的探索实践成果，我们还可以从其他不同角度进行认识、评价、学习、借鉴。思政课教学任重而道远，思政课教学尚有许多未解之困，唯有思政人牢记初心，奋力探索，坚毅前行，方能不负使命，为党育人，为国育才。

第三篇

其他德育活动优秀教学案例

唱响自信之歌

郑州经济技术开发区十一学校　赵金利

作者简介：

赵金利，女，生于1996年8月，2019年7月毕业于河南师范大学新联学院心理学专业，就职于郑州经济技术开发区十一学校，现任七、八年级心理健康教育课教师，参与市级课题"农村寄宿制初中学生时间管理有效性研究"。

一、教学背景分析

（1）《中小学心理健康教育指导纲要（2012年修订）》中指出初中年级心理健康教育的内容主要包括帮助学生加强自我认识、客观地评价自己、认识青春期的生理特征和心理特征。

（2）初中生自我意识有一定的发展，但在自我认识上并不是很客观，有时候因片面的自我评价而自卑或自大，有时候看问题偏激；客观地认识自我会使人产生愉悦的自我体验，进而更加喜欢自己。因此，正确引导学生认识自我，进而悦纳自我、完善自我，具有重要意义。

（3）在日常教学中我们发现，八年级学生往往对自己有较高的期待，但对自我的能力不是很肯定，出现了不同程度的自卑心理。

二、教学目标

（1）通过活动"内心寻宝""心灵演绎"，引导学生认识自我评价存在的偏差，以及自信对自我成长的重要性；

（2）通过活动"优点轰炸""缺点消消乐"，引导学生产生愉悦的自我体验，发现自身的优点，掌握提升自信的方法；

（3）通过观看短片《厉害了，我的国》，引导学生认识个人自信和民族自信的关系，树立个人自信，提升民族自信，做自信的中学生。

三、教学重难点

1．教学重点

培养学生自信的心理品质，做自信的中学生。

2．教学难点

发现自身的优点，树立自信心，掌握提升自信的方法。

四、教学过程

导入

教师活动：播放视频《自信操》，引导学生思考为什么跟随视频放松的时候会不好意思。

师：同学们，大家好，欢迎来到我们的心理课堂。在这节课开始之前，我们先一起来动一动，放松一下吧！（播放视频《自信操》）

学生活动：跟随视频，做自信操。

师生共同小结：通过做自信操我们发现，每当说到我真的很不错时，同学们的声音变小了，都不好意思地笑了。这是为什么？那就让我们进入今天的探索之旅吧！

【设计意图】通过跟随音乐做自信操，一方面放松心情、激发学生的学习兴趣，另一方面引出本节课的主题——自信。

环节一：内心寻宝——发现自信

教师活动：介绍活动规则，引导学生参与活动；提出问题，引导学生思考优点和缺点对我们的影响有哪些不同。

介绍活动规则：

（1）给学生5分钟时间，思考自己有哪些优点和哪些缺点。

（2）选择不同颜色的卡纸，写下自己的优、缺点，能想起多少写多少。

（3）写过后，将卡纸贴在自信锦囊上。

师：同学们，你的优、缺点哪边更多？优点多的同学，当发现自己有这么多的优点时，你的心情如何？缺点多的同学，你们羡慕写出优点多的同学吗？你的心情如何？

学生活动：参与活动"内心寻宝"，写下自己的优、缺点，思考为什么写出的优点较少，总结分享。

师生共同小结：当我们写下优、缺点后，很多学生都发现自己写的优点较少，而缺点却很多。其实，这就是因为这些同学不太自信。

【设计意图】通过写优、缺点，引导学生发现自己不太自信。

环节二：心灵演绎——珍视自信

教师活动：介绍"心灵演绎"活动规则，提出问题自信与不自信对我们有什么影响，分析自信的积极作用，引导学生认识到自信的重要性。

在写下优、缺点的过程中，有的学生写的优点多，有的写的优点少。优、缺点多少的不同，带给我们的感受也不一样。那么自信与不自信能带给我们哪些影响呢？接下来让我们进入"心灵演绎"活动。

介绍活动规则：

（1）每个小组随机抽取一个情境。

（2）小组内讨论：优点多的同学和缺点多的同学会如何看待这件事？会怎样去应对这件事？将这个情境表演出来。

（3）按顺序依次呈现小组讨论的成果。

提出问题：

同学们，通过刚刚的演绎，大家觉得优点多的同学和缺点多的同学看待同一事件的角度有什么不一样？哪种角度会帮助我们更加积极地面对生活呢？

学生活动：分小组进行表演，观察自信的学生和不自信的学生面对同一事件的不同反应，发现自信对成长的积极影响，认识到自信的重要性，总结分享感悟。

师生共同小结：通过对比我们发现，优点写得多的同学往往认为自己有能力做好一些事情，觉得自己是比较优秀的，相对来说更自信一点儿，面对事情的态度也更加积极；但缺点写得多的学生，往往认为自己能力不足，干什么都干不好，对自己评价过低，在这些消极的自我暗示后，自卑心理不断加重。

【设计意图】通过对比自信的学生和不自信的学生面对同一事件的反应，感受自信的学生对自我价值的认可，认识自信的重要性。

环节三：方法指导——提升自信

活动一：优点轰炸，发现自信。

教师活动：介绍"优点轰炸"活动规则，引导学生参与活动，分享被轰炸时的感受，总结提升自信的方法。

师：在刚刚的活动中，我们发现自信可以帮助我们更加积极地面对生活。那么，我们该怎样增强自信呢？

活动规则：

（1）各小组围坐在一起。

（2）活动目的是了解别人眼中的自己，互相给予优点的回馈，增进对自我的认识。

（3）每次一个同学被轰炸，每个人轰炸时间至少一分钟。

（4）轰炸的内容必须具体，以事例说明。例如："每次在小组里讨论问题时，你总会问别人的看法，我觉得你能听取别人的意见，不主观。"

（5）受轰炸的人只能听，不能说话或有任何动作。

（6）每位成员都被轰炸过后，在小组内分享自己的感受。

（7）把你最认同、最喜欢、最能给你力量的优点记录在新的便利贴上，粘在第一次写的优点下方。

提出问题：通过这个活动，大家有什么不一样的感受呢？

学生活动：参与活动"优点轰炸"，分享自己被轰炸时的感受，总结提升自信的方法。

师生共同小结：我们发现有很多优点是我们没有关注到的。我们收到这么多的赞美，但是在生活中却总觉得自己做得不好。有了同学们的鼓励，我们也要学着多去关注自己的优点。当我们客观看待自己的时候，会发现自己也没有那么差。

【设计意图】将自我认识与同学的赞美作对比，引导学生认识到自卑主要来自日常生活中对自己消极面的过分关注，当学生从客观的角度去看待自己时会发现自身的优点，而自信心也会有所提升。

活动二：缺点消消乐，客观看待自己。

教师活动：介绍游戏规则，引导学生参与活动，消除一些片面的认识，总结分享感悟。

导入：通过上一个小活动，我们发现了很多自己的优点，同时我们的自信锦囊里还有很多缺点，但这些缺点是真缺点还是伪缺点呢？让我们进入下一个活动——

"缺点消消乐"。

活动规则：

（1）再次审视自己的缺点。

（2）找出自己不太客观的评价，将这些缺点画去。

（3）在缺点后边解释为什么消除这个缺点。例如：我做事总是不细心，但是我已经在努力改变了，现在每次做完我都会认真检查，以免粗心造成失误。

提出问题：通过这个活动大家有什么感受呢？为什么有的缺点是伪缺点呢？

学生活动：参与活动，思考自己不自信的原因，总结提升自信的方法，分享感悟。

师生共同小结：有些缺点是我们确实就有的，有些缺点是自己伪造的，主要还是因为自己总是戴着有色眼镜看待自己，不能客观评价自己，导致自卑心理不断加重。所以，要消除自卑心理，我们要学着客观地看待我们的缺点。

【设计意图】引导学生重新审视自己，学会发现自己的优点，客观看待缺点，及时调整自我认知，避免陷入"我不行"的思维怪圈。

环节四：课堂总结——唱响自信

教师活动：提出问题，总结收获，分享提升自信的方法。

提出问题：其实，自信是一粒种子，深藏在每个人的心中，只有我们自己才能让种子发芽，开出绚烂夺目的花朵。大家对今天这节课都有什么感受呢？要想提升自信，都有哪些方法呢？

学生活动：总结提升自信的方法，分享本节课的收获。

师生共同小结：天生我材必有用，当我们去掉有色眼镜，客观看待自己，发现自身的优点，悦纳自己、欣赏自己时，自信的种子便在我们心中生根发芽，绽放出绚丽之花。

教师活动：播放视频《厉害了，我的国》，引导学生认识到个人自信与国家自信的关系，增强民族自信，提升个人自信。

学生活动：观看视频，总结感悟，分享心得。

师生共同小结：同学们，没有国家自信就没有个人自信，国家自信是个人自信的基础，只有把个人的命运与祖国的发展结合在一起，我们的自信才有坚如磐石的根基，才更有意义和价值。我们应该感谢我们的国家，让我们能够自信地说一声：我是中国人！我是自信的中国人！

【设计意图】引导学生总结本课所学，通过观看视频感受民族自信的重要性，认识到个人自信与国家自信的关系，增强民族自信，做自信的中国人。

教师活动：布置作业。

环节五：作业布置、心理拓展

导入：通过今天这节课，我相信同学们已经感受到自信的重要性，也初步体验了自信，最后给大家布置一个小作业——自信提升方案。

要求：记录自己成功和失败的经历，并从中汲取好的经验，学会客观看待自己，做一名自信的中学生！

方案内容要求如下表：

表1　自信提升方案表

何时	何地	事件	结果（成功应对还是失败）	带给你哪些思考（失败的原因、成功的心得）	感受

学生活动：完成作业。

师生共同小结：有了方法的指导，有了活动的感悟，相信同学们都会唱响自信之歌，成为一名自信的中学生。

【设计意图】通过布置作业引导学生将课堂所学与日常生活相联系，坚持日常记录、及时反思、总结方法，从而逐步提升自信。

【板书设计】（如下图）

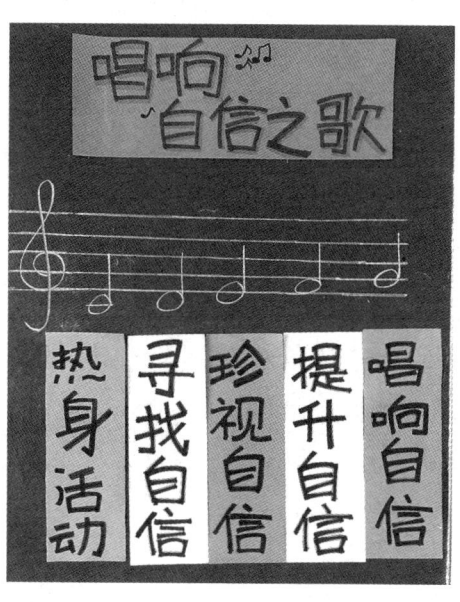

五、教学反思

这节课整体来说比较成功。学生能够用心参与，既遵守课堂规则，又能够大胆地表达，这让我很高兴，也让我发现每个学生的潜能都是无限的，关键在于老师的引导与激发。

本节课的成功之处是整体设计环环相扣，内容结合实际，每项活动规则清晰，每个环节都能激发学生去思考，并且能够有所感悟；不足的地方是"心灵演绎"中情境的选择不够具体，学生需要结合亲身经历去思考这个情境为什么发生，以及怎样面对。由于情境不够具体，学生花费了较多的时间，造成后面课程内容拖拉。这部分需要再完善。

这次课更让我意识到，在教育教学过程中要相信学生的潜能，给他们更多的机会去表达、去分享、去思考，他们也会带给我们惊喜和收获。

专家点评

这节课的环节、内容都符合学生的心理健康特点，其中有三处亮点值得大家学习。

第一，整体内容设计联系学生实际，以学生为主体，尤其在"心灵演绎"环节，让学生自己去思考自信和不自信的同学面对同一问题的不同表现，将其演绎出来。这样学生就能自己发现自信的积极影响，认识到自信的重要性。也通过这一环节，让我相信学生的潜能是无限的，作为教师要去激发他们的潜能，给他们机会去分享、去感受。

第二，每个活动都清晰地介绍了活动规则，让学生清楚地认识到自己要做什么，以及怎么做。这样既防止学生的探究不符合教师的目标，也能防止课堂秩序不稳定，更好地达到教师预设的效果。

第三，心理健康辅导课很重要的一点是让学生自己体验，自己感悟，自己分享，充分以学生为主体。本节课教师就设计了很多开放的提问和经验分享的环节，引导学生积极地探索和体验。

整节课设计得很不错，但我认为有一点还需改善，就是让学生的探究再深入一点，需要考虑让不自信的学生知道如何提升自信。我们发现，更多去分享、去表达的孩子都是相对自信的孩子，如何引导不太自信的孩子能够大胆地表达自己的想法才是更重要的，这一点还需要教师去探究，去思考，让这节课更加优质。

整节课的设计以学生为主体，各环节设计合理，过渡自然，让学生在活动中能有明显的情感体验和自我探索，并设计了自信提升方案作为课后作业，可以帮助学生将所学经验迁移到实际生活中。

（王书喜，郑州经济技术开发区十一学校，中学英语高级教师）

美好之旅

——你眼中的"世界"和"世界"眼中的你

郑州市第十一中学 弋松伟

作者简介：

弋松伟，男，生于1973年12月，毕业于陕西师范大学英语教育专业，中学英语高级教师，26年教龄，现任郑州市第十一中学副校长。积极承担学校校本课程、课题研究任务，先后发表十多篇教学论文，三篇教学论文获得省教研室论文一等奖。2013—2018年，他带领做的"高中英语词汇教学方法研究与实践""高中英语小组探究""Cap通用学术英语教学中以读促写的研究""以过程教学法构建高中英语写作课堂教学""高中英语词汇教学方法研究与实践"等多项课题顺利结项。另外，他所主持的河南省教科所课题"高中英语课堂教师语码转换实证研究"顺利结项并获得省级一等奖。

一、教学背景分析

1. 教学内容分析

本次班级心理辅导活动旨在帮助学生建立积极的自我信念，通过情境设置让学生在体验中改变认知，积极向上；在同伴互评和自我评价中认识自我、完善自我，从而悦纳自我，正面看待"我"和"世界"的关系。本节课的特色在于活动体验，让学生在做中学、做中悟，摆脱了传统的讲道理和"一言堂"的班会课程，重视学生真实的情感体验，教师在过程中不作是非判断与评价，仅仅引导学生思考，启发学生厘清自我和"世界"的关系。

2. 学情分析

高二年级学生正处于成长的关键期，按照埃里克森的理论，青少年时期主要的心理冲突是自我认同和角色迷离。学业压力和同伴压力等可能会导致学生不能正确评价自我，忽视人是社会性物种，在处理"我"和周围其他"世界"时不能以积极的态度应对。本节课试图通过创设情境和交流体验，让学生在感悟中逐渐改变认知，完善自我。

3. 整体教学思路

本次课主要有"我的伙伴"和"寻找镜中的我"两个活动，通过创设情境和学生感悟的形式达到活动目的。首先是"我的伙伴"游戏。10名同学各有特征，学生刚开始看到10位同学的情况后感到无法选择，在讨论后逐渐打开思路，发现只要转变看待问题的角度，事物就会出现不同的一面。这让学生意识到自我眼中的"世界"取决于自己看问题的方式。然后紧接着开展"寻找镜中的我"游戏，在同伴评价下，让学生认识他人眼中的自己，结合学生本人的自我评价，最终实现在互评中认识自我和完善自我的活动目的。

二、教学目标

（1）让学生通过教学，认识到每个人都有优势和劣势，这取决于我们看待事物的角度。

（2）通过教学，体验发现他人身上的优势带来的愉悦感，学习如何转换对他人的看法，找出对方的优势。

（3）让学生通过同伴之间的互相评价，提高自我认识的水平，学会以开放的心态，正确看待他人的评价。

（4）帮助学生建立积极的自我信念，不断探究，不断修炼，学会积极看待"世界"，心怀勇气接纳"世界"。

三、教学重难点

1. 教学重点

"我的伙伴"游戏小组间的良好互动和"寻找镜中的我"核心任务确定后，其他小组成员对此进行诚恳、客观的评价。

2. 教学难点

（1）创设情境后，教师需把握好节奏，在活动中既需要学生充分讨论，也有适时的价值引导。

（2）学生真诚参与"我的伙伴"和"寻找镜中的我"游戏，在活动中感悟正确看待"我"和"世界"之间的方式。

四、教学过程

导入：询问学生是否有组织活动的经历，直接导入"我的伙伴"游戏。

教师活动：介绍游戏背景。假如你是班级户外春游活动的负责人，需要从班级挑选7位同学与你共同完成这项活动。现在年级主任给了你10位同学的个性特点资料，请你根据这些同学的特点选出7位作为此次活动的合作伙伴。

学生活动：分组交流。每位同学都有自己的特点，以小组为单位，组内每个成员说出自己的选择，并和组员交流选择的理由，将内容填入交流表中。

表1 10位同学个性特点资料表

同学特点	他/她的优点与缺点	选择的理由
A 女，比较自私，不肯与人分享		
B 男，不讲卫生，精力充沛		
C 女，清高自傲，博学多才		
D 男，爱劳动，不自律		
E 男，过于理性，古板无聊		
F 男，经常和他人斗嘴		
G 女，沉默寡言，不善交际		
H 女，不善坚持，性格开朗		
I 男，性格软弱，没有主见		
J 男，个性散漫，难以配合		

【设计意图】让学生转变思路，挖掘他们每个人身上的优点。同时，也让学生意识到每个人身上都有优势和劣势，这取决于我们看待事物的态度。

学生活动：小组汇总，全班交流。请小组记录员记录组内比较新颖、特别的选择理由3—4项，然后全班进行交流。

【设计意图】让学生在分享中开阔视野、拓展思维，在讨论中不断迸发出智慧的火花，学习如何转换对他人的看法，发现对方的优势。

学生活动：问题讨论，个别发言。①你在做选择时的态度是坚决的还是犹豫的？②你根据什么标准和理由作出选择？③在小组交流中，别人的选择和理由对你有怎样的影响？

【设计意图】重视学生自身的体验和感悟，引导学生感受事物的多面性，学习用积极的态度看待周围的"世界"。

教师活动：最后给大家分享一些可供参考的理由。例如：E男过于理性，古板无聊，他的性格特征是冷静、理性，优势就是遇事冷静。

【设计意图】教师总结游戏背后蕴含的心理学观念，鼓励学生用积极的眼光看待他人的特质，改变固化认知，更加理解他人。

教师活动：引入第二个活动。在学习如何看待你眼中的"世界"后，大家想了解下"世界"眼中的你吗？下面进行第二个活动"寻找镜中的我"。

"寻找镜中的我"游戏活动评价

亲爱的同学们，还记得我们从相识到相知的点点滴滴吗？我们共同品尝过胜利后的喜悦、失败后的落寞，经历过和谐相处时的快乐、矛盾冲突时的碰撞。渐渐地，我们彼此更加了解。可以说，我们互为彼此的"镜子"。今天，让我们怀着真诚的态度，做一个称职的"镜子"，说说在你眼中，他/她是一个怎样的人，便于让他/她更加客观、真实、全面地了解自己，进而完善自己。

核心人物：_____。

关键的三个形容词：_____。

具体描述（我认为）：_____。

学生活动：以学习小组为单位，组长负责讨论和交流。根据自愿报名原则，选取一人作为"核心人物"，接受组内成员的评价。如果没有人报名，组长需要协调组员，确定一名"核心人物"。每个组员领取一张"寻找镜中的我"游戏活动评价用纸，参考评价内容，本着真诚、尊重、负责的原则，将自己对"核心人物"的评价写在纸上，要求语言精练、内容丰富。

【设计意图】采取听取他人评价的方式，让学生进一步了解自己，在同伴评价中，提高认识自我的水平。

学生活动："核心人物"填写自我评价表，要求做到全面、客观、真实。游戏结束后，可将同伴对自己的评价填在"同学印象"处。

【设计意图】引发学生思考，帮助学生建立积极的自我认知。

学生活动：小组成员写完评价后，以小组为单位，请组长代表组员宣读本小组对"核心人物"的评价。组长宣读时,请"核心人物"起立倾听。之后进入问题讨论:我们应该如何正确看待他人的评价呢?

【设计意图】他人的评价可能是积极的或者消极的,可能有冲突抑或有惊喜,引导学生以开放的心态面对他人评价,将他人评价和自我评价相结合,不断反思,完善自我,为下一步"核心人物"分享感受做好理性铺垫。

对小组"核心人物"的评价宣读结束后,请"核心人物"结合自我评价,说说自己被评价时的感受,如有哪些评价自己能够接受,并与自己的想法符合,有哪些评价自己觉得不能接受。这时根据"核心人物"的反馈,若出现他人评价和自我评价严重不符合的情况,教师适时引出自我认识的"乔哈里窗"理论,帮助学生意识到当自己进入盲目区时,就会出现别人能够意识到而自己意识不到的情况。

【设计意图】帮助学生了解自我认识有开放区、盲目区、隐秘区和未知区四个区域,只要以开放的心态和直面的勇气看待他人的评价,逐步完善自我,就能让"世界"眼中的"我"更加美好,开启美好人生之旅。

五、教学反思

在和学生分享"我的伙伴"游戏背后蕴含的积极心理学理念后,学生都很认同,也希望自己今后能够多关注其他同学存在的优点、潜能,在成长过程中为自己加入正能量。班级"核心人物"在接受同学评价时,获得的正面信息很多,即便有建议,也能够通过同学可接受的方式提出,这点让我很高兴。学生能够快速将"我的伙伴"游戏中包含的正确看待事物的道理应用起来,也让我倍感欣慰。在我介绍"乔哈里窗"理论时,学生的反应完全超出预期,看到很多学生恍然大悟的神情,以及课后和学生单独沟通后他们的回答——"以前很不理解其他同学怎么对我会有这样的评价,今天知道我们每个人都有自我认识的盲目区,当我们处于其中时,就会出现别人知道而自己还意识不到的情况",我感受到活动收到了预期的效果,在游戏中感悟而获得的知识远远比讲道理要深刻得多。

专家点评

首先，教师要学会用积极的眼光看待每一个学生，尤其是暂时落后的学生。其次，教会学生用积极的眼光看待自己，看待周围的同伴。最后，每个教师也要学会用积极的眼光看待自己。每一个教师的改变也一定会带来学生的改变，相信这个活动一定会给学生留下深刻印象，让学生在游戏中感受到"我"和"世界"的正确打开方式。

（敬小娟，郑州市第十一中学，中小学一级教师，河南省优秀班主任）

正确认识负面情绪

开封市第二十七中学　王富洋

作者简介：

　　王富洋，女，生于1994年9月，2020年毕业于河南大学发展与教育心理学专业，现任开封市第二十七中学七、八年级心理健康教师。

一、教学背景分析

1. 教学内容分析

　　情绪调适是中学生心理健康教育中的重要内容。许多学生对于情绪中的负面情绪有很大的误解，产生负面情绪时习惯性采用抵触或逃避等不合理的方式应对，导致负面情绪无法得到有效缓解。本节课通过视频故事、心理剧演绎、思考讨论和冥想练习等活动形式，让学生了解负面情绪的表现和影响，以及认识接纳负面情绪可以帮助我们发现其背后真正的想法和需求，掌握正确缓解负面情绪的方法。

2. 学情分析

　　中学生处于心理发展的关键期，身体和心理等多方面变化可能会使该阶段的学生体验到更多的负面情绪，但许多学生对于负面情绪的认知比较片面，不知道该如何正确应对，容易被负面情绪困扰，导致生活和学习无法正常进行，进而影响其身心健康。因此，引导学生学会正确认识和应对负面情绪，有利于提高学生的情绪调适能力，帮助学生健康成长。

3. 整体教学思路

　　首先，让学生通过"成语大比拼"的热身活动说出一些与负面情绪有关的成语，引出本节课主题。接着，让学生通过观看视频故事和回顾自己曾经出现过的负面情绪，思考和总结什么是负面情绪及其影响。其次，通过观看《小明的手机风波事件》心理剧引发学生思考应对负面情绪的不同方法和结果。再次，学生讨论分享、归纳总结出正确应对负面情绪的方法，即接纳负面情绪。最后，通过冥想的方式用学习到的方法对自己的负面情绪进行自我调节。

二、教学目标

（1）了解负面情绪的相关知识，意识到正确认识和应对负面情绪的重要性。

（2）发现负面情绪背后存在的真正的想法和需求，帮助学生掌握正确应对负面情绪的方法。

三、教学重难点

1. 教学重点

使学生了解负面情绪背后隐藏的想法和需求，学习正确应对负面情绪的方法，即接纳负面情绪。

2. 教学难点

学生对于正确应对负面情绪的方法的实际应用。

四、教学过程

导入：热身活动——成语大比拼

教师讲解规则：大家进行成语比赛，说出与情绪有关的四字成语及其意思，要求又快又准确。

学生按照活动要求说出各种与情绪有关的四字成语。

教师引导：刚才同学们提到"火冒三丈"和"悲痛欲绝"等成语，这些成语所表达的情绪大家体验过吗？当时的感受如何？在实际生活中，我们经常会被这些情绪困扰，但是每种情绪的出现都有它的原因，如果能够正确认识和对待它，就能减少它带来的困扰和影响。大家想知道怎么做吗？今天，我们就一起正确认识这些情绪。

【设计意图】学生通过"成语大比拼"活动思考与情绪有关的成语，活跃课堂气氛，导入本课主题。

环节一：认识负面情绪

教师播放视频《头脑特工队》片段，学生观看视频。

教师提出问题：视频中的莱利出现了什么情绪？这些情绪分别有什么样的影响？你还体验过哪些类似的情绪？这些情绪对你产生了什么样的影响？

学生回答。

教师引导：通过大家的分享，我们发现刚才大家提到的生气、紧张、焦虑等情绪都叫作负面情绪，其中一些适度的负面情绪可能会起到积极作用，例如考试前的适度焦虑可能有助于考试的发挥，但过度的负面情绪就会给我们造成困扰，影响我们的学习生活和身心健康。那么，面对给我们造成困扰的负面情绪时，我们要怎么做才能缓解这种困扰呢？接下来，我们一起从心理剧《小明的手机风波事件》中寻找答案。

【设计意图】学生通过观看视频和回顾自己的负面情绪，了解负面情绪的表现和影响，意识到正确应对负面情绪的重要性，进而引导学生思考如何正确应对负面情绪。

环节二：接纳负面情绪

学生观看心理剧《小明的手机风波事件》（放学后，小明回到家中，发现妈妈正在偷偷翻看他的手机）。

教师提问：如果大家像小明一样遇到类似的情况会作何反应？

学生分享。

教师引导：刚才有同学说会发火、生气，还有的说无所谓、没什么反应，还有同学说不敢有意见……大家提到的这些反应都很正常，由于受家庭、性格等方面的影响，不同的人在面对同一个问题时会出现不同的情绪反应和应对方式。根据课前的调查，我们选取了三种大家经常采用的应对方式，一起来看一看、议一议。

学生继续观看心理剧《小明的手机风波事件》之三种应对方式。应对方式一：小明因妈妈偷偷翻看自己的手机和妈妈发生了争吵，最后两人不欢而散；应对方式二：小明对于妈妈偷偷翻看自己手机的事情敢怒而不敢言，只能借打游戏发泄情绪，却在游戏中和他人争吵起来；应对方式三：小明对妈妈偷偷翻看自己手机的事情和因此产生的情绪进行了思考，之后向妈妈表达了自己因没有得到妈妈的尊重和信任而愤怒和伤心的情绪，以及理解妈妈因为担心和关心自己而翻手机的行为，之后妈妈道歉，两人变得更加理解和信任对方。

教师提问：这三种应对方式中，小明分别有什么样的反应？结果如何？

学生分享。

教师引导：面对愤怒、伤心这些负面情绪的时候，如果小明讨厌这些情绪，他可能会选择发火或压抑的方式应对，但这样的话情绪并不能够被有效地缓解，反而可能会进一步激化矛盾、影响心情。但是，当小明开始试着接纳愤怒、伤心这些负面情绪时，他能够有机会和时间静下心来围绕这些情绪进行思考，体会当下的感受，厘清自己真正的想法和需求，并用合适的方式表达出来，使情绪得到缓解，事情也得到了有效的解决。

学生讨论和分享正确应对负面情绪的方式。

教师引导：通过大家的分享我们发现，当我们遇到负面情绪的时候，先不要着急讨厌和躲避它，试着让自己冷静下来接纳它，告诉自己在当前的情况下出现这样的情绪是正常的。然后围绕这些情绪和引起这些情绪的事件，想想自己有什么样的想法和需求没有得到重视，用恰当的方式表达出来。

【设计意图】该环节以心理剧的形式演绎了学生日常生活中发生的事件，让学生较为真实地了解到面对同一种负面情绪时经常采用的三种应对方式及其产生的影响，引发学生思考如何正确应对负面情绪。

环节三：应对"我"的负面情绪

教师引导：通过冥想的方式进行练习，大家回想你最近一次出现的负面情绪，跟着老师的引导语认真感受情绪背后的想法和需要，思考恰当的表达方法。

学生进行冥想练习。

教师先分享自己应对负面情绪的过程，然后学生分享。

教师引导：通过大家的分享，我发现大家开始尝试接纳负面情绪，正是因为接纳了它，我们找到了自己当时出现生气、发火等情绪的原因，采取了正确的应对办法，缓解了这些情绪带给我们的困扰。

【设计意图】该环节借助冥想的方式，让学生回顾自己曾经出现的负面情绪，并运用学习的方法进行模拟练习，加深学生对本节课所学知识与技巧的掌握和运用。

环节四：总结与拓展

教师总结：通过本节课，我们了解了什么是负面情绪，以及它可能会造成的影响。此外，我们还认识到当我们产生负面情绪时，接纳它可以让我们更加理性地思考自己这些负面情绪背后的真正想法和需求，从而更好地调节情绪。

课外拓展：当我们再次产生负面情绪时，试着用我们今天学到的知识和技巧，正确应对它。如果最初几次没有能够成功地运用应对技巧，也请你不要气馁，掌握应对负面情绪的技巧就像我们掌握其他技巧一样，需要我们耐心练习，熟能生巧。最后，希望我们都能够接纳负面情绪，更好地成长。

五、教学反思

本节课以情绪中的负面情绪为主题，通过观看生动形象的视频故事和心理剧，以及之后的思考讨论和冥想练习，让学生在观察、体验、思考和探索中认识负面情绪的表现和影响，找到正确应对负面情绪的方法，即接纳负面情绪，提高学生的情绪调适能力。本节课多样有趣的活动形式受到了学生的欢迎，他们在活动过程中积极思考和讨论，分享自己的感受和看法，探索正确应对负面情绪的方法。但要注意的是，在这类课堂时间安排较为紧凑、学生分享较为积极的情况下，对于一些学生的分享要做到及时跟进，并给予学生有效的反馈。另外，在冥想练习活动中还要密切关注学生的情绪反应状态，发现特殊情况的学生后要在课下进一步了解，根据学生情况对其进行相应的疏导。

专家点评

本节课的活动安排科学合理、活泼有趣，符合中学心理健康教育课的理念。首先，本节课以成语大比拼的形式导入活动，让学生先说与情绪有关的成语，然后再从中挑出与负面情绪有关的成语导入主题，能够极大激发学生的好奇心，提高学生参与课堂的积极性。其次，对于正确应对负面情绪的方法讲授方面，本节课没有直接呈现学生难以理解的理论性知识，而是把正确应对负面情绪的相关理论知识融入活动中，用理论知识支撑活动，让学生在观看视频故事和心理剧的过程中、在思考讨论和倾听分享的过程中去体会、感悟，以"润物细无声"的方式向学生传授相关的知识与技巧。另外，教师在授课的过程中充分运用了心理学中幽默和共情的方法，拉近与学生的距离，让学生愿意敞开心扉接纳本节课和授课教师。

此外，在类似情绪等需要学生进行较多自我暴露的主题课堂中，教师要注意给学生营造一个温暖、安全、可信任的环境，让学生可以放心地坦露心声。同时，教师在课堂上对学生的情绪反应要细心观察，注意关注一些有特殊情绪反应的学生，课后及时跟进了解。基于上述内容，本节课在课程设计和讲授时对授课教师有较高的要求，需要教师精心设计，灵活讲授。

（赵开玲，开封市基础教育教研室，中小学一级教师）

我的"优势树"与"周哈里窗"

——端正自我认知，学会自我欣赏

确山县第一高级中学　安芷萱

作者简介：

　　安芷萱，女，生于1996年5月，2019年6月毕业于河南师范大学教育学专业，现任确山县第一高级中学2020级心理健康教师，已发表学术论文《浅析当代学生应具有的核心素养》《浅析民办小学办学机制存在的问题》《教育法学视角下校园贷问题研究》，曾主持"大学生创新创业训练计划"课题项目一项。

一、教学背景分析

1. 教学内容分析

　　本节心理健康教学活动课主要运用了认知疗法中的认知重建技术，通过认知重建使学生对自己产生正面的认知，从消极思维转变为积极思维，学会自我悦纳与欣赏。学生通过他人评价和自己评价的对比，多角度地看待自己，产生对自己的新认识，更好地发扬运用自身优势，从而接纳自己并不断完善自己。

　　（1）认知疗法：是根据认识过程，影响感情和行为的理论假设，通过认知和行为技术来改变患者不良认知的一类心理治疗方法的总称。

　　（2）认知重建：将错误观念作为一种假设，鼓励其在严格设计的情境中对假设进行检验，使之认识到与原有观念不相符的地方，并自觉纠正。

　　（3）本课应用：通过自己与他人的对比，深入认识自己，并采用"优势树"和"周哈里窗"对自己进行全面分析，从而掌握本课重难点。

2. 学情分析

社会环境、家庭环境的变化使新时期的孩子暴露出学习、生活、人际交往中的多种心理问题，外在表现为情绪上的多变，内在则是自我认知上的问题。有的学生对高中生活感到迷茫，对自己没有清晰的认识；有的学生因为学业压力，产生失落和自我怀疑；有的学生总是放大别人的优点，同时放大自己的缺点，在对比中产生自卑心理。针对此种现状，开展本次心理健康教育教学活动，让学生主动正确地认识自身优势，去除消极的固化标签，学会悦纳自己、自我激励。

3. 整体教学思路

本节课的设计思路是在遵循心理健康课四个发展阶段规律的基础上，结合本校学生现状，设计课堂活动，推进教学进行。首先，以猜谜和故事开启导入阶段，接着以寻人启事的游戏发展转换阶段，此时学生已经具备比较积极活跃的上课状态，课堂也要正式进入团体工作阶段，此阶段是整个课堂的核心。在这个阶段中，学生通过参与活动来获取心理健康的相关知识内容，在比较宽松愉悦的课堂氛围中通过彼此合作互动找到自信和快乐。

二、教学目标

（1）学生能够通过自己对自己的认识与他人对自己的认识，全面了解自己，并意识到人与人的认知存在着差异。

（2）学生能够学会运用"优势树"与"周哈里窗"这两种方法进行自我分析，为自己的学习、生活带来正向引导与帮助。

（3）学生能够体会正确自我认识的重要价值与意义，并在今后的学习、生活中多角度看待自己，从而不断发展自我优势，建立积极的自我概念，培养自信心。

三、教学重难点

1. 教学重点

（1）让学生最大限度地思考自己有哪些优势，学会发掘自身优点和长处。

（2）帮助学生学会运用"优势树"和"周哈里窗"进行自我认知与分析。

2. 教学难点

（1）培养学生积极思考的好习惯，不仅要看到自身的优点，还能帮助同学发掘优点。

（2）通过自己写下的优点、同学帮助发现的优点，体验自信感。

四、教学过程

环节一：团体转换活动——谁的个人简历（4—6分钟）

教师活动：给学生讲解游戏规则。

（1）如果你现在在找工作，需要写一份个人简历，你会怎么写？

（2）每人拿出一张纸、一支笔，不需要在纸上写自己的名字，要求尽可能多地写出属于自己的个性特征，包括外貌、性格、情绪、能力、兴趣爱好等。

（3）写完之后对折起来，由最后一排同学依次传递，将全班的个人简历收到讲台。

（4）教师将个人简历顺序打乱，随机抽取3—5份，看哪个组能够又快又准地从未署名的个人简历中猜出简历的主人。

（5）要求被选中纸条的同学不可主动泄露信息，以保证游戏的公平性。

学生活动：书写一份个人简历，并有序传递上交；在教师的引导下，一起寻找简历的主人。

师生共同小结：人与人的认知存在差异，怎样能够更好地认识自己呢？应当从不同角度来认识自己，才能形成对自己全面而客观的了解。

【设计意图】通过"谁的个人简历"活动，学生能够意识到仅仅通过自己来认识自己是远远不够的，要想全面认识自己，离不开他人的帮助。因为角度不同、立场不同，看到的也是不同的方面。同时，这一环节也能为下一环节作铺垫，提示学生即将开展自我认识的活动。

环节二：团体工作阶段——自我探索"优势树"（4—6分钟）

教师活动：提出性格优势的概念，明确本课主要任务是认识自己的优势，然后讲解活动目的和意义，创设情境，播放背景音乐。

学生活动：按照活动提示开始完成第一步骤，在放松的绘画中对自己进行思考与探索。

（1）联想实际生活，选择自己具有的性格优势。

（2）画一棵自己喜欢的大树，在树干上写下自己的名字。

（3）所想到的每个性格优势用一个果实代表，画在树上，在果实旁写下性格优势的名称，以及可以说明的事实。

师生共同小结：观察这棵树，是否不够丰满、完整？正所谓"不识庐山真面目，只缘身在此山中"，我们接下来也要通过他人的帮助进一步完善这棵树。

【设计意图】给学生一个自我思考与探索的空间，充分调动学生的主观能动性，发挥学生在课堂中的主体作用。

环节三：团体工作阶段——同伴互助"漂流"（8—10分钟）

教师活动：讲解本环节的注意事项，小组4人之间按顺时针方向传递果树，要求积极正向、真诚对待他人、不能改动他人写的内容。同时播放背景音乐。

学生活动：根据活动提示完成步骤，在合作互助中感受乐趣。

（1）发现他人还具有的性格优势及事实印证。

（2）用一朵花代表，画在树上，并写明原因。

（3）在同意的性格优势后（本人已结出的果实）写"+1"。

师生共同小结：传回自己手上后，让学生来总结对比"漂流"前后的信息差异，请学生对自我信息进行分析讨论。

提问1："漂流"前后关于自己的描述相同吗？

参考答案：有些相同，有些不同。

提问2：有同学说不同，那有怎样的不同？

参考答案：有些我写到的组员没有写到，还有些组员写到的我自己不知道。

师：如果有相同的地方，请大家将你和同伴都认同的信息用圆圈标出。如果有不同的信息，请用方框标出。如果写到了你从没想过或不知道的信息用三角形标出。请大家看看自己哪一种标记的图形最多，并且思考每一类标记分别有什么优势或劣势。例：圆圈多的同学爱与他人交流，所以大家对他很了解。三角形多的同学优势是比较神秘，但是别人不敢和他做朋友。方框多的同学有两种情况，一是别人比你还了解你自己，而且你也觉得有道理，那么你就要多和别人交流以加深自我认知；二是别人了解的你和真实的你不一样，这样你就容易在日常交往中和别人发生冲突。

【设计意图】通过合作互助，学生从不同角度看到自己的其他优势，了解开放我（我知、他知）、盲目我（我不知、他知）、隐藏我（我知、他不知），初步体验被认可的快乐。

环节四：团体工作阶段——观看视频《心理魔法课堂：打开"周哈里窗"，认识全面的自己》（10—12分钟）

教师活动：播放视频。

师：请同学们注意视频中的"周哈里窗"有哪些部分，"周哈里窗"比我们刚刚探讨的三个方面还多了一个，那是什么？（潜能我，也称未知我，即我不知、他不知）

学生活动：观看视频，讨论回答问题。

师生共同小结："周哈里窗"的"窗"是指一个人的心就像一扇窗，我们透过开放我、盲目我、隐藏我、潜能我这四扇"窗"可以深入了解自己的行为，认识到自我认知与他人对自己认知之间存在的差异，以便进一步完善自我、塑造自我。

师：请大家思考，有哪些方式可以帮助我们认识潜能我呢？

生：适度承担一些有挑战性、有难度的任务，甚至可能只是找到机会利用自己擅长的技能帮助别人，都有可能帮助大家发展潜能我。

【设计意图】通过观看视频的教学形式，丰富课堂内容，激发学生兴趣，既能帮助学生了解"周哈里窗"的相关知识，又能起到升华课堂价值的作用，即帮助学生在全面认识自我的基础上挖掘潜能我，再次培养学生的自信心。

环节五：团体结束阶段——学生发言与教师总结（3—5分钟）

师生讨论并总结：

（1）回顾"周哈里窗"在现实生活中如何应用

引导学生从开放我、盲目我、隐藏我、潜能我四个方面分别阐述，有些点可以请学生来说，有些点可以由教师总结。从开放我来看，我们不能以貌取人。外貌是一个人最显著的特点，但却不是一个人所有的特征；从盲目我来看，要和别人多一些交流，了解在其他人的眼中你是一个什么样的人；从隐藏我看，它与开放我恰好是对立的。勇敢探索自我的人，不能只停留在开放我的层面，还应该敢于直面隐藏我这部分；从潜能我来看，适度地承担一些有挑战性、有难度的任务，甚至只是找到机会利用自己擅长的技能帮助别人，都有可能帮助大家发展潜能我。

（2）总结课堂

通过本节课的学习，我们会发现很多自己没发现而别人却看得到的优点。通过"漂流"活动，我们收获了一棵非常美丽、丰满的"优势树"。通过"周哈里窗"的学习，我们了解了"四个我"。我们往往会觉得自己很多方面不如别人，殊不知自己也是别人眼中优秀的人。所以，我们不要去羡慕别人的优秀，你要相信自己也是有优点的人，要懂得自我肯定、自我欣赏。

"一千个人眼里有一千个哈姆雷特。"每个人留给别人的印象都不止一面。希望通过此次心理健康教育活动课，大家能够越来越了解自己，看到自己的美好。人生是一段奇妙的旅程，想成为自己想要成为的样子，就应该坚定、自信、和善、认真地做自己。

【设计意图】对课堂主题进行归纳梳理，给学生留下一个整体印象。

五、教学反思

本节课选题背景为一些高中生常常感到迷茫，对自己没有清晰客观的认识；一些学生因为学业压力情绪失落、自我怀疑；一些学生总是放大别人的优点，同时放大自己的缺点，在对比中产生自卑心理。每个人都是自己的主人，解铃还须系铃人，有必要让学生正确认识自己并掌握一些全面客观认识自己的方法。

本节课的设计思路是在遵循心理健康课四个发展阶段规律的基础上，结合本校学生现状，设计课堂活动来推进教学。首先以"谁的个人简历"的游戏发展转换阶段，此时学生已经具备比较积极活跃的上课状态，课堂也要正式进入团体工作阶段，此阶段是整个课堂的核心。在这个阶段中，学生通过参与活动来获取心理健康的相关知识，在宽松愉悦的课堂氛围中通过合作互动体验自信心、收获快乐。

在这节课的讲授过程中，首先通过"谁的个人简历"的游戏，让学生意识到仅仅通过自己来认识自己是远远不够的，要想全面认识自己，离不开他人的帮助。接下来在自我探索与同伴互助环节，教师创设了"优势树"和"漂流"的情境，让学生在绘画中发散思维，从不同角度看到自己的其他优势，了解开放我、盲目我、隐藏我，初步体验自信感，同时引导学生发现别人的优点，感受认可他人与被认可的快乐。然后以视频的形式给学生传达"周哈里窗"的知识内容，在丰富课堂形式的同时升华课堂价值，即帮助学生在全面认识自我的基础上挖掘潜能我，再次激发并培养学生的自信心。最后鼓励学生与教师一起总结课堂，多数同学都能主动发言，互诉自己对自我认知的看法。伴随着欢快的背景音乐，教师作出总结，结束了本节课。

这节课给了学生一个直面内心、认知自我的平台，学生既收获了知识，又体验了快乐，但也存在一定问题。由于课堂氛围比较宽松活跃，一些同学发言过于随意，只顾自己大声说话，忽视别人的发言，扰乱了正常的课堂教学秩序，教师也不得不停下来维持纪律，教学情绪受到一定影响，学生的积极性可能也会受到一定打击。因此，教育学生遵守课堂纪律、遵守规则、尊重别人也是非常必要的，这是创设轻松、愉悦课堂氛围的基本前提，其本身也是一种心理健康教育。在之后每节的心理健康课堂中，教师应在开始上课前与学生形成课堂约定，让学生以主人翁的立场自我监督、互相监督，自觉遵守课堂纪律，维护课堂秩序。

除了上述问题，我还有一些其他想法。第一，心理健康课不同于文化课，它的首要目的不在于解决知与不知的问题，而是要通过创设一定的心理情境，开展极富启发意义的活动，来造成学生内心的认知冲突，唤醒学生内心深处潜意识存在的心理体验，以达到影响他们的心理、提高他们的心理素质的目的。"活动"和"体验"是心理活动课最核心的两个要素，对学生心理来说，再精彩生动的讲授都无法替代个人的亲身感悟和直接体验，哪怕只是一点小小的启发，也能留下深刻的记忆。因此，从这个意义上讲，心理教育是一种以体验式学习为主的教育。第二，坚持核心原则，形散神聚。心理健康课的重点在于活动中的体验，决不能为了活动而活动，活动应该有主题、有核心，心理健康课也应该坚持一个核心，并围绕这个核心，"形散神不散"，活动形式可以丰富，但核心主题只有一个。活动对于教师的能力要求很高，想做到形散神聚并不是一件容易的事，我也一直在努力提高自己的能力。

以上就是我在本节课以及整个心理健康教育教学中的一些做法和感想，我知道，要真正上好心理健康课，发挥它的最大作用，还有很多问题有待发现和解决，需要自己在丰富理论储备的基础上，更多地进行实践锻炼与经验积累。教育前路漫漫，吾须砥砺前行！

专家点评

安老师把《我的"优势树"与"周哈里窗"——端正自我认知，学会自我欣赏》这堂有关自我认知的心理健康课演绎得很精彩。在课堂上，安老师带领学生进行了一次提升自我优势认知的自信心之旅。

第一，创造适宜的学习环境。当一个人处于宽松愉悦的学习环境时，他的心情就会比较放松，用这种放松情绪投入到学习中去，感受能力就会大大提高。创造这样的学习环境，教师的个人魅力很重要，一开始就要注意与学生拉近距离，这样才能很好地调动学生的情绪。教师的情绪直接影响学生的情绪，可以看出，安老师始终保持着积极向上的精神面貌，怀着愉快的心情，亲切、自然、真心、平等地对待每一位学生，为课堂教学的顺利进行打下基础。

第二，利用多种形式的教学手段。如果学生在课堂上反复学习同一内容，教师不用些新颖的方式，很难提高学生学习的积极性。而这节心理健康辅导活动课的教学方式就很丰富，如让学生猜一猜——斯芬克斯之谜，做一做——谁的个人简历游戏，画一画——优势树和漂流，看一看——"周哈里窗"心理视频，说一说——为自己的自信心与期待感并存而喝彩。安老师在课堂上运用多种内容与形式，动静结合，视听结合，充分调动了学生的积极情绪，让学生在一种积极、主动的状态下去感知、学习。

第三，设置悬念让学生自主探索。只有学生自己愿意去学习，他们学习的积极情绪才能铺展开来。安老师为学生设置了丰富的活动环节，让学生在自主探索的过程中体验成功的喜悦，这是一个潜移默化的过程。

总之，这节心理健康活动课的教学设计是在遵循教学规律的基础上所做的有趣而又富含教育意义的设计，教学理念先进，方法得当，内容充实，形式丰富。如果能在实际教学活动中把握好课堂时间的运用，结合学生情况灵活调整，相信会有更好的心理健康教育效果。

（邱九凤，河南师范大学，教授）

学习好榜样 传递正能量

周口恒大中学 吴凤娇

作者简介：

吴凤娇，女，生于 1988 年 10 月，2011 年本科毕业，2011 年 12 月至今就职于周口恒大中学，中小学二级教师，现担任高二年级英语教学工作。参与编写的校本教材《写给高中的学弟学妹们——英美文化掠影》于 2019 年在周口市开发实施中小学校本课程活动中荣获二等奖。

一、教学背景分析

1. 教学内容分析

（1）本节课是一节英语写作课，高中英语人教版必修四 Unit 1 Women of achievement 讲述了古今中外的伟大女性的事迹，本单元的写作任务是要求学生用自己学习的知识准确、生动地描述人物，并能对人物进行客观评价，本节课就是要把静态的语言知识转化为动态的评价身边的人和物的能力，在为学生输入信息的同时进行相关的德育渗透，培养学生的道德情操。

（2）本节写作课立足于《义务教育英语课程标准（2011 年版）》，以高考为导向。2020 年全国 I 卷的作文是让考生以自己身边敬爱或爱戴的人物为题，写一篇短文，内容要包括人物简介和尊敬该人物的原因，这也是要求高中生能够在榜样精神的引领下树立正确的人生观，做一个对社会、对国家有用的人。

（3）在高中学习阶段，高中生的自我意识能力和水平都会有所提高，但是他们对世界的态度，对自我的看法和对他人的评价还很不成熟、稳定。因此，在本节英语教学中，教师要通过榜样人物的模范带头作用积极引导学生树立正确的世界观和人生观，并要指导学生客观、准确地评价自我和他人。

2. 学情分析

本班学生是高二年级学生，通过五年的英语系统学习，他们具备了基本的英语学习能力，但是英语写作能力较差，往往词不达意；在高中阶段，学生的人生观和世界观尚不成熟，还需要教师在课堂上积极引导，逐步形成良好的思想品德和健全人格。本节课希望通过榜样的力量来激励学生，促进学生形成良好的思想品德和行为习惯。

3. 整体教学思路

英语写作是一个复杂的语言输入和语言输出过程。为了让学生在课堂上掌握基本的写作技能，提高学生的语言综合运用能力，也为了教师可以更好地把控课堂，在各种教学活动中提升学生的写作素养，培养学生的国家意识和社会责任意识，本节课的整体教学思路如下：

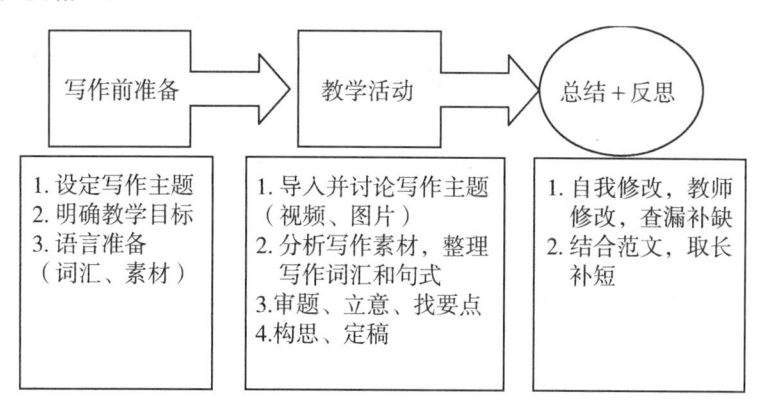

```
写作前准备  →  教学活动  →  总结+反思
```

写作前准备	教学活动	总结+反思
1. 设定写作主题 2. 明确教学目标 3. 语言准备 （词汇、素材）	1. 导入并讨论写作主题（视频、图片） 2. 分析写作素材，整理写作词汇和句式 3. 审题、立意、找要点 4. 构思、定稿	1. 自我修改，教师修改，查漏补缺 2. 结合范文，取长补短

二、教学目标

（1）指导学生掌握描述人物的词汇、短语和句型，并能将所学知识灵活地运用到有关人物的写作中。

（2）培养学生将所学知识及生活实际和国家时事有机结合，运用自己的英语知识进行表达和描述的基本能力，培养学生懂得自我归纳、自我概括和灵活运用的学习方法。

（3）以国内外为人民、为民族、为世界作出贡献的人物为素材，为学生创设学习环境，提供学习资源，让学生在榜样人物的引领下增强爱党、爱国和爱民意识，促进学生核心素养的提升和全面发展。

三、教学重难点

1. 教学重点
人物描写的重点词汇、短语和重点句式，人物事迹的素材积累。

2. 教学难点
人物描写的重点词汇、短语和重点句式的灵活运用。

四、教学策略

本节课的教学内容是运用所学知识准确地描述人物，一方面，教师通过和学生分享在抗击新冠肺炎疫情中典型人物的图片、文字素材和视频资料，让学生能够根据所学知识，挖掘优秀人物身上的闪光点，并能对人物进行客观、准确的评价；另一方面，通过引入国内外为民族和世界作出贡献的真实人物素材，让学生在潜移默化中感受榜样的力量，从而树立国家意识和社会责任意识。

本节课通过看图讨论、仿写、微写作等课堂活动，充分调动学生的学习主动性，激发学生的学习兴趣，让学生可以结合不同的情境充分运用所学知识互相讨论，并运用到英语人物写作中。

学生通过自主发现问题、归纳写作规律、梳理写作要点提高自己的观察归纳、总结提升的能力，符合学生英语学习的规律。

五、教学过程

导入：Enjoy a video（*Heroes in harm's way*），赏析视频《最美逆行者》，在这个视频中，各个领域的人民群众在新冠肺炎疫情的危急时刻挺身而出，为人民而战，为民族而战，不畏艰难、不怕牺牲，展现出强大、不屈的民族精神。

Free talk：1.What do you think of them？

2.Can you give them a special name？

【设计意图】（1）创设和谐积极的课堂气氛，让学生在视频中获取力量，获取战胜一切困难的信心。（2）本环节是为了让学生在视频中感受到生而为人的底线和责任，没有国就没有家，有国才有家。同时，也提醒学生在人物描写的英语写作中除了要注意人物的外在特征，更要注意该人物的内在特质，尤其是人格和个性品质。

环节一：Guess（Who is he？）

教师活动：指导学生收集在抗击新冠肺炎疫情的战斗中为人民和民族作出贡献的科学家、快递员等各行各业的人物素材。

学生活动：学生通过展示的图片和文字，先来猜测所给人物（钟南山、汪勇）的信息，再提取人物的关键信息（job，character，contributions），然后整理关键词和短语并运用到实际的人物写作中。

（1）Zhong Nanshan is a respiratory disease expert with a high reputation in the field of infectious disease prevention and control in China. He has provided assistance and made positive contributions to the world with his professionalism and experience. Zhong was awarded the Medal of the Republic for his outstanding contributions to the country's fight against the COVID-19 epidemic.

（2）Delivery man goes way beyond duty in fight against virus. Wang Yong, a native of Wuhan born after 1980 who currently works as a courier, has touched millions recently for his words and his deeds in the fight against the novel coronavirus. He was grateful for the efforts and kind help of all the people and companies that have joined him in the volunteer work. "I am very confident that we can overcome the epidemic. I've done what I could and I will not regret it," Wang once said.

总结：expert with high reputation；make positive contributions to；be awarded；be responsible；be willing to tell the truth；fight against；be grateful；overcome the epidemic

【设计意图】（1）在收集抗疫英雄素材的时候培养学生的责任感和家国情怀。（2）让学生在语言输入的过程中逐步积累描述人物的重要词汇，在语境中抓住人物描写的核心（job, character, contributions）。

环节二：How to describe a person？

教师活动：分享 2020 年高考范文，引导学生自主寻找重点词汇、重点句型。

The person I respect

The person I respect most is my aunt, a nurse fighting bravely against COVID-19. Though born and raised in a small city, she grew up to be a modern woman whose dignity, devotion and patriotism left a deep impression on me.

When the confirmed cases first appeared in Wuhan, she canceled her holiday and returned to work in the hospital. A few days later, when the epidemic became severe, she volunteered to work with other medical workers in Wuhan. Together they saved countless lives despite the lack of equipment.

  I regarded her as my heroine because when the nation was in crisis, set personal interest aside and shouldered her responsibility.What's more, faced with the risk of infection, she battled like a warrior as though there were nothing to fear.Before the outbreak of COVID-19, she was only an ordinary woman for me.But now, her bravery and contribution make me realize how respectable a woman she is.

  学生活动：讨论本节课的重点词汇、重点短语和重点句式，总结人物描写的基本要素，总结文章的组织结构。

  师生共同小结：

  hard-working; determined; optimistic; reliable; knowledgeable; active; generous; modest; be born in; helpful; responsible; considerate; at the age of; graduate from; devote to; make contributions to; speak highly of; work hard; be praised/honoured as; be awarded; with great determination and perseverance; not only...but also...; got a...degree

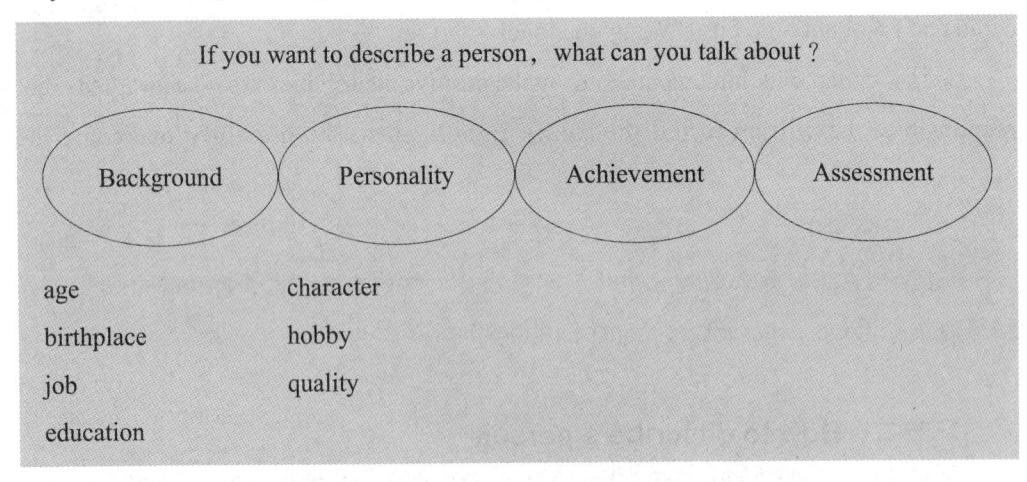

If you want to describe a person, what can you talk about?

(Background)　(Personality)　(Achievement)　(Assessment)

age　　　　　　character
birthplace　　　hobby
job　　　　　　quality
education

  【设计意图】通过学习2020年高考英语书面表达范文 The person I respect, 学生能够直观地了解高考英语的写作要求，可以从范文中学习重点短语、句型和行文技巧，同时让学生意识到身边那些积极乐观、认真负责、心怀家国的人都是值得我们尊敬的人。

环节三：Practice makes perfect.

课堂活动：领悟例句，精讲精练

（1）Born in Poland on Nov.7, 1867, Madam Curie was a great scientist.(background)

钟南山，1936年10月出生于江苏省南京市，是21世纪最出名的医学家之一。

_____

（2）After graduating from Peking University in 1955, Tu Youyou devoted herself to the research of Chinese medicine.（education）

在1960年毕业于北京医学院（Beijing Medical College）后，钟南山就致力于医学研究。

_____

（3）Wang Yong, a driver, is not only active but also warm-hearted.（personality）

钟南山不仅积极加入了消灭疾病的斗争，还指导了疫区的医疗救治工作。

_____

（4）With many excellent works, Mo Yan was awarded the Nobel Prize for Literature.（achievement）

钟南山做出了巨大贡献，因此在2004年获得了"感动中国"（Touching China）十大人物称号，并在2020年获得共和国勋章（the Medal of the Republic）。

_____

（5）Madam Curie was honored as Mother of Radium.She had devoted her lifetime to science.She will always be remembered as a great woman.（assessment）

钟南山在医学领域工作60多年，是一位受全国人民尊敬的好医生。

【设计意图】（1）通过经典句式的仿写，学生可以在练习中熟练地掌握人物描写所需要的重点词汇和句式。（2）把真实人物素材以例句的形式展示给学生，旨在利用榜样人物的力量来引领学生的成长。

环节四：Homework

请你根据下面的提示，用英语对钟南山作简单介绍：

（1）钟南山，1936年10月出生于江苏省南京市，是著名的呼吸病学专家。

（2）1960年毕业于北京医学院并留校任教。

（3）在首届全国运动会（Chinese National Games）上，钟南山夺得男子400米栏冠军（championship of the men's 400m Hurdles），创造了当时的全国纪录（National record）。

（4）当SARS和新冠肺炎疫情暴发时，以钟南山为代表的医护工作者辛勤工作，抗击疫情；2004年，钟南山获得"感动中国2003年十大年度人物"的荣誉；2020年，他荣获"共和国勋章"。

（5）他在医学领域工作60多年，是一位受人尊敬的好医生。

注意：1.词数100左右；2.可以适当增加细节，以使行文连贯。

【设计意图】（1）这篇英语作文练习是学生对所学内容的总结和应用。（2）钟南山在两次疫情中都勇于担当，挺身而出，为了国家和人民负重前行，是学生学习的榜样。通过这篇介绍榜样人物钟南山的英语作文，引导学生在写作的过程中感受个人的成长、荣誉和国家的发展息息相关，引导学生做一个充满正能量、有家国情怀的人。

【板书设计】

Unit 1　Women of achievement

1.*Heroes in harm's way*

2.How to describe a person？

① background；personality；achievements；assessment

② hard-working；determined；optimistic；reliable；knowledgeable；active；generous；modest；be born in；helpful；responsible；considerate；at the age of；graduate from；devote to；make contributions to；speak highly of；work hard；be praised/honored as；be awarded；with great determination and perseverance；not only...but also...；got a...degree

3.Practice makes perfect.

E. g. Born in October 1936 in Nanjing, Jiangsu Province, he is one of the famous medical scientists in the 21st century.

E. g. After graduating from Beijing Medical College in 1960, Zhong Nanshan devoted himself to medical research.

E. g. Zhong Nanshan not only led but also took an active part in the battle against the diseases.

E. g. With great contributions, Zhong Nanshan was awarded one of the top ten people touching China in 2004 and the Medal of the Republic in 2020.

六、教学反思

本节课是一节英语写作课，通过教学准备和教学活动顺利地实现了教学目标和在课堂中对学生渗透德育的目的。学生掌握了英语写作中人物描写的基本要素，即人物背景、个性品质，对描述人物的客观评价以及自己对人物的所感所思；通过课堂活动和课堂练习，学生掌握了英语写作中人物描写的基本技巧；通过各种类型的图片、文字和视频素材，学生可以在真实的语境中学习并应用所学词汇、短语及句型；学生在这些生动鲜活的榜样事例中获得了情感的升华。

但是本节课也有不足之处。首先，因为课堂时间的限制，只选用了典型人物来讨论，大量的原汁原味的榜样人物英文素材只能交给学生在课下自主归纳总结，自我消化其中的语言特点和行文技巧；其次，因为班级人数的限制，本节课中的讨论环节不能一对一地倾听每个学生的看法和见解，只能在课下的练习中和课外活动中来适时引导他们。

专家点评

本节课主题鲜明，符合学生实际，课堂内容注重解决学生在英语写作中存在的问题。教学目标明确、清晰、适度，关注学生认知和情感的有机结合及和谐发展。课程内容符合社会主义核心价值体系，符合党的教育方针和要求，体现了课程育人的理念，同时也满足了学生该年龄段的道德发展需求。教学过程环节设计有层次，整体性强，衔接自然，教学活动形式多样，注重写作知识的学习和运用，活动充分体现教育主题，引导学生树立正确的世界观和价值观。

通过本节课，学生在各个教学环节中不仅可以提高自己的英语写作能力，也可以在生动鲜活的人物素材中获得情感体验，树立正确的思想观念和道德价值取向。

总之，本节课巧妙地在英语课堂中渗透了德育，做到了英语教学和德育的自然融合。但是德育工作不是一蹴而就的，在英语课堂上的德育工作不能松懈，要利用本学科优势引导学生形成良好的思想品德和健全的人格，成为有家国情怀的栋梁之材。

（班浩，周口恒大中学，中小学高级教师）

行星的运动

济源高级中学　张献辉

作者简介：

张献辉，男，生于 1979 年，毕业于河南大学物理教育专业，在济源高级中学从教至今，中小学高级职称，现担任学校高三物理组教研组长，执教两个毕业班的物理课，同时负责该年级的科技创新工作。

一、教学背景分析

1. 教学内容分析

本节课是高中物理人教版必修第二册第七章第一节，教学内容是行星运动的规律，主要研究太阳系内行星绕太阳运动的规律，同时为后面卫星绕地球运动规律的学习打下基础。人们对行星运动规律的认识经历了长期、复杂的过程，这个过程充满了斗争，展现了人类探索大自然、追求真理的不屈精神。学生不仅要掌握现阶段科学理论中行星绕太阳运动的规律，还要了解人类是如何从错误的认识中一步步走向正确认识的，更要感受前辈们探索过程中的精神，树立正确的价值观。

2. 学情分析

学生经过初中的学习，或通过故事、传说等渠道，已经普遍了解哥白尼、布鲁诺等科学家的事迹，并且知道行星绕太阳运行，知道"地心说"是错误的。但是，学生并不清楚科学家是如何发现"地心说"的错误，以及如何走出这些错误的。一些学生会认为哥白尼的"日心说"是正确的，一些学生认为行星绕太阳是做匀速圆周运动的。本节课的任务是改变学生这些错误的思想，并且让学生感受到科学家发现问题并不断推翻旧理论建立新理论的过程，从而培养实事求是、追求真理的信念。

本节课要用到椭圆的一些知识，如焦点、半长轴等，但数学上并没有学习椭圆，学生对这些知识会感到陌生，需要补充对应的数学概念。

3. 整体教学思路

第一步，通过多媒体展示近年我国航天事业的成就，提升学生的民族自豪感，激发学生学习天体知识的欲望。

第二步，提问学生，在中国古代的神话传说中，日月星辰是如何运行的。再让其他学生讲一讲，在自己的理解中天体是如何运行的。如果学生回答得不完整或者有错误，教师指出问题，当作本节课讨论的问题进行设疑，引入新课。如果学生回答正确，教师提出问题：为什么古代人对天体的认识和现代理论说的不一样呢？人们为什么会改变认识？哪些物理学家成为新理论的引领者？他们付出了哪些努力？

第三步，学生阅读课本，总结出从古至今人类对天体运行规律的典型观点，并指出对应的代表人物。

第四步，教师引导学生认识科学家是如何相互接力合作，一步一步发现问题，并如何一次次修正天体理论，从错误走向正确的。

第五步，带领学生分析课本中的一些数据，如第谷观测的精度、开普勒计算的精度等，体会科学探索的艰辛和科学家执着的精神。通过多媒体图片等重温哥白尼等科学家为真理献身的故事，学习科学家的伟大精神。

第六步，分析开普勒三大定律在太空探索中的意义和三大定律的提出对当时人们的思想产生的意义。

第七步，多媒体展示嫦娥五号运动过程动画，再次提升学生民族自豪感，增强学生探索太空的欲望，提高学习动力。

二、教学目标

（1）归纳自古以来对天体运行规律的多种认识观点，感受科学体系建立、完善的艰难过程。

（2）感受多位科学家的合作过程，体会科学家的博大胸怀，学习相互合作的精神。

（3）理解提出开普勒三大定律在当时的进步意义，学习尊重事实和坚持真理的精神。

（4）结合我国航天事业的成就，提升民族自豪感，增强爱国主义情怀。

三、教学重难点

1. 教学重点

理解提出开普勒三大定律在当时的进步意义，学习尊重事实和坚持真理的态度；感受科技的魅力，提升民族自豪感，增强爱国主义情怀。

2. 教学难点

数学知识在定律中的应用。

四、教学过程

导入：多媒体展示北斗导航系统卫星发射的视频及卫星分布运行动画，介绍北斗系统对生活和国防安全的意义。

【设计意图】提升学生的民族自豪感，激发学生探索太空、学习天体知识的欲望，为完成教学目标（4）打下基础。

环节一：引入新课，探寻历程

教师引导：北斗系统是世界上首个集定位、授时和报文通信为一体的全球卫星导航系统，北斗组网成功，不仅可以有力保证我国的国防安全，还可以进一步提高生产效率，推动全球经济的增长。这是人类探索太空的又一次重大胜利。其实，自古以来人类就没有停止过对太空的探索，大家根据自己的知识储备，各学习小组讨论、整理归纳一下历史上人类对天体运行规律有哪些观点。

学生活动：学生根据知识储备并阅读课本，分组讨论总结，并提交讨论结果。（约5分钟）

第1小组代表讲述了中国神话故事——后羿射日，第2小组代表讲述了哥白尼的故事和观点，第3小组讲述了布鲁诺的故事。

师生共同小结：对学生的发言进行归纳，总结并补充出典型的历史观点及该观点的代表人物。在黑板上进行记录展示：

"盖天说""浑天说"——《周髀算经》

"地心说"——亚里士多德

"日心说"——哥白尼

近代理论——开普勒、牛顿

前沿理论——爱因斯坦、霍金

【设计意图】引导学生通过小组合作的方式认识并对比历史上关于天体运行的观点，知道天体理论发展的曲折经历。

环节二：英雄们的故事

故事一：第谷的故事——实事求是　严谨细心

教师引导：以"盖天说"为代表的天圆地方理论是古代人类通过观察自然总结出来的最朴素的一种认识，是一种美好的想象；"地心说"是第一个比较系统的天体运行理论，它在当时是具有一定进步意义的，也代表着人们认识天体运动规律进入了系统化的理论时代；"日心说"的出现基本宣布了"地心说"的灭亡，也解决了当时的很多天文问题，但是"日心说"仍然有很多不足，并且"本轮"和"均轮"的理论过于复杂，不能很好地解释行星的运动现象。这时候，一个伟大的人物登场了——第谷。

多媒体显示历史人物第谷的介绍：

第谷·布拉赫，丹麦天文学家和占星学家。第谷在汶岛建造天堡观象台，经过20年的观测，他发现了许多新的天文现象。第谷所做的观测精度之高是他同时代的人望尘莫及的。他编制的一部恒星表相当准确，至今仍然有价值。

教师引导：第谷为了研究天文学，放弃了定居瑞士的机会，创建了世界上第一个大型天文台，并且进行了长达20年的细致观测，为科学付出了毕生的精力。在这20年内，他认真的态度和尊重事实的作风让观测的精度达到惊人的2′以内，而当时的理论数据和观测量之间的偏差达到了10′。

学生活动：用量角器画出1°的角。

由于角度太小，多数学生画不出来，或者误差很大。

教师引导：大家可以想象一下，1°角是那么小，而1°是60′，不超过2′的观测偏差，在当时的测量工具和测量条件下，这是需要相当严谨的态度才能得到的。也正是有了这样精确的数据，才给后来的科学家提供了思考的空间。我们应当从中学习什么样的精神呢？

师生共同小结：科学探索的过程需要一丝不苟、严谨的态度。

故事二：开普勒的故事——师徒传承　不畏权威

教师引导：第谷用毕生精力得到了大量高精度观测数据，他的学生开普勒继承了他的衣钵，并且做出了进一步研究。

多媒体显示历史人物开普勒的介绍:

  约翰尼斯·开普勒,德国天文学家、数学家与占星家。1600年第谷与开普勒相遇,邀请他作为自己的助手。第谷逝世后,开普勒接替了他的工作,并继承了他宫廷数学家的职务。第谷的大量极为精确的天文观测资料为开普勒的工作创造了条件。开普勒于1627年出版的《鲁道夫天文表》成为当时最精确的天文表。

教师引导:当时科学界已经普遍认同了行星绕太阳做匀速圆周运动的观点。权力非常大的教会认为天体都是完美的、神圣的,行星只有做完美的匀速圆周运动才是正常的,这是绝不允许怀疑的观点。刚才有同学已经讲到了布鲁诺和哥白尼的事迹,他们为了真理而受到教会的迫害。在这种情况下,开普勒仍然要发出异声,需要什么样的勇气呢?

另外,第谷作为丹麦最伟大的科学家之一,把毕生的手稿都毫无保留地送给了德国的开普勒,让科学理论得以传承和发展,而开普勒正是依靠这些数据才总结出了天体运动三大定律。可以说,第谷博大的胸怀成就了开普勒,开普勒的成就使第谷的努力有了意义。通过后面的学习我们将会知道,这些科学家的共同努力也成就了牛顿,才有了牛顿那句名言:我是站在巨人的肩膀上。在科学理论传承中,又需要我们学习科学家的什么精神呢?

学生讨论发言:学习科学家的优秀品质,对科学精神产生共鸣并得出以下共识。

(板书)

(1)科学需要严谨、细致的态度;

(2)追求真理、不畏权威的科学精神;

(3)科学不分国界,伟大的事业需要博大的胸怀,合作才能有更大的成就;

(4)作为新时代的青年,在享受祖国伟大成就的同时,也要不断追求真理,为国争光。

【设计意图】通过对两位科学家成就的详细讲解,引导学生学习他们严谨、细致的科学态度以及相互合作的科学精神,鼓励学生追求真理,坚守理想。

环节三:学科融合　知识提升

教师讲授:定律中提到椭圆的一些知识,我们在数学上还没有研究过椭圆,但是大家学习过圆的知识和集合的概念。请大家用集合的思想,描述一下什么是圆。

学生回答:到一个定点距离相等的点的集合就是圆。

教师讲授：我们可以借助圆的定义，对椭圆进行研究。椭圆就是到两个定点距离之和相等的所有点的集合。

多媒体动态展示椭圆的形成过程，介绍焦点、长轴、短轴、半长轴的概念。

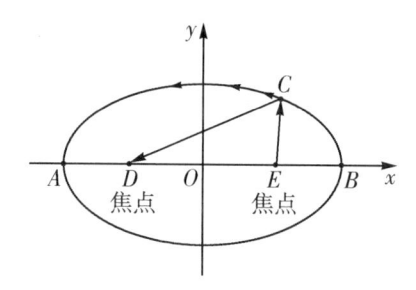

焦点：D 点、E 点

长轴：AB

半长轴：$AO=BO$

【设计意图】补充数学知识，突破本节知识理解上的难点。

环节四：学习定律　相信科学

学生活动：学生阅读课本，记忆并理解开普勒三大定律。

开普勒第一定律：所有行星绕太阳运动的轨道都是椭圆，太阳处在椭圆的一个焦点上。

开普勒第二定律：对任意一个行星来说，它与太阳的连线在相等的时间内扫过的面积相等。

开普勒第三定律：所有行星轨道的半长轴的三次方跟它的公转周期的二次方的比都相等。

教师引导：大家结合当时的科技背景和社会背景，分析一下开普勒三大定律的重大意义有哪些。

开普勒第一定律又叫轨道定律，它打破了"天上的东西是完美、神圣的"这一神话。行星绕太阳运行的轨道严格来说不是圆而是椭圆，太阳处在椭圆的一个焦点上。

开普勒第二定律又叫面积定律，行星的运动也不是匀速率的，这无疑又给了旧思想一个沉重的打击。

开普勒第三定律又叫周期定律，第二定律和第三定律用数学知识给出了行星运动的轨迹，成为现代天体运动的基石。

学生讨论总结：宇宙是可以被认识和征服的。我们要相信科学，尊重事实。

师生总结：开普勒三大定律用如此简洁的语言描述了宇宙中天体运行的通用法则，不仅让人们知道了行星是如何运行的，更重要的是，它告诉我们宇宙是可以探索的，也是可以被征服的。我们要尊重科学，更要利用科学知识造福人类。

【设计意图】让学生通过讨论得出开普勒三大定律的重大意义，学习不畏权威、尊重事实的科学态度，并树立利用科学知识造福人类的理想。

环节五：为祖国自豪　为祖国争光

教师引导：今天我们学习了行星运行的三大定律。在开普勒之后的科学家，如牛顿等人，正是在此基础上不断总结和探索，才有了今天的伟大航天事业。（多媒体展示嫦娥五号采集月壤并返回的画面）这是我们国家创造的又一个航天事业上的里程碑事件，大家知道是什么事吗？

教师引导：经过科技工作者的不懈努力，我国的航天事业已经走在了世界前列，展现了国家强大的科技实力。结合今天所学的知识想一想，今后应该怎样为祖国作贡献呢？

学生活动：学生讨论并总结今天学习到的精神，谈一下自己的理想和人生规划。

【设计意图】通过展示我国航天事业的伟大成就，再次激发学生的民族自豪感，树立学习科学知识、为国争光的人生目标。

环节六：布置作业　课下抒情

课下作业：每个小组内成员相互合作，完成一篇演讲稿《追求真理　为国争光》。

【设计意图】通过课堂学习，激发学生爱国、爱科学的热情，课下通过编写演讲稿和演讲活动，让学生抒发情感，增进爱国情怀，巩固学习效果。

五、教学反思

本节课通过北斗导航系统组网成功这一重大事件引入新课，让学生认识我国航天事业的伟大成就，以及此事件对生活、生产、国防的意义，提升学生的民族自豪感，同时激发学生的学习热情。然后从中国古代传说开始，引导学生逐步了解天体理论发展的各个阶段以及当时出现的观点和代表人物，让学生用讲故事的方式感受天体理论发展的进步。

天体理论的完善过程中，科学家们相互合作、成果共享的精神对于现代社会文化交融的趋势有着积极的示范意义，他们一丝不苟、精益求精的研究态度也和习近平总书记提出的工匠精神相吻合，而他们不畏困难的献身精神更是和国家提倡的守正创新、无私奉献一致。

本节课的学习，不仅可以让学生了解天体运行的理论，更能激发学生的爱国主义情感，强化学生为国家富强而奋斗的人生目标。

专家点评

本节课是高一物理知识中天体理论部分的第一节课，是整个天体理论的基础。天体运动理论是现代航天事业发展的基石，在理论形成初期，无数的科学家经过艰难的探索，最终确定了本节课所学习的三大定律。这个探索的过程是漫长的，也是伟大的。现在的学生，享受着科技的成果，但对科技的形成过程却比较陌生。因此，让学生感受理论的形成过程，体会科学家的探索态度和奉献精神，是非常有必要的。

本节课在设计上注重把握细节，如通过量角器上1°角和2′角的角度大小比较，让学生体会科学研究中认真细致的态度，培养学生严谨的学习态度和研究态度。

本节课多种形式的互动充分体现了学生的课堂主体地位，让学生不仅学到了知识，而且提升了相互合作交流的能力。

总体来看，本节课环节设置合理，内容充实，学生积极性较高，教师引导到位，完成了教学目标，是一节学科知识教育与德育相结合的优质课。

（卫春平，济源市教育体育局，中小学高级教师）

生态系统的物质循环

鲁山县第二高级中学 赵庆锋 蔡丽丽

作者简介：

赵庆锋，男，生于1977年12月，毕业于河南师范大学生命科学学院生物科学专业，高级教师，现任鲁山县第二高级中学高三年级生物教师，主持并完成市级课题"合作学习在高中生物教学中的理论与实践研究"。

蔡丽丽，女，生于1986年9月，2009年毕业于河南师范大学生命科学学院生物科学专业，中小学二级教师，现任鲁山县第二高级中学高三生物教师，参与并完成了市级课题"高中教学错题资源管理"。

一、教学背景分析

1. 教学内容分析

本节的内容来自人教版生物学选择性必修2第3章第3节。教材第3章以生态系统为框架，主要讲述了生态系统的结构，生态系统的能量流动、物质循环、信息传递及稳定性等知识，体现宏观的生态学的内容。

"生态系统的物质循环"通过低碳生活、温室效应等内容的有效整合，既呈现物质循环相关概念，形成结构与功能观、物质与能量观等学科知识，又充分体现了习近平生态文明思想，尤其是党中央对于社会主义生态文明建设的核心理念；为生态文明融入高中生物课堂教学，创新生态文明教育，推动生态文明建设提供了鲜活的教育实践案例。

2. 学情分析

学生已学习了生态系统的结构和能量流动的知识，对这部分的内容有了初步的了解。学生对于生态系统功能的认识容易停留在简单识记水平，难以从宏观的角度去理解环境保护和生物多样性的重要性，通过本节课的学习，可以深入理解生态文明建设同每个人息息相关，每个人都应该做践行者、推动者。此外，还可以强化学生环境意识，倡导勤俭节约、绿色低碳消费，推广绿色低碳出行，推动形成节约适度、绿色低碳、文明健康的生活方式和消费模式。通过观看视频与小组讨论，引导学生对这些问题的思考，激发学生深入探究，帮助学生更好地形成珍惜生态、保护资源、爱护环境的意识，在学生中牢固树立生态文明理念，形成全校学生共同参与的良好风尚。

3. 整体教学思路

首先用2017年环境日宣传片导入，围绕本节课的关键词——"低碳"进行情境创设。然后围绕本节课在学科知识上的两个学习重点——"碳循环的过程""能量流动和物质循环的关系"组织教学活动，同时，将社会普遍关切的话题，如"垃圾分类""低碳生活""绿水青山"等有关视频资源很好地整合进课程中，不仅可以使学科知识更加生动，易于理解，而且使生态文明教育具有了学科育人的抓手，同时也丰富了生态文明教育的课程资源，实现了知识学习与课程育人的双向目标。在效果强化环节，设计随堂分层次习题训练，既能促进知识的及时消化，也能体现学生学习状况的即时反馈。

二、教学目标

（1）通过理解物质循环相关概念，形成结构与功能观、物质与能量观，能够用生命观念认识生物的多样性、统一性，形成科学的自然观和世界观。

（2）通过小组讨论和材料分析，了解碳循环平衡失调与温室效应的关系；树立"绿水青山就是金山银山"的意识，积极践行生态文明教育思想活动，形成生态保护自觉，积极参与环境保护实践活动。

（3）认同生物与环境是统一的整体，理解物质循环的全球性，增强热爱环境、保护环境的意识。

三、教学重难点

1. 教学重点

（1）认识并理解生态系统中的物质循环。

（2）以习近平生态文明思想科学透析日常生活中的物质循环（如垃圾分类）等相关案例。

2．教学难点

说明能量流动和物质循环的关系。

四、教学过程

导入

教师活动：

（1）准备好能量流动与物质循环关系图和能量流动与物质循环相互关系表。

（2）播放2017年环境日宣传片《绿水青山就是金山银山》。

（3）情境介绍：随着"低碳"话语的出现，现在"低碳社会""低碳城市""低碳超市""低碳校园""低碳交通""低碳环保""低碳网络""低碳社区"——各行各业蜂拥而上，统统冠以"低碳"二字，使"低碳"成为一种时尚。

（4）问题：①你对"低碳"了解多少？②我们为什么要"低碳生活"？

学生活动：

（1）观看情境资料；

（2）思考相关现实问题。

【设计意图】从领袖讲话到学生生活实际，导入与之密切相关的物质循环内容，易于学生接受，且为后续学习埋下伏笔。

环节一

教师提出问题：

（1）农田中大量使用的DDT杀虫剂，却在远离施药地区的南极企鹅体内被检测出。为什么会有这种现象呢？

（2）无机环境中的碳主要以什么形式存在？生物群落内部的碳存在形式又是什么？

学生活动：

（1）阅读教材，思考相关问题；

（2）结合导学案，尝试进行相关问题的解答。

【设计意图】训练学生的自主学习能力。

教师提出问题：

（1）碳在无机环境中的存在形式主要是什么？在生物群落与无机环境之间循环

的主要形式是什么？与碳循环密切相关的生理过程是什么？

（2）能量流动和物质循环有何关系？

（3）CO_2的排放与全球气候变化有什么关联？如何降低温室效应？

学生活动：在教师的组织下，学生对上述问题开展分析和讨论交流，特别需要关注这些生理现象背后的微观内部的原因。

【设计意图】为充分运用好教材中的"思考与讨论"，对其中的某些问题作出修改或者补充。

环节二

教师活动：讲解知识点"生态系统的物质循环"。

（1）可以从以下几个方面引导学生理解生态系统物质循环。

①物质循环中所指的"物质"指什么？

②物质循环过程是怎样的？

③"生态系统"是指什么样的生态系统？

（2）让学生尝试总结出物质循环的特点：

①全球性。

②反复利用。

③循环流动。

（3）先引导学生从以下几个方面理解碳循环过程：

①碳在无机环境中的存在形式。

②碳在生物体内的存在形式。

③碳在生物体间的传递渠道。

④碳进入生物群落的途径。

⑤碳进入大气的途径。

⑥碳在无机环境和生物群落间的循环形式。

学生活动：

（1）思考具体问题。

（2）归纳总结物质循环的概念。

（3）结合碳循环过程思考的问题，了解物质循环过程。

【设计意图】认识碳循环的全球性，为理解物质循环概念做铺垫。

教师活动：讲解知识点"能量流动与物质循环的关系"，引导学生完成课件图表中所缺内容。

（1）在生物群落和无机环境之间以什么形式循环？在群落内部主要以什么形式传递？

（2）在生态系统中能量流动有何特点？物质循环有何特点？

学生活动：学生根据所学知识填写表格。

【设计意图】把复杂的物质循环和能量流动过程简单化，并直观地呈现出来，培养学生归纳总结的能力。

环节三

教师活动：

（1）展示选择题答案，让学生对比修正。

（2）涉及上一课时的生产者、消费者、食物链、能量流动以及本节课的温室效应串到一起，综合性较强，要详细讲解。

学生活动：

（1）同学对答案，挑出做错的题目。

（2）提出需要老师解析的题目。

【设计意图】引导学生进行知识检测、纠正。

环节四

教师活动：

（1）只使用"低碳"这个概念引入，不做展开，迅速过渡到"碳循环"这个重点概念中，使学生的兴奋点落在重点知识的学习上。

（2）应用教材的"生态系统的结构模式图"来让学生回忆生态系统中的呼吸作用、光合作用、分解作用，但要引导学生分析问题。

（3）本节课知识通过问题或填表形式展开，有利于学生学习。

（4）本节课与当今环境问题息息相关，可利用这部分素材进行价值观教育。

学生活动：

（1）碳循环过程中涉及的生理作用有多种，问题分析时还会出错。

（2）碳循环过程中的能量变化和物质变化还没有梳理清楚。

【设计意图】引导学生关注社会热点问题，深化生态文明意识，培养学生的节约意识、环保意识，树立正确的价值观和人生观。

课堂小结：通过对"碳循环"的学习，了解能量的流动和物质循环的关系，引导学生积极践行生态文明教育。

课外拓展

除了"碳循环"，"氮循环""硫循环"的过程又是怎样的呢？"碳循环"失衡会形成"温室效应"，"硫循环"失衡又会产生怎样的环境问题呢？如何让生活中的垃圾分类常态化？这些都是值得深入研究的。

五、教学反思

本节课在设计之初就得到了河南省基础教育教学研究室专家汪豪浩老师的指导。本节课，教师先设计好"能量流动和物质循环的关系"图解，通过师生谈话完成"能量流动和物质循环"的知识比较，起到温故知新的作用；通过学生交流总结，使学生能够相互取长补短，获取新的知识体系，以便深入理解"能量流动和物质循环的统一关系"；通过课后写小论文，使学生扩展知识体系和进行后续学习，突出体现《义务教育生物学课程标准（2022年版）》"初步确立严谨求实的科学态度，乐于探索生命的奥秘"的目标要求，培养学生的科学态度和科学的世界观。

本节课的不足之处在于对垃圾分类的细节问题处理不太到位，没有进一步引导学生如何进行垃圾分类，对生态文明理论的讲解可更加细化、实际化、丰富化。在课程的最后可布置一些开放性的题目，如说一说大田里种植的作物为什么要不断提供养料、添加有机肥的优点、温室效应与人类活动的关系、我们该如何进行垃圾分类，这些内容可以让学生以小论文的形式总结下来，以供同学们学习。

专家点评

这节课的主要目的是探索高中生物学课堂如何有机融入生态文明教育。正如课堂教学中的各个环节很难单独割裂开一样，生态文明教育中所涉及的社会责任感等素养的培养也是相互交融，并渗透在课堂教学的每个环节中的。基于逻辑性和条理性的考虑，可以分别从生态特色鲜明、学习主体突出、育人功能达成等三个角度进行评析。

1. 生态特色鲜明

该课虽然教学内容主要来源于人教版高中生物学选择性必修2"生态系

统的物质循环"，但是授课教师并没有完全依靠教材，而是基于《义务教育生物学课程标准（2022年版）》，从"新时代生态文明建设的权威论述""德育活动中的生态教育资源"等渠道深入挖掘了与"物质循环"有关的课程资源。在整节课中，授课教师先后播放了5段视频，除了导入阶段提到的"金山银山论"，另外4个短片分别是"绿水青山，美丽中国""什么是低碳生活""温室效应""垃圾分类"。每个短片都是精挑细选，并且能够与授课内容紧密贴合，无缝衔接，充分体现了教学设计的"创新性"和"融合性"。整节课中授课教师并没有提及生态文明教育，但全程具有强烈的生态文明教育的烙印。

2. 学习主体突出

如何更好地突出学生学习的主体性，是新课程改革的一个焦点问题，也是各个学科及各个领域的共性问题，生态文明教育也不例外。这一课中，教师先后围绕三个教学重点（碳循环的过程、碳循环过程简图、能量流动和物质循环的关系）分别设计了学生活动，活动形式均是小组合作（每组4人），每个活动的任务分别是探讨完成"碳循环"部分6个预设问题、勾画并展示"碳循环"模型图、完成"能量流动和物质循环的关系"有关表格。虽然教师对个别细节的开放性处理得不够（如观看垃圾分类宣传片后，在讲"应如何处理生活垃圾"这一问题时，教师可以组织学生进行讨论），但能够在公开课中大胆地组织多场学生活动，让学生在活动中既有分工又有合作，既有独立发挥又有团队展示，也是充分发挥学生学习主体性的体现，更是一节好课的追求之一。

3. 育人功能达成

正如习近平总书记所说，"良好生态环境是最公平的公共产品，是最普惠的民生福祉"，良好的生态文明是每个公民都应该努力追求并积极呵护的。此节课试图阐述生态文明保护的重要性，并积极传达着国家领导人关于生态环境保护的经典论述。授课教师在资源整合、教学过程、活动方式、效果强化等方面有着独特的思考和实施路径，课堂效果也有较好体现。跳出课程看课程，教师传递的育人信号是强烈的，就是要通过扎实的生态文明教育，厚植学生良好的生态道德和文明公德，这也应该成为落实立德树人根本任务和开展素质教育的创新路径。

（汪豪浩，河南省基础教育教学研究室，中小学高级教师）

发现更好的自己

许昌市第九中学　张艳华

作者简介：

　　张艳华，女，生于1989年4月，2013年毕业于内蒙古师范大学汉语国际教育专业，硕士研究生学历，许昌市二中教育集团办公室副主任，中小学二级教师，教龄6年，现任九年级班主任，2019年获许昌市师德先进个人荣誉称号，2020年获得许昌市优秀班主任荣誉称号，论文《班主任工作室在引领班主任成长方面的探索与实践》获许昌市基础教育教学成果二等奖。

一、教学背景分析

（1）同伴矛盾。进入八年级下学期，与七年级时相比，学生更加在意自己在班集体中的定位，尤其是后进生，自我评价过低，容易产生自卑心理，出现低迷、抑郁等心理疾病；同伴间的言语摩擦会因为青春期特殊的心境而放大，部分学生不能正确疏解矛盾。

（2）亲子矛盾。一方面学生叛逆心理严重，另一方面，随着课业难度加大，家长对学生成绩排名的焦虑与日俱增，由此产生的亲子冲突较多。

（3）师生矛盾。教师对学生成绩排名的过多关注，势必影响"以生为本"和"培养全面发展的时代新人"的教育目标，同时，青春期学生敏感多疑的心境，会放大批评对个体的影响程度，进而与教师产生距离，不利于教学活动、德育活动的开展。

二、教学目标

（1）开展生生、师生和亲子活动，对学生的自信心进行反复强化，既有自我评价、同伴评价，也有教师评价、家长评价，多重肯定，强化自信。

（2）学生青春期期间，亲子之间的距离日渐拉远，通过本次德育活动，也能给家长、孩子一个隔空对话的机会。家长录制视频时，会重温养育之苦、之乐；孩子观看时，会重拾家庭温馨的回忆，反思自己的冲撞和叛逆。这有利于促进亲子关系的和谐。

（3）通过生生活动，学生之间互相点评，8人小组召开小组会议，将小矛盾化解，同时增进小组凝聚力和同学间的友谊。

（4）借助德育活动，加强家校合作，展示班主任教育理念和班主任工作室德育活动成果，给观摩教师一些教学启发。

三、教学重难点

1. 教学重点

在了解青春期学生心境、本班班情的基础上，通过生生、师生、亲子三层活动设计，增强学生自信心。

2. 教学难点

（1）取得家长理解信任，获得家长配合；

（2）考验家长录制视频时的语言组织能力和班主任剪辑视频时的技术能力；

（3）生生点评时，如果出现不可控情况，将考验班主任的应变能力。

四、教学过程

环节一：分享故事，收获评价

课前准备：在班会前，请学生写下初中阶段最有自信的一件事，并装进班级统一发放、封皮画面由自己设计的信封。

【设计意图】（1）回忆自信的事情，重拾自信感觉；（2）使用班级统一信封，增强集体归属感；（3）在信封上进行个性涂鸦，彰显青春期的独特人格。

分享方式：所有信件密封完整后，整齐摆放在讲台上，第一封信由班主任随机抽取，被抽中的学生登台分享"自信"故事，其余同学倾听故事后举手发言，说出认识该生两年来他或她的优点，然后随机抽3—4位同学并给予该同学积极评价，最后班主任用简洁的语言进行中肯点评。

【设计意图】（1）所有信件公开摆放，凸显活动的公平透明；（2）被抽中的学生分享故事，体验被同伴肯定的感觉；（3）由同伴对该生进行积极评价，再次被同伴肯定；（4）由教师对该生进行积极评价，使师生关系更加和谐。

分享过程：A生分享、点评结束后，随机从信封中抽取B生，以此类推，该环节共用时15分钟，共有12位同学参与分享。

【设计意图】（1）由学生抽取下一位同学，使活动具有不确定性，调动活动气氛；（2）本环节可能用时较长，旨在为更多学生提供分享机会，使德育活动惠及更多同学。

环节二：小组互评，增进友谊

（1）设计理念：针对没有进行全班分享的学生，在该环节进行小组集体分享。

（2）具体方式：由组长将信件分发到组员手中，小组成员围坐，一名成员分享，组员共评，并将真挚热烈的评语写在信封背面，以此类推，直至所有同学分享完毕。

【设计意图】（1）给没有登台分享的同学展示的机会；（2）给小组成员互相肯定的时机，增强小组凝聚力。

环节三：亲情助力，家长肯定

（1）课前准备：请家长在安静整洁的环境中拍摄1分钟左右的小视频，主题为"夸夸我的宝贝"，要求使用第二人称，声音响亮，表情自然。

（2）后期制作：使用视频编辑软件对本次班会视频进行编辑加工。

【设计意图】（1）让家长参与到班级德育活动中，了解班主任的教育理念；（2）使家长重温养育孩子的初心，缓解成绩排名带来的焦虑感；（3）视频中父母的语气、表情有别于家庭语言环境，本环节是活动最温情的环节。

小结：以拉罗什富科的名言"我们对自己抱有的信心，将使别人对我们萌生信心的绿芽"作为结束语，激励学生在未来的日子里充满自信。

五、教学反思

本节课基于对青春期学生心理的认知和班情的把握，有意加强三组关系——生生关系、师生关系和亲子关系，通过三层活动设计，步步推进，将德育活动推向高潮。

优点：活动设计清晰，环节具有可复制性，可以作为模板，由各班主任进行创新推广；活动目标适宜，环节衔接得当，学生在活动中收获自信与感动，活动目标达成度较高。

缺点：德育课在公开环境中进行，对于部分内向的同学而言，在陌生老师面前不容易敞开心扉，对学生的边界和隐私有一定入侵；生生点评时，被点评学生全部暴露在讲台上，略显尴尬，可以考虑给学生一个缓冲，如一把扇面用来遮面，或站在自己的座位上，被熟悉的人包围着，要考虑到"场依存"型学生对外界环境的敏感度。教育的过程是教育者与受教育者相互倾听与应答的过程。倾听受教育者的叙说，是教师的道德责任。创造民主平等的课堂氛围很重要，本次活动部分学生的拘谨使我反思：学生到底怕什么？怕陌生人？怕被同学点评？怕班主任？我的日常管理是否过于严厉？

在课前预测到的活动难点也确实出现了——察言观色，捕捉情绪是对班主任教育机智的考验，课堂点评中，班主任没有较好地升华语言，对12位公开展示的同学的点评趋同，不能很好展现个体的差异性，是班主任的不足，在今后的工作中应当深入地了解学生。

专家点评

本节德育活动课由河南省周梅芳名班主任工作室核心成员张艳华老师执教，活动主题既有时效性，也符合八年级学生身心特点，从"青春期"这一学生成长的必经阶段入手，通过温暖有序的三个环节达成德育目的，形式新颖。在活动中，班主任"少说教，多互动"，将话语权转交给班干部、学生、家长，真正做到了"以生为本"。教师课堂用语温柔得体，既有鼓励又有鞭策，教师形象亦师亦友。同时，生生互评、亲子互动等环节的设计也易增进生生之间、亲子之间的感情。

著名教师于漪说过："学生的情况、特点，要努力认识，悉心研究，知之准，识之深，才能教在点子上，教出好效果。"在教师点评环节，张老师的用语不同于说教、训话，如春风化雨，滋润学生心灵。

当下学科教育的教学模式方向是一体化，但不是一刀切的，德育更多是精神层面的渗透和领悟，课堂应该是灵动的，是碰撞，是唤醒，是触动，是感悟。每个教师会在教学中慢慢形成自己的风格，找到和学生相处、交流的方式。德育即生活，创造好的班级文化才能让学生有文化。

在课堂教学中，任何教学内容的处理，情境的创设，教学案例、事例的选择，问题的提出,教学方法的运用,媒体技术的辅助使用,都是围绕教学目标而展开的。因此,本节德育活动课可学可仿,但只要围绕教学目的,方法不必深究,可以给其他班主任选择的自由。

(周梅芳,许昌市第二中学,中小学高级教师,省名班主任工作室主持人)

以"卢氏好人"为线索,践行友善价值观

卢氏县育才中学　吕建国

作者简介:

　　吕建国,男,生于1979年,毕业于河南师范大学,卢氏县育才中学业务副校长,中小学一级教师,现任育才中学九年级道德与法治教师,主要研究成果有:参与的省级课题"思想品德课堂教学中合作学习研究"于2015年顺利结项,主持的"研读课标、画知识结构图在构建高效课堂中的积极作用"获市级教科研优秀成果一等奖。

一、教学背景分析

1. 教学内容分析

　　社会主义核心价值观是兴国之魂,是当代中国人价值观念的最大公因数,加强社会主义核心价值观教育也是立德树人的重要途径。我们在教学中以"卢氏好人"为线索,探寻初中生友善价值观教育的有效途径,使社会主义核心价值观教育本土化。同时,以点带面,循序渐进,以走访调查的方式分析当前中学生在友善价值观方面存在的问题,以及学校在友善价值观教育方面存在的缺位。通过对比分析、归纳总结,探索中学生友善价值观的教育策略,为学校立德树人提供载体,为道德与法治课堂教学注入活力,为我校社会主义核心价值观教育提供范例。

2. 学情分析

　　社会主义核心价值观教育是落实立德树人根本任务的重要内容,在三个层面的内容中,友善价值观与学生的生活和成长更近,而在实际生活中部分学生的行为与友善背道而驰,如"学生和父母发生矛盾时,与父母大打出手""与同学因为小事而破口大骂""与陌生人交往时不懂得交往的礼仪",同时,缺乏团结合作精神,对周围

事物冷漠，缺乏奉献精神。在实际教学中，对学生的友善价值观教育缺乏载体，形式单一，效果不佳，合力不够，说教多、体验少，与学生的心理需求和成长需要还有很大差距。

3. 整体教学思路

通过问卷调查，分析我校学生在友善价值观方面存在的问题，以及我校在核心价值观教育方面的缺失；同时，以"卢氏好人"主题公园为实践基地，挖掘身边模范的精神品质，提炼友善价值观体现在普通人身上的品质，为学生树立榜样；以课堂为主阵地，整合七、八、九年级道德与法治有关友善价值观的内容，并设计出相应的教学设计和实践活动，在此基础上尝试制订《育才中学学生友善价值观评价方案》，最后探索出我校在友善价值观教育方面的策略。

二、教学目标

（1）通过问卷调查，学生认识到自己在友善价值观方面存在的问题，增强对活动必要性的深刻认识；

（2）通过参观"卢氏好人"主题公园和收集身边的好人事迹，学生以榜样为例，提炼出友善价值观的实际内涵，以此进一步增强热爱家乡、建设家乡的情感；

（3）通过对教材中关于友善价值观内容的整合与精选，学生的整体意识和系统化观念增强，认识到学习的真正意义；

（4）制订《育才中学学生友善价值观评价方案》，为学生培养友善价值观提供评价指标，以评价促进学生友善价值观的形成与提升。

三、教学重难点

1. 教学重点

（1）增强学生热爱家乡、建设家乡的情感；
（2）促进学生友善价值观的形成与提升。

2. 教学难点

探索符合我校实际情况的友善价值观教育策略，并且能够形成体系，做到常态化。

四、教学过程

导入

(1)播放《社会主义核心价值观》教育宣传片,引导学生回顾九年级道德与法治上册第五课"凝聚价值追求"的内容,让学生对社会主义核心价值观的内容有一个全面的认识;

(2)召开"以'卢氏好人'为线索,践行友善价值观"专项主题教育活动座谈会与动员会。

【设计意图】通过对社会主义核心价值观知识的全面回顾,为学生下一阶段活动奠定理论基础。同时,召开主题活动的座谈会和动员会,了解学生的需求和对活动的心理期待,为活动的有效实施提供必要保障。

环节一:问卷调查发现问题

教师活动:

(1)设计育才中学学生友善价值观问卷调查:

育才中学友善价值观问卷调查

亲爱的同学:

你好!我们邀请你做这项调查问卷,目的是了解当前初中生友善意识与行为状况。我们保证这项调查保密,调查数据和相关资料仅作为本研究所用,你只需要按照自己的认识和想法作答即可。我们对你的支持与帮助表示诚挚的感谢。

内容设计:

1. 你的性别:

　　A. 女　　　　B. 男

2. 你所在的年级:

　　A. 七年级　　　B. 八年级　　　C. 九年级

3. 你听说过友善价值观这个概念吗?

　　A. 听说过　　　B. 没听说过　　　C. 不清楚

4. 对中学生进行友善价值观教育是否必要?

　　A. 是　　　　B. 否　　　　C. 无所谓

5. 你是否理解友善价值观的内涵?

　　A. 完全理解　　　B. 不完全理解　　　C. 不理解

6. 和父母发生了不愉快，你会如何对待？

A. 寻找机会和好　　　　B. 等待父母妥协　　　　C. 一直冷战下去

7. 在生活中，和同学、好友相遇时，你会先打招呼吗？

A. 会的，一般老远就打招呼了

B. 不确定，要视情况而定

C. 不会，通常是等朋友主动向自己打招呼

8. 在路上遇到乞讨者，你会怎么做？

A. 每次都会捐款

B. 认为都是骗子，躲着走

C. 要视情况而定

9. 遇到老人跌倒，你是否会去扶？

A. 主动上前搀扶

B. 不会去扶，怕惹麻烦

C. 在不会被讹的前提下才会去扶

10. 你平时是如何对待自然环境的？

A. 非常关心，经常做一些对自然环境有益的事

B. 比较关心，至少不去破坏自然环境

C. 只关心与自己息息相关的自然环境

D. 没有意识到，谈不上关心

11. 有保护自然环境的社团邀请你在周末参加一次植树造林活动，你会如何决定？

A. 会积极参加　　　　　　B. 尽量参加

C. 参不参加都无所谓　　　D. 不会参加

12. 你救助过几次小动物？

A. 救助过一两次

B. 救助过三次（含）以上

C. 记不清楚了

D. 完全没有

13. 你认为一个友善的人应该是：_____

14. 请你为我校开展社会主义核心价值观友善教育提三条建议：

① _____

②_____
③_____

（2）组织学生完成问卷调查，并做好统计，对问卷问题进行分类整理。

2. 学生活动

（1）认真完成问卷调查；

（2）对自己在友善价值观方面的表现进行反思。

3. 活动小结

通过问卷调查，对学生在友善价值观方面的实际状况有了全面的认识，从数据可看出：90%以上的学生认为自己了解友善的内涵，并且对学校进行的社会主义核心价值观教育感到有必要；对于备受争议的"倒地老人扶不扶"这一社会问题，59%的同学选择了扶，但前提是不被讹诈，也有35%的同学选择主动上前搀扶，这一结果表明大部分中学生有自我保护意识，认为在做好自我保护的前提下他们还是愿意做好事的；在被问及自己对待自然环境的态度时，只有23%的同学表示非常关心，66%的同学比较关心，11%的同学表示谈不上关心，这表明部分学生的环保意识不强，缺乏必要的责任感，需要加强环保方面的教育；在被问到给学校开展社会主义核心价值观友善教育提建议时，大多数同学认为学校应开展志愿者活动（68%）、校园文化活动（87%）及校外实践活动（78%），这些建议反映出我们的学生还是认同学校教育的。

调查中也反映出极少数同学也有其他相对独立的价值观，这也暴露出青少年学生不理智、不成熟的一面，友善价值观教育还有很长的路要走。

【设计意图】通过问卷调查这种形式可以让更多的学生参与到活动中，扩大活动的影响力。问卷调查可以全面而客观地收集有效信息，为了解我校学生目前的价值观现状提供第一手准确的数据。在对数据进行分类整理后，梳理出学生在友善价值观方面的优势和不足，为开展下一阶段活动提供依据和突破点。

环节二：实地参观树立榜样

教师活动：

（1）设计参观方案，确保活动质量。

活动目的：了解本土文化，学习"卢氏好人"，汲取丰厚滋养，培养高尚情操，践行友善价值观。

活动主题：学习"卢氏好人"，培养友善价值观。

活动地点：卢氏县"卢氏好人"主题公园。

活动过程：

A. 认真参观，提炼品质（要求学生认真参观主题公园中的模范人物，通过模范人物事迹的介绍，提炼他们身上体现友善价值观的品质）。

B. 分类归纳，领会内涵（在学生参观主题公园中的模范人物的基础上，将他们的精神予以分类归纳，引导学生明确友善在实际生活中的真实体现，为学生培养价值观指引方向）。

C. 选择对照，明晰精髓（在对模范人物精神进行分类的基础上，选择一个自己崇拜的模范人物，挖掘其身上的高尚品质，以此对照，发现自己在友善价值观方面的优势和不足）。

D. 综合领悟，躬身践行（在参观、归类、对照的基础上，写一篇自己参观主题公园的心得体会，要体现自己对友善价值观的认识，并制订出自己践行友善价值观的行动计划）。

（2）组织学生参观"卢氏好人"主题公园，引导学生分类提炼出模范人物身上的优秀品质，全面对友善价值观有一个深刻的领会。

（3）组织学生分享参观"卢氏好人"主题公园的感悟，引导学生制订践行友善价值观的行动计划。

学生活动：

（1）参观"卢氏好人"主题公园，汲取榜样的精神力量；

（2）提炼归纳模范人物的精神品质，明确友善价值观的实际内涵；

（3）分享参观感悟，制订自己践行友善价值观的行动计划。

活动小结：通过参观"卢氏好人"主题公园，学生明白榜样就在身边，并非遥不可及。同时，通过分类提炼模范人物身上体现友善价值观的品质，学生对友善价值观有了更加深刻而全面的认识，认识到友善价值观体现在与自身、与他人、与社会、与自然、与国家的方方面面，并在参观的基础上分享感悟、制订计划，增强了行动的信心，也激发了热爱家乡、建设家乡的热情。

【设计意图】在本次活动中，参观"卢氏好人"主题公园是重点，让学生在参观的过程中重构自己对友善价值观的知识体系，这种认识是基于体验而来的，实现了从理论认知到情感体验的跨越，学生在参观体验过程中汲取精神力量，坚定自己践行友善价值观的热情与信心。同时，在学生体验感悟的基础上引导学生从与自身、与他人、与社会、与国家四个方面认识友善价值观，为学生践行友善价值观明晰方向、提供思路。

环节三：整合教材　回归课堂

教师活动：

（1）以"友善"为主题，整合人教版七、八年级道德与法治教材内容。

表1　人教版七、八年级道德与法治教材"友善"主题相关内容

年级	单元	主题	基本观点
七年级（上册）	第三单元	师长情谊	1. 平等待人，尊重人与人的差异，消除歧视； 2. 礼貌待人，仪表大方、语言文明、行为得体； 3. 宽以待人，学会换位思考，坚持原则； 4. 友善待人需要真诚之心，从点滴小事做起，友善地对待所有人，尤其是社会上的弱势群体，要注意表达方式，不伤害对方的自尊心
八年级（上册）	第二单元第四课	社会生活讲道德	1. 尊重他人，积极关注重视他人； 2. 平等待人，绝不轻视、歧视他人； 3. 学会换位思考，体会他人内心感受，理解尊重他人，也要学会发现他人的潜质和特长，欣赏和赞美他人； 4. 以礼待人，要态度谦和，用语文明，仪表整洁，举止端庄，落落大方，还要在社会生活中不断学习、观察和践行，以自己友善的言行来影响和带动身边的人，共同创建友善和谐的社会风尚
八年级（上册）	第三单元第七课	积极奉献社会	1. 关爱他人，要心怀善意，尽己所能，同时也要讲究策略； 2. 服务社会，需要积极参加社会公益活动，从小事做起，从实际出发，讲究实际效果，也需要我们热爱劳动，爱岗敬业，努力学习，为实现中国梦做好准备

（2）引导学生对主题知识进行梳理和记忆，构建以"友善"为主题的知识体系。

学生活动：

（1）围绕"友善"主题知识，梳理和巩固基础知识。

（2）以人教版教材八年级上册第84页的"拓展空间"为例，以小组为单位制订一份微公益活动策划方案。

A.背景材料：近年，帮助贫困山区孩子上学，组织山区孩子参观科技馆、博物馆，募集闲置衣物捐给有需要的人，给社区贫困老人和生活困难户送米面油、送温暖等微公益活动，吸引越来越多的人参与，汇聚起推动社会文明进步的强大力量。

B.活动要求：微公益活动虽小，却意义重大。请以小组为单位，制订一份微公

益活动策划方案。

活动小结：

通过对教材中有关"友善"知识的整合，为学生践行友善价值观奠定理论基础，使学生从理论知识的角度全面认识友善价值观的内涵。同时，通过制订微公益活动策划方案，锻炼了学生动手实践能力。

【设计意图】习近平总书记在学校思想政治理论课教师座谈会上强调，推动思想政治理论课改革创新，要不断增强思政课的思想性、理论性和亲和力、针对性，要坚持"八个统一"。其中"坚持政治性和学理性相统一、坚持理论性和实践性相统一"在本环节得到了很好的体现，通过整合教材中有关"友善"的知识，为学生奠定理论基础；通过制订策划方案，做到了理论与实践的统一。本环节围绕教材设计教学活动，以教材为本，追根溯源，引申拓展，丰富课堂，成就学生。

环节四：设计量表 评价指导

教师活动：

（1）设计育才中学学生友善价值观教育水平量表[附育才中学学生友善价值观教育水平量表（样表）]。

表2　育才中学学生友善价值观教育水平量表（样表）

年级：　　　　　班级：　　　　　评价周期：　　　　　总评价：

评价指标		评价得分	评价结果	评价人签字
对父母同学的友善意识和行为	1. 对父母有礼貌　□ 2. 主动帮助父母做家务　□ 3. 能够听取父母的意见和批评　□ 4. 主动和同学打招呼　□ 5. 自觉关心和帮助同学　□			
对陌生人的友善意识和行为	1. 主动帮助过陌生人，如给老人、孕妇让座等　□ 2. 当陌生人影响到自己时，能友好处理，如被陌生人踩了脚　□ 3. 当给陌生人带来不利影响时能主动道歉　□ 4. 对陌生人能正确使用称呼语　□ 5. 发现陌生人有不当行为，能友好、及时处理　□			

（续表）

评价指标		评价得分	评价结果	评价人签字
对大自然的友善意识和行为	1. 能细心照看家里或校园中的花草树木，如浇水、修剪 ☐ 2. 能友好对待家庭宠物 ☐ 3. 能友好对待流浪猫、流浪狗及动物园的动物 ☐ 4. 不污染和破坏环境，如乱扔垃圾 ☐ 5. 积极参加有关环保的志愿活动 ☐			
对社会集体的友善意识和行为	1. 积极参加班级活动，以实际行动维护班级的荣誉和利益 ☐ 2. 能遵守社会公德和公共秩序，不破坏公共设施 ☐ 3. 积极参加学校或社会举行的献爱心活动 ☐ 4. 积极参加志愿者活动，有两次以上志愿活动经历 ☐ 5. 对社会中道德模范人物能肃然起敬，对一些冷漠行为能适当表达自己的建议和意见 ☐			

备注：每个☐代表1分，打对号代表得分，不打代表不得分。

单项评价标准：好（4—5分）、中（2—3分）、有待提高（0—1分）

总评价标准：优秀（15—20分）、良好（12—15分）、合格（9—12分）、有待提高（6—9分）

（2）引导学生熟悉评价量表的内容，并进行自我评价。

学生活动：

（1）学生对照评价量表对自己的友善价值观进行自我评价，明晰自己的优点和不足；

（2）根据评价，制订自己下一段践行友善价值观的行动计划，突出一个阶段一个主题，一个主题一次进步。

活动小结：通过设计友善价值观评价量表，让空洞的理论有了评价依据，学生在根据量表进行自我评价的同时，也进一步强化了对友善价值观的认识，并且在认识的基础上明晰了自己的践行方向。通过设计评价量表，教师也加深对培育学生友善价值观策略的进一步思考，让主题教学、主题活动有了载体，有了方法。

【设计意图】没有评价，就没有效果。如何衡量学生的友善价值观水平，让活动有载体、践行有方向，是本次德育教学的重点。在活动中，通过设计育才中学友善价值观教育水平量表，让以"友善"为主题的价值观教育持续开展下去，也为初中阶段社会主义核心价值观教育提供一个突破口，让社会主义核心价值体系教育常态化开展。

五、教学反思

以"卢氏好人"主题公园为线索，践行友善价值观德育教学案例在实践探索过程中，体现以学生为主体，以学科实践为目的，以提升学生核心素养为中心，培养学生友善价值观，让学生心怀善意，与人为善。在活动中按照四个环节层层深入，较好地体现了预期效果，但也引发了很多思考：

第一，在教学中，我们常常注重学生理论的背记，而忽略学生成长中一些常识性的问题，例如友善价值观的培养，这些最朴素、最简单、最持久的情感体验是学生一生最宝贵的财富。在活动中，我们也看到了学生对友善的期待和向往。因此，教师在教学中应该时刻铭记学科使命，培养学生学科核心素养，以主题德育教学为契机，丰富学科知识，延展课堂内涵。

第二，课程校本化、课堂生活化、教学活动化应该是新时期道德与法治学科教学的主旋律，特别是教学活动化，更是我们落实思政课教学"八个统一"的主要做法，在设计活动的过程中要体现本学科教学的理论深度、实践力度、人文温度，把实践性和理论性结合起来，让教材中的基本观点、主干知识在生活中落地生根，而不是为了活动而活动，忽略内在的情感体验。

专家点评

吕建国老师开展的"以'卢氏好人'为线索，践行友善价值观"德育教学活动，立足社会主义核心价值观教育大背景，以友善价值观培养为突破口，通过问卷调查、实地参观、回归课堂、评价指导四个环节探索初中生友善价值观教育的策略，很有实际意义，主要有以下几个亮点：

第一，角度新颖。关于中学生社会主义核心价值观教育大多是范围广、角度多，很少有从具体角度出发的。本德育教学以小见大，真正体现"小行动、大智慧，小角度、大视野"的理念。同时，从家乡角度出发，使社会主义核心价值观本土化，更加具有时效性。

第二，设计精心。在活动中先后进行了初中生友善价值观的问卷调查，开展了"学习卢氏好人，践行友善价值观"的实践活动，学生走进"卢氏好人"主题公园，近距离感受友善价值观在普通人身上的具体体现，汲取丰富的精神营养。这些活动的设计，强化了理论与实践的有机结合，丰厚了学生的成长根基，延展了课堂内涵。

第三，提炼到位。通过整合教材中有关友善价值观的知识，为学生践行友善价值观奠定理论基础；通过设计育才中学学生友善价值观教育水平量表，为学生明晰方向、提供思路。这些活动环节设计新颖、提炼到位，有很强的借鉴意义。

第四，注重融合。活动加强了课堂与生活的融合，突出校本化特色，特别是以家乡模范人物为线索，具有较强的地域特色，增强了学生热爱家乡、建设家乡的情感，让立德树人的理念有载体、有根基。

（吕金宏，卢氏县基础教研室，中小学高级教师，河南省名师）

青春心向党　建功新时代

——18岁成人礼德育活动案例

新县职业高级中学　程　霞

作者简介：

程霞，女，生于1977年5月，1999年毕业于河南大学美术学专业，讲师，现任高二年级美术教师。主要研究成果：论文《高中美术教学中如何提高艺考生的应试能力》发表在《中小学教育》。曾多次参与省校级课题研究。

一、教学背景分析

1.教学内容分析

教学内容指导思想是以习近平新时代中国特色社会主义思想为指导，全面贯彻党的十九大和十九届二中、三中、四中、五中全会精神，深入贯彻落实全国教育大会及全国基础教育工作会议精神，落实立德树人根本任务，以培养学生良好思想品德和健全人格为根本，以积极培育和践行社会主义核心价值观为主线，充分发挥课堂教学的主渠道、各种德育活动辅助的作用，将中小学德育内容细化落实到各个环节中，融入教育教学全过程，培植学生深厚的家国情怀。

教学对象是全校75个班级中年满18岁的青年学生，其他不满18岁的学生也到现场感受气氛，提前接受思想洗礼，同时邀请教师和家长参加，共同见证学生们18岁成人时刻。

教学选取有意义的环节精心设计，让学生有参与感、获得感和仪式感，从而激励青年学生知感恩、懂励志、负责任、敢担当。

2. 学情分析

学生情况分析：我校是一所中职学校，80%的学生来自农村。学生家庭经济条件差，父母多外出打工，家庭教育缺失，不少学生自控能力差，学习习惯、行为习惯差，厌学情绪重，责任意识、担当意识淡薄。也有一部分学生虽家庭贫困，但学习勤奋刻苦。因此，本次活动的正面引导作用尤显重要。

教学组织情况分析：

前期准备：①组织学生探讨方案、学生调研人数和情况统计；②活动方案议程及物品、音响舞台、道具、礼品的准备；③参会教师、家长的邀请和接待事宜；④关注天气变化。

3. 整体教学思路

全校范围内以年级和级部为单位成立职业部、综合部、中专部3个年级9个学生活动探讨小组—研究制定18岁成人礼的活动方案—分组准备成人礼需要的物品，包括舞台、音响、道具制作—收集成人礼的相关知识及文字材料—邀请家长、师长参加—前期的宣传—活动现场仪式的举行—活动后期的宣传报道。

二、教学目标

通过举行成人礼仪式，了解中国传统礼节及成人礼相关知识，提高思辨能力，认识树立责任、担当意识以及培养良好思想品德和健全人格的重要性，树立社会主义核心价值观；增强"四个自信"，培植家国情怀。

三、教学重难点

1. 教学重点

近6000人参加的成人礼仪式。

2. 教学难点

活动的各种组织协调工作及学生家国情怀的培养。

四、教学过程

导入

五四青年节、学生毕业季即将到来，在这个特殊时段开展学生 18 岁成人礼德育活动很有意义。前期充分利用多媒体平台、校园广播系统、校园文化墙等多时段宣传普及中国传统节日及成人礼相关知识，引导全校学生持续关注。

2019 年是中华人民共和国成立 70 周年、五四运动 100 周年。为全面贯彻习近平总书记关于青年工作的重要思想，号召青年学生继承五四传统，弘扬以爱国主义为核心的伟大民族精神，勤奋学习、积极进取，做一个有理想、有本领、有担当的时代青年，以优异的成绩向伟大祖国 70 华诞献礼。全县各中学团委书记，新县职高全体师生及部分高三学生家长代表参加，共约 6000 人。

同时，学校组织 9 个学生小组开展前期活动调研和活动草案的研讨、制订工作。

【设计意图】营造德育活动情境，激发全校师生的兴趣，为接下来的教学开展做好铺垫。

环节一：成人礼活动准备

教师活动：

学校团委老师组织召开各年级学生团总支、各学生活动小组会议，布置讨论活动草案任务，确定成人礼德育活动可行性草案。

学校团委老师牵头组织召开学校层面成人礼德育活动筹备会，学校校长、分管副校长及各年级、科室、年级组相关人员参加会议，提交草案并通过德育活动方案，形成学校红头文件下达，明确各部门、科室分工和需要准备的工作。

各年级班主任布置本班级成人礼活动任务，成立班级学生活动筹备组。

各任课老师结合本学科特点，进行德育资源挖掘，特别是关于成人礼的内容，将德育内容融入课程教学中。

活动现场舞台设计、会场布置、音响背景准备、成人门的设计制作、相关物品的购买、节目指导、文字材料准备。

相关领导的邀请。

学生活动：

各班级小组讨论成人礼德育活动草案，调查统计学生年龄情况。

统计 18 岁学生人数。

拟定参加活动的家长名单及邀请工作。

准备成人礼发言稿。

节目的排练（练唱国歌、《没有共产党就没有新中国》、《歌唱祖国》，诗朗诵《我们18岁》，手语操《感恩的心》，经典诵读《少年中国说》，舞蹈《舞动青春》）。

协助老师会场布置：条幅8个，凳子3600个，小国旗5000个，彩色气球1000个。

感恩词的诵读练习，成人宣誓词练习。

师生共同小结：师生探讨交流成人礼的意义。做好德育活动准备工作，确定活动时间、地点、主题、协办单位、成立学校领导活动小组、活动流程、物品准备等事宜。

【设计意图】初步确定活动流程，引导学生参与整个成人礼德育活动准备及策划，对活动的开展有大致的了解，为下一步工作做好思想准备。

环节二：成人礼活动仪式举行

这是一场由教师引导，学生为主体，家长、师长同参与的德育活动大课堂！

具体活动流程如下：

【活动议程】

（音乐起，领导上场并就位，活动开始）

主持人开场白：

尊敬的各位领导、老师、家长朋友，亲爱的同学们，大家上午好！

今年是中华人民共和国成立70周年、五四运动100周年。100年前，一群热血青年为了国家和民族的兴亡舍身忘死，浴血奋战。时至今日，"外争主权，内惩国贼""誓死力争，还我青岛"的呐喊声依然响彻在我们的耳畔。在这段历史的记忆中，无数的仁人志士，高举爱国主义的大旗，扬着民主和科学的风帆，掀起了思想解放的新篇章。

五四运动的爆发，标志着一场新的伟大的反帝反封建斗争的开始，而这场斗争的主角就是中国共产党领导下的爱国青年学生。

今天我们在这里隆重集会，举行庆祝中华人民共和国成立70周年、纪念五四运动100周年暨18岁成人礼活动，就是要号召广大青年学生继承五四传统，弘扬以爱国主义为核心的伟大民族精神，为了民族的独立和解放，为了国家的繁荣和富强，前赴后继，英勇奋斗，勤奋学习，积极进取，做一个有理想、有本领、有担当的当代青年。

随后，新县人民政府副县长赵振营宣布活动开始。

第一项：请全体起立，面向国旗，升国旗，奏唱国歌。

第二项：学生代表给领导和班主任献花。

第三项：学生行感恩礼。请新县职业高中校长吕继运主持感恩致礼仪式。

第四项：请新县教育局局长李建章致辞。（略）

请高三学生代表李艳同学发言。

请家长代表张梅发言。

第五项：手语操表演《感恩的心》，有请综合部高一年级的同学上台表演。

第六项：经典诵读《少年中国说》，有请中专部二年级的同学上台表演。

第七项：给学生赠送《中华人民共和国宪法》《法律知识宣传手册》。

请共青团新县县委书记杨明月、县司法局局长虞艳上台给学生赠送礼品。

同学们，接过这份沉甸甸的礼物，意味着你们已经成为法律意义上的独立主体，将享有完全的政治权利和民事权利，同时也将独立承担全部的法律责任和义务。希望你们好好学习《中华人民共和国宪法》，将这份珍贵的礼物好好保存。

第八项：成人礼宣誓。请综合部高三年级（1）班的杨磊同学上台领誓。

第九项：学生给家长行礼。

落叶在空中盘旋，谱写一曲感人的乐章，那是树叶对大地的感恩；白云在天上飘荡，绘出一幅动人的画面，那是白云对蓝天的感恩。我们原想收获一缕春风，父母却给了我们整个春天；我们原想捧起一簇浪花，父母却给了我们整个海洋。我们要感恩父母，感恩父母赐予我们生命，感恩父母对我们的无私付出和养育之恩。下面请所有高三同学给家长行感恩礼。

行礼：一鞠躬，感谢父母生育情，情深似海！

再鞠躬，感谢父母养育恩，恩重如山！

三鞠躬，祝愿父母身体好，健康长寿！礼成！

第十项：全场同唱歌曲《没有共产党就没有新中国》和《歌唱祖国》，歌唱伟大的中国共产党，献礼新时代。

第十一项：请共青团信阳市委副处级调研员郝松发表讲话。（略）

第十二项：过状元桥，迈成人门。

主持人结束语：

庆祝中华人民共和国成立70周年、纪念五四运动100周年暨18岁成人礼活动到此结束。请家长退场，请学生有序退场。感谢各位领导、各位家长百忙之中抽出宝贵的时间来学校参加本次活动，感谢你们对新县职高工作的大力支持，谢谢你们！

【设计意图】通过此次德育教学活动，学生接受成人礼仪式洗礼，感受成年后的责任与担当，认真思考以后该做一个怎样的中国青年。

环节三：成人礼德育活动后续工作

教师活动：组织记者采访，及时报道活动信息，并投送信阳文明网、新县电视台等官方网站报道；组织教师、学生征文活动，择优发表在学校校报上。

学生活动：接受记者采访，清理会场；写活动感受，参与征文比赛；思考以后做一个怎样的接班人。

五、教学反思

本次18岁成人礼德育活动从选择筹备、调查分析、完成方案、各小组争辩到班级集体讨论通过，同学们有不少的感触，认为学习知识不能只停留在书本上，在实践中运用才能学得扎实。这次筹备和探究活动检验、培养了学生的能力，激发了他们参与活动的兴趣和热情。在成人礼德育活动中，计划、调查、分析、写报告等环节基本上由学生自己做主，教师只是辅助指导，使学生品尝到学习和发现的快乐。有的学生认为，这次德育活动不但体验了实践德育活动过程，检验了组织协调策划活动的能力，而且提高了自身的责任意识；有的学生表示，可以把在这次活动中提升的能力和学到的方法应用到以后的学习中；等等。

作为指导教师，也有许多体会和收获：

（1）学会选德育活动契合点是策划好德育活动的第一步。德育活动的选择尽可能来源于学生的生活，从他们"熟视无睹"的现象中发现问题，又与现实生活紧密联系，选择并确立与理想、生活、目标密切的选题。如果是陌生的活动和领域，会让学生因难于动手实践参与而失去兴趣，不了了之。另外，要引导学困生有意选择一些能增强自信的活动来参与，使学生的自信心、能力趋向良性发展。

（2）教师正确引导和学生成员自主组合，营造宽松、自由的氛围是活动开展的有力保障。学生自主讨论，提问题，小组研究与班集体讨论相结合，从"我听教师讲"的模式中解脱出来，利用业余时间主动收集资料、实践调查，确保活动顺利开展。

（3）激发学生参与活动的兴趣，帮助学生消除对举办大型活动的无助感，是活动顺利开展的重要条件。教师的作用是指导和帮助，要让学生成为活动的主人。这需要教育者转变教育观念，将学生的兴趣放在第一位，学生以浓厚的兴趣为起点，最终完成德育活动并获得成功。德育活动不仅有简单的体验，还要让学生在参与中收获感悟。

专家点评

（1）政治站位高。新县职业高中主办的18岁成人礼德育活动是在中华人民共和国成立70周年、五四运动100周年这个时间点举行，政治站位高，教育意义深远。

（2）立意深刻。活动全面贯彻习近平总书记关于青年工作的重要思想，坚持不忘初心，立德树人，号召青年学生继承五四传统，弘扬以爱国主义为核心的伟大民族精神，做新时代的"四有"青年，以优异的成绩向伟大祖国70华诞献礼。

（3）影响深远。18岁是一个人生命历程中崭新的起点。从法律意义上讲，18岁是一个具有完全民事行为能力的年龄，是开始明确社会责任、担负历史重任、参与国家事务的年龄。参加18岁成人宣誓，就正式跨入了成人公民的行列，拥有了宪法赋予公民的一切权利和义务。青年学生告别天真烂漫的少年时代，加入到成年人的行列中来，为祖国建设贡献力量是可喜可贺之事！中华人民共和国成立70年来，我们国家从积贫积弱到繁荣富强，经历了天翻地覆的变化，这一切都离不开一代代有为青年的付出与努力。从1919年到2019年，100年来，青年朋友们始终坚持弘扬"爱国、民主、自由、科学"的五四精神，开拓创新，锐意进取，为实现中华民族伟大复兴的中国梦贡献着自己的力量，此时开展活动影响深远。

（4）厚植家国情怀。德育活动的开展培植了学生心怀感恩、勇于担当的精神和志存高远的抱负。"志不立，天下无可成之事。"只有胸怀远大的理想，才不会被一时一事的困境所扰，才有破云见日的信念和坚韧。青年富有理想，而真正远大的理想，必须与祖国的命运紧密结合。当代青年应该具有的远大理想，就是把我国建设成为富强民主文明和谐美丽的社会主义现代化强国，实现中华民族伟大复兴。

此次德育活动让学生满怀信心地去迎接时代赋予的机遇和考验，以继承历史、创造辉煌、追求卓越为目标，以自己的智慧和激情共同塑造新县青年良好的群体形象，为新县的发展谱写新的壮丽篇章。

（陈奎，新县职业高级中学，中小学高级教师）

"美丽淮滨我可爱的家"主题实践活动

河南省淮滨高级中学　李　森

作者简介：

　　李森，男，生于1982年1月，2007年6月毕业于南阳师范学院思想政治教育专业，中小学一级教师，从教15年，现任淮滨高级中学办公室副主任、高二年级副主任兼任高二（19）班班主任，曾参与研究省级课题"基于地理学科核心素养'地理实践力'培养的实践研究"，已结项。

一、教学背景分析

1. 时代背景：乡村振兴战略的进一步推进

　　习近平总书记在全国脱贫攻坚总结表彰大会上庄严宣告，我国脱贫攻坚战取得了全面胜利。接下来，为了巩固拓展脱贫攻坚的成果，国家将进一步推进乡村的全面振兴。我校组织开展此次主题实践活动回应了时代的呼唤。

2. 现实情况：年轻人对家乡了解甚少，感情淡薄

　　淮滨，顾名思义，淮河之滨。淮河是我国一条重要的大河，是中国南北方的自然分界线，我们的家乡就坐落于淮河边上。近些年，我国乡村普遍出现一个问题，即年轻人对家乡的历史、文化、经济社会了解较少，更趋向城市的生活。通过对青少年学生的了解，我们发觉一些学生对家乡知之甚少，感情淡薄。为了进一步增强学生热爱家乡、建设家乡的美好情感，特开展本次活动。

3. 整体教学思路

　　根据时间安排，第一周，通过主题生成课确定子课题；第二周，举行一节方案优化指导课；第三、四、五周，对学生实践过程进行了解和指导；第六周，中期集中反馈与指导；第七、八、九周，继续对学生实践过程进行指导并组织交流；第十周，举行成果集中展示课；第十一、十二周，活动总结延伸拓展。预计活动持续时间为三个月左右。

二、教学目标

（1）让学生深刻理解家乡的含义，感受家乡的美，激发学生对家乡文化热爱与传承的主动性，树立为振兴家乡而勤奋学习的崇高目标。

（2）通过让学生了解家乡的风土人情、人文地理、社情民生等状况，培养学生观察分析问题的能力以及收集、筛选、归纳和利用资料的能力。

（3）引导学生对家乡的名胜古迹进行考察、调查和实践，写成简单的考察报告，并对家乡的现状提出合理建议，培养学生的社会实践能力。

三、教学重难点

1. 教学重点

对淮滨县域的人文历史、风土人情、社会发展情况等进行考察。

2. 教学难点

通过活动激发学生对家乡文化的热爱之情，树立为振兴家乡而勤奋学习的崇高目标，增强热爱家乡、建设家乡的情感。

四、教学过程

环节一：进行实践活动主题生成课教学，确定五个子课题，即淮滨历史及名人考察，淮滨名胜古迹考察，淮滨文化发展状况考察，淮滨社会发展情况考察

【设计意图】通过展示淮滨的美丽风景图片，初步激发学生探究的兴趣，引导学生对"美丽淮滨我可爱的家"活动主题展开交流，生成探究的子课题。

主题生成课教学设计如下：

教学目标：

（1）通过教学让学生理解家乡的含义，深刻感受家乡的美，激发学生对家乡的热爱之情。

（2）能根据自己研究的内容，制订具有可操作性的活动方案。

教学重点：

通过小组交流探讨，确定研究内容，制订活动方案。

教学方法：

（1）小组合作学习；

（2）借助图片、文本进行情境教学。

教学过程：

1．创设情境，引出课题

（1）导入

师：每年春节临近，车站都是人山人海的景象，他们都是去哪儿呢？（回家）对，每逢佳节倍思亲，每个人对自己的亲人和家乡都牵肠挂肚。自古以来文人墨客就常用文字抒发思乡之情，于是就有了"举头望明月，低头思故乡""春风又绿江南岸，明月何时照我还"的佳句。谁还能说出一些思乡的诗句？（"夕阳西下，断肠人在天涯""乡书何处达？归雁洛阳边"）是什么原因让这些文人墨客都十分思念自己的家乡呢？是呀，家乡养育了我们，她就像我们的父母一样，走到哪儿都是割舍不了的。

（2）了解淮滨历史

学生先自由发言，然后教师播放视频资料，之后向学生系统介绍淮滨县的基本情况。（播放视频《淮滨县名的由来》）

（3）了解淮滨的风景名胜

师：你对淮滨还有哪些了解？谁能说出我们淮滨的风景名胜？（期思古城、淮河博物馆、东西湖风景区、淮滨淮南湿地保护区）

教师利用多媒体展示淮滨美景的图片（视频展示）。

师：现在的淮滨发生了翻天覆地的变化，变得更美了，那么我们就来开展一次活动，通过这次活动让大家深切感受我们淮滨的美。

教师出示课题：美丽淮滨我可爱的家。

师：从今天开始"美丽淮滨我可爱的家"的综合实践活动就正式开始了，首先我们制订计划。这节课，老师和你们一起制订实践活动的方案，有信心做好吗？

2．研究讨论，确定子课题

（1）小组讨论

围绕这个主题，你最想研究的问题是什么？以小组为单位进行交流，每个人提出一个问题并进行阐述，相互倾听，交流看法。

活动要求：

①每人先在组内提出感兴趣的课题，再筛选一到两个课题。

②请写出一到两个活动课题，派代表上台写在黑板上。

（2）问题分类

①淮滨有哪些名人？他们有哪些故事和传说？

②淮滨最美的风景在什么地方？

③淮滨人民的居住条件怎么样？

④淮滨人民的精神风貌怎么样？与以往相比发生了哪些变化？

⑤淮滨社会的发展状况如何？

（3）师生共同确立课题研究内容

①淮滨历史及名人

②淮滨美景遍览

③淮滨文化发展

④淮滨社会发展

3．划分小组，制订方案

师：（教师分发组牌，全班读组名）现在你们喜欢的课题已经在每个小组里面了，同学们赶紧到自己喜欢的课题小组里去吧！

师：在制订活动方案之前，老师想给大家一点小建议。

第一，各小组讨论设立组长一名，聘请指导老师。

第二，研究方法：实地考察、上网查阅、访谈、利用课外书或到图书馆查资料、拍摄照片、录制音像资料等。

第三，展示成果的形式：写观察日记、制作课件、制作录像、举办图片展、制作宣传板报、进行小品表演、进行诗歌朗诵、创作广告、举办画展、举办主题班会、向同学们发出倡议。

上面这些做法是做课题时常用的方法，我们可以参考。同学快点行动吧，赶紧拿起自己的笔来把自己心中的方案制订出来吧。

各组同学相互交流，制订小组活动方案，教师给予指导。

各小组展示研究方案。

师：刚才，同学们都在讨论过程中确定了自己的方案，我们按小组顺序，依次谈谈方案制订的过程。其他同学一定要认真听，有哪些地方是你没有想到的，可以取长补短。请小组长上台汇报、展示各小组的方案。

4. 教师总结，注意事项

师：今天，同学们在"美丽淮滨我可爱的家"综合实践活动开题课上成功确立了小课题，并顺利分好了组，精心制订了小课题的活动方案，那方案是否行得通呢？我们还要通过实践来检验。大家在活动过程中要注意以下几点：

（1）我们考察、调查等收集资料的主要时间在周六下午及周日。

（2）安全重于一切，注意交通安全、饮食安全等。

（3）要团结协作、分工合作。

（4）遇到困难集思广益，共同解决。

在此，老师预祝大家能顺利完成任务。

环节二：进行实践活动"方案制订指导课教学"，分工及指导

【设计意图】（1）引导学生根据兴趣爱好分成四组，分别为历史名人一组、景点二组、文化发展三组、社会发展四组。每组选出一个小组长。（2）教师对小组如何制订研究计划进行指导。如：①确定探究内容：需要哪些信息？②确定探究途径：怎样获取信息？（查阅图书、报纸，实地考察，现场采访，问卷调查，上网收集等）③小组成员分工，明确个人任务。④小组成员共同协商，制订出各小组的研究计划，明确自己的任务。

方案制订指导课教学设计如下：

教学目标：

（1）使学生懂得"凡事预则立，不预则废"的道理，明白制订计划的重要性和必要性，培养学生遇事制订计划的习惯。

（2）了解活动方案的基本要素和基本格式，根据活动的课题自主进行活动策划，设计合理有效、切实可行的活动方案。

（3）学会将设计活动方案的理论和主题结合起来，设计合理的活动方案。

教学方法：讲授法、谈话法、讨论法、合作交流法。

教学过程：

1. 导入

师：古人云"凡事预则立，不预则废"，活动方案是开展活动的必要前提，是活动的蓝图，我们也要相信自己并给自己确定目标，同时制订一个合理的计划去努力实施。"美丽的淮滨我可爱的家"综合实践活动已经展开。上节课我要求各组制订了活动方案，也给大家提供了一些制订方案的基本知识，这节课我们来交流一下，看看

方案存在哪些问题，及时修改，保证活动顺利进行。

2. 各组展示已设计好的草案

选两组上台展示，组长做全面介绍，成员介绍自己的任务。台下同学不仅要学习对方的优点，也要记录下对方的不足，在共享"亮点"的同时也能吸取"教训"。

3. 完善活动方案

活动方案的基本要素一般包括活动名称、活动实施者、活动指导者、活动时间、组织形式、活动目标、活动实施步骤、预期成果及表现形式、活动总结评价等内容。

教师强调：（1）活动方式可以多样化，如调查活动、观察活动、走访活动、社会服务活动等。（2）活动方案要由粗到细，如活动时间的安排、地点的安排、组织形式、人员的分工合作、活动的总任务和分期任务等都要细化，便于在活动中有的放矢。（3）细节决定成败，计划要具体些，写清楚具体的内容，并分步骤把活动的各个环节写出来，条理清晰，这样活动的操作性就越强。

4. 交流共享

各小组派出代表将本组的活动计划在全班进行汇报，与其他同学交流，其他小组成员倾听并记录。

5. 再次完善活动方案

各小组成员在全班讨论、提出修改意见和建议的基础上，借鉴其他小组的优秀做法，反思自己的不足，进一步修订计划，完善小组的活动方案。

6. 小结

这节课各个小组根据本组的主题等实际情况进行了活动过程方案的设计，通过交流发现了每个小组都有自己的亮点，同时也发现了存在的问题。但是大家运用集体的智慧对各小组的方案进行了合理的调整。方案并不是一成不变的，还需要在实施的过程中根据实际情况适当调整。

7. 布置任务，温馨提示

师：请同学们下课后再继续完善研究计划，按照研究计划开展活动。在活动中如果遇到特殊的情况可以随时调整计划，遇到困难可以随时请教老师。每个小组还要准备一个档案袋，把活动中的相关资料放在档案袋中。

对于以后的活动，老师想给大家几句温馨提示：活动期间注意安全，采访时要事先约好时间和地点，想好解决的问题，调查了解时要注意礼貌。看哪个组能给我们一个惊喜，期待你们的好消息。

环节三：开展实践活动，适时进行实践活动"中期反馈课教学"

【设计意图】（1）推动学生以实践小组为单位进行活动。例如，历史名人一组查阅淮滨的名人故事、神话传说；景点二组参观淮滨的优美景点，考察淮滨相关景区；文化发展三组了解调查淮滨的文化亮点；社会发展四组考察淮滨的现代化建设和发展变化，展望淮滨的美好未来。活动形式多种多样，引导学生根据自我兴趣进行安排。（2）引导学生互相协作，加强沟通交流，学会相互欣赏。（3）引导学生及时发现问题、提出问题，提高学生的实践能力。

中期反馈课教学设计如下：

教学目标：

（1）让学生通过交流，对自己的实践成果产生喜悦感、成就感，感受与他人合作、交流的乐趣。

（2）让学生通过汇报交流，进一步了解家乡淮滨，培养学生热爱家乡的情感。

（3）通过汇报展示，培养学生掌握多渠道信息收集和整理资料的方法，以及如何与他人交流和解决困难的能力。

（4）让学生在活动中锻炼口才，提高交际能力。

（5）增强学生勇于面对困难的自信心。

教学方法：

（1）小组交流探讨。

（2）借助图片、视频、文本等资源进行情境教学。

教学过程：

1．播放活动花絮，导入新课

师：同学们，上课之前，老师先给大家看一段活动花絮。这个活动从主题确定、主题分解到活动策划、实践体验，历经近两个月的时间，相信同学们一定有很多收获和体会，请各小组把你们的中期实践成果展示出来。下面请我们的主持人来主持这一环节。

2．各小组展示中期实践成果，交流感悟

以小组的形式展示中期实践成果，学生现场互动交流。

（1）淮滨历史及名人

①小组以复述故事、摘取作品片段等形式展示或讲解淮滨历史及名人故事。

②小组互动。

（2）淮滨美景遍览

①小组以视频、图片的形式展示成果。

②师生互动交流感想。

（3）淮滨文化状况

①小组以录像形式展示。

②互动交流。

（4）淮滨社会发展

①小组以视频展示和文字展示的形式汇报了解的情况。

②师生互动，交流困惑。

教师小结。

3．小组讨论、汇报阶段活动计划

4．教师总结

师：同学们，通过这次活动，我们增长了知识，提升了能力，学会了怎样收集资料、怎样与人打交道，也学到了不少解决困难的方法。虽然接下来的活动还有一些困难，但老师相信，只要同学们齐心协力，一定能出色地完成这次综合实践活动。

环节四：进行实践活动"成果展示课"，展示、交流探究成果

【设计意图】让学生通过图片、绘画、作文、调查表格等资料展示，对家乡有全方位、多视角的了解。

成果展示课教学过程如下：

1．课堂导入

师：同学们，美丽淮滨综合实践活动已经开展了近半个学期，在这段时间里，每个小组根据各自的活动方案开展了丰富多彩的活动，现在每个小组的材料袋都是鼓鼓的，你们想把自己的活动成果展示出来吗？

生（全体）：想。

师：今天，一些老师听说我们的活动搞得有声有色，特地来参加我们的成果展示会，让我们用掌声欢迎他们。

2．回顾子课题

师：让我们回顾一下我们研究的子课题。

生1：淮滨历史及名人。

生2：淮滨美景遍览。

师：还有呢？

生1：淮滨文化发展。

生2：淮滨社会发展。

3．小组准备

在展示之前，建议每个小组都要选一个主持人，在主持人的带领下进行展示。

师：展示时，希望同学们能认真听，一会儿我们还要评选出准备最充分、合作最默契、表现最精彩的小组。哪个小组先来展示？

（1）"淮滨历史及名人"小组展示

生1：我们组研究的内容是淮滨县名的由来、淮滨县村名的历史背景、古今淮滨名人典范，下面播放视频《楚相孙叔敖的故事》《小村名折射大历史》。

生2：下面请我们组的×××介绍一下古今淮滨名人典范。

（×××介绍孙叔敖、蒋伯龄、刘盼遂、张培震、华长明等名人）

（2）"淮滨美景遍览"小组展示

生3：我们用淮滨风貌的图片来展示，大家说这些画面漂亮吗？

生：漂亮。

生3：下面请×××给我们讲解一下图画的内容。

生4：这些地方分别是期思古城、东西湖风景区、淮河博物馆、淮南湿地。

生3：下面请看我们组收集并制作的《淮滨印象》录像。（播放录像，主持人介绍）

（3）"淮滨文化发展"小组汇报

生4：请大家观看我们准备的录像《指尖艺术——泥叫吹》。（播放录像，主持人介绍）

（4）"淮滨社会发展"小组汇报

生5：我们小组给大家准备了淮滨社会发展的调查材料——《淮滨社会发展》，现在请×××为大家介绍一下。

生6：我们来欣赏一下淮滨航运、弱筋小麦特色产业视频。

4．交流与评价

师：通过刚才的汇报，相信大家对我们的家乡一定有了进一步的认识。如果同学们还想从别人那里得到更多自己感兴趣的信息，可以离开座位与其他小组的同学进行面对面的交流。最后别忘了把你的一票投给你心中合作最默契、准备最充分、表现最精彩的小组。

5．教师总结

师：对于本次综合实践活动，我们还能做些什么？

大家畅所欲言……

师：有的同学可能还想深入研究，有的同学可能想对我们的研究成果进行归纳和总结。虽然本次实践活动基本结束，但我们要永远记住，是家乡养育了我们，我们要更加热爱家乡的文化并传承下去，树立为振兴家乡而勤奋学习的崇高目标。

环节五：活动延伸拓展

【设计意图】巩固实践活动成果，升华本次活动的情感价值，充分发挥本次活动的积极引领作用。

给学生布置两项任务：1.任选一项淮滨的亮点，写一篇作文来赞美它。2.向全校师生发出"爱家乡，爱淮滨"的倡议。

五、教学反思

搭建广阔的舞台，让学生在实践中成长。本次实践活动锻炼了学生的综合能力，增强了学生对家乡的认识，激发了学生热爱家乡、立志建设家乡的美好情感。整个活动过程也引发了我的一些思考。

在具体过程中，我将实践活动分为四个阶段，即准备阶段、实施阶段、总结交流、评价延伸阶段。对于我设计的这些主题，一节课完成是不现实的，为此，我在第一周通过主题生成课确定子课题，第二周举行一节方案优化指导课，第六周进行中期集中反馈与指导，第十周举行成果集中展示课，让学生有足够的时间、空间，深度参与实践，获得丰富体验。

优化评价的方式，让知识在体验中升华。此次实践活动让我更加理解"以学生为中心"的重要意义。实践活动以学生调查的热情高低、合作是否默契、参与人数的多寡为评价依据，有效引领认识和体验的生成，使学生所了解的知识自然升华为美好的情感。

总之，实践活动是一种探索过程。只要学生在活动中得到了锻炼，收获了成长，这就是一种成功。

专家点评

"美丽淮滨我可爱的家"主题实践活动历时近三个月，活动进展顺利，收获了一定的成果。

从实践活动的选题看，该活动在乡村振兴大背景下开展，注重联系社会生活，充分利用了周边资源，有基础、有创意、有特色，具有较强的综合性和实践性。实践活动分为准备、实施、总结交流、评价延伸四个阶段，适时举行了主题生成课、方案优化指导课、中期反馈课、成果集中展示课，基本达成了激发学生对家乡文化热爱与传承的主动性的活动目标，深化了学生对自然、社会、自我之间内在联系的整体认识，增强了学生对自然的热爱、对社会和自我的责任感，提升了学生发现和提出问题、团队合作、组织规划、信息收集和沟通与表达等方面的综合实践能力。但是，由于家长、社区、社会人员对综合实践活动理解不够，在活动实施的过程中缺乏一定程度的支持和配合，活动的开展会遇到一些困难。

在诸如此类的困难面前，李森老师能积极组织学生开展实践活动，的确值得教师们学习借鉴。

（刘溪，河南省淮滨高级中学，中小学正高级教师）

诈骗花样多　防范有对策

——防诈骗主题班会

河南师范大学附属中学　郭晨光

作者简介：

郭晨光，男，生于1989年9月，毕业于河南师范大学历史文化学院历史系，毕业至今一直在河南师范大学附属中学初中部任教，中小学二级教师；工作期间先后获得河南省教学标兵、新乡市教学标兵、新乡市技术标兵、河南师范大学附中中招优秀教师、河南师范大学附中最受学生欢迎教师、河南师范大学附中教书育人先进个人等多项荣誉称号，长期担任学校班主任工作，多次被评为河南师范大学附中优秀班主任，参加学校第八届班级与学生管理工作经验交流会并荣获一等奖，积极进行教育教学研究，参与两项新乡市课题，其中一项已结项，并在省级期刊发表三篇专业论文。

一、教学背景分析

1. 教学内容分析

诈骗的含义，诈骗包括哪些花样，防范诈骗的对策，上当受骗后该如何补救，如何将学到的防诈骗知识教给更多的人。

2. 学情分析

初中生接触社会较少，思想单纯；对一些人或事缺乏应有的分辨能力，缺乏刨根问底的习惯，容易上当受骗；受骗后，轻则影响正常学习，重则影响生命健康。

3. 整体教学思路

首先，通过分析解读史料，让学生了解诈骗的具体含义；其次，通过讲、演等多种形式展示诈骗案例，总结诈骗花样，让学生深刻认识到诈骗花样繁多、让人防不胜防等特点；再次，通过分析经典案例让学生了解诈骗的常见手段、方式，然后小组合作总结对策，在此基础上确立不听、不信、不转账三大原则；借助专业人士讲解"受骗后补救措施"，让大家掌握补救知识；最后，学生通过分享学到的防诈骗知识帮助他人，扩大班会课影响力，班主任做总结发言。

二、教学目标

（1）了解诈骗的基本含义及其多样性，掌握防范诈骗的有效对策；
（2）锻炼学生的语言表达能力、逻辑思维能力，提高学生的防范、辨别能力；
（3）培养学生"诚敏和雅"的优秀品质。

三、教学重难点

1. 教学重点

了解诈骗的多种方式；掌握防范诈骗的有效对策。

2. 教学难点

掌握防范诈骗的有效对策。

四、教学过程

导入：播放相关报道

播放混剪《诈骗类型》系列报道，进而提出"随着社会经济的快速发展，现代科技和信息技术的不断进步，诈骗分子的作案手段也越来越多样，作案方式也越来越隐秘，给家庭和社会带来的危害也越来越大。初中生接触社会较少，思想单纯，对一些人或事缺乏应有的分辨能力，更缺乏刨根问底的习惯，这就使诈骗分子有可乘之机。上当受骗后，轻则影响正常学习，重则影响生命健康。所以，加强初中生防诈骗知识教育势在必行"，从而引出本次班会课的主题"诈骗花样多　防范有对策"。

【设计意图】通过播放视频、展示生活中真实的案例，拉近学生与班会课的距离，进而提出大环境与学生的现实特点，不断深入，自然导入班会主题。

环节一：读史料·明含义

教师活动：展示关于"诈骗"的两段史料，引导学生回答与诈骗意思接近的词语。

学生活动：阅读史料，思考诈骗的近义词并回答老师的问题。

师生共同小结："诈骗"的意思与欺骗、利用、欺诈、诳骗、诈欺、哄骗、愚弄等词语接近，我们可以把诈骗理解为以非法占有为目的，用虚构事实或者隐瞒真相的方法，骗取款额较大的公私财物的行为。

【设计意图】让学生通过师生合作，先了解诈骗的基本含义，为接下来的深入学习奠定基础。

环节二：展案例·议花样

教师活动：引导学生分小组分享"在生活中常见的诈骗花样"，邀请思政课教师补充生活中还存在的诈骗案例。

学生活动：小组代表分享收集到的诈骗案例，演示生活中最常见的诈骗案例，总结学习到的诈骗类型。

附件1：

冒充国家相关工作人员进行诈骗

人员：骗子　于聪明　爸爸　妈妈　旁白　网警

场景：于聪明正在卧室里写作业，旁边放着的一部手机突然响了。于聪明看了一下，是从广州打来的电话，他以为是在广州上班的舅舅打来的，于是接通了电话。

于聪明：喂，是舅舅吗？

骗子：是于聪明吗？

于聪明：我是（发现不是舅舅），你是哪位？

骗子：我是国家网络安全警察，近期查到你在QQ空间里发表不正当言论，现对你进行立案调查，为防止信息泄露，今天的谈话不得与任何人谈起，包括你的爸妈，否则，国家将对你做出严肃处理。

于聪明：啊……我没有发表不正当言论啊！难道……是因为我前两天说的"如果学校被大雨淹得没法上学就好了"这句话吗？

骗子：就是这件事。

于聪明：我只是想多在家玩两天才这么说的，只是说着玩的……

骗子：鉴于你认错态度较好，还是一名学生，我们决定减轻对你的处罚，稍后，我发给你一个银行卡号，限你在30分钟内转2000元到这个卡上，作为国家资源消耗

费用。切记，以上谈话不能跟任何人谈起。

于聪明：好的。（于聪明放下手机，嘴里一直念叨着"怎么办？怎么办？从哪儿弄2000元啊！"）（此时，于聪明的妈妈听到屋里有打电话声）

妈妈：聪明，跟谁打电话呢？怎么还不睡觉啊？明天上学要迟到了。

于聪明：是同学问我数学题了，马上就睡。（这时，于聪明突然想到可以利用妈妈的支付宝进行转账，于是走出门去）妈妈，我的手机铃声太小了，老是听不到，经常会迟到。我能不能用你的手机定闹钟啊？

妈妈：当然可以啊，只是早上要还给我，妈妈白天还要用。

于聪明：谢谢妈妈，一定给你。（聪明拿到手机后，迅速跑到自己的卧室，按照接到的银行卡号进行转账）

于聪明：（一番操作后）好了。（于聪明收起手机，正在思考如何骗妈妈，此时，妈妈和爸爸敲响了他卧室的门）

妈妈：聪明，聪明……（妈妈急促地叫道）

于聪明：（于聪明打开门）妈妈，怎么了？

妈妈：刚才爸爸微信上有一个信息提示，说我的银行卡转出去2000块钱，是你转的吗？

于聪明：不是我，不是我。

妈妈：不是你是谁啊，刚才只有你拿着我的手机，说，到底把钱转给谁了？

爸爸：听话，快跟妈妈说说把钱转给谁了，别让妈妈生气了。

于聪明：（快哭了）妈妈，妈妈，我不能说，我不能说。

爸爸：为什么不能说啊？是不是有人骗你了？快跟爸爸妈妈说说，爸爸妈妈是最爱你的。

于聪明：（哭着说）我刚才接到一个网警的电话，说我在QQ空间里发表不正当言论，要对我进行立案调查，然后，让我给一个账号上转2000块钱就不追究责任了。

妈妈：聪明，被你气死了，你怎么这么傻啊？这明显是诈骗啊，你……

爸爸：别说了，赶快报警吧，看看还能不能把钱追回来。（拿起电话，拨通110）喂，110吗？我要报案。

网警：怎么回事？请跟我们简单说一下。

爸爸：我儿子刚刚接到一个诈骗电话，有人冒充国家工作人员进行诈骗，我们被骗走了2000元。

网警：好，请你们待在家中，我们马上去调查详细情况。

爸爸：好的。

附件 2

冒充好友诈骗

人员：骗子　于聪明　韩美丽　李英俊　旁白

（于聪明正在家里看课外书，这时 QQ 弹出消息）

骗子：在吗，老同学？

于聪明：（发现是一个陌生的号，头像也没见过）你是谁啊？

骗子：我的声音你都听不出来了？上学的时候我还问过你题呢。

于聪明：（思索片刻）难道你是坐我后面的韩美丽？

骗子：对啊，对啊，我就是韩美丽，看来你都把我忘了。

于聪明：没有没有，只是好久没联系了，一下没有想起来，我还记得咱们上小学时一起上课看课外书呢！

骗子：对啊，想想那时真好啊！

于聪明：老同学，怎么想起来和我联系了？

骗子：不是上初中了嘛，我的数学成绩还是不好，想让你给我推荐几本资料。

于聪明：没问题啊，我觉得××就不错，只要认真去分析总结，我想你的成绩一定可以提高的。

骗子：好的，谢谢你！

于聪明：不客气，回聊。

骗子：再见。

（韩美丽竟然联系我了！韩美丽竟然联系我了！）

（一天后，晚上）

骗子：在不在，老同学？

于聪明：（听到 QQ 消息后，拿起手机）我在，怎么了？

骗子：后天我妈妈生日，我特别想给她买一份生日礼物，可是这个礼物比较贵，需要 2000 块钱，我只有 1000 块钱，能不能先借我 1000 块钱？过两天我就还给你。

于聪明：1000 块钱好多啊……

骗子：借给我吧，过两天就还你了。

于聪明：好吧，朋友有难，我当然要帮助，把收款码发来吧。

骗子：好的。（发送收款码）

于聪明：转过去了，你收一下。（发现已被对方已拉黑）怎么回事？怎么把我拉黑了？该不会遇见骗子了吧？我找同学问问。（从好友里找到好朋友李英俊，然后打通语音电话）英俊，你有韩美丽的电话吗？

李英俊：有啊，怎么了？

于聪明：有个事情想问问她，你把她电话号码发来吧，我比较着急。

李英俊：好的。

于聪明：（接到电话信息后，马上拨通）喂，韩美丽吗？你怎么把我QQ拉黑了？刚才不是还好好的吗？

韩美丽：你是谁啊？我什么时候把你拉黑了？

于聪明：我是于聪明啊，昨天你不是加我QQ了？刚刚还借我1000块钱呢！

韩美丽：谁加你了？谁借你钱了？我从来没有做过这样的事啊！

于聪明：难道，我又被骗了？

师生共同小结：诈骗有冒充国家相关工作人员调查唬人，冒充亲友请求"汇钱救急"，冒充客服人员骗人，利用虚假网站行骗，冒充家人请求"充钱"等花样。诈骗可以分为电信诈骗、网络诈骗和街头诈骗三大类。

【设计意图】通过讲、演等多种形式展示诈骗案例，总结诈骗花样，调动学生的多重感官，有利于让学生深刻认识到诈骗花样繁多、让人防不胜防等特点。

环节三：析案例·找对策

教师活动：展示两例典型的诈骗案例，引导学生化身智慧小侦探分析典型诈骗案例，一是站在受骗者的角度分析案例中人物活动存在的不当之处，二是站在诈骗者的角度分析案例中可能存在的陷阱，然后小组合作概括防范诈骗的对策。

学生活动：分析谈论总结案例中受骗者有几处不恰当的做法；分析谈论总结案例中存在几处诈骗陷阱；找到施骗者进行诈骗的落脚点，进而了解如果遇到冒充国家相关工作人员进行诈骗、利用钓鱼网站进行诈骗、利用中奖信息进行诈骗等行为后我们该怎么办；掌握防范诈骗的"三大原则"。

师生共同小结：诈骗的角度虽然不一样，但是施骗者进行诈骗的落脚点是转账、汇款，只要我们"不听骗子的阴谋诡计，不信骗子的荒诞故事，不转骗子的不明账号"，牢记不听、不信、不转账三原则，就可以守护好自己的金钱。

【设计意图】分角度分析经典案例，让学生找到诈骗的常见手段、方式，然后小组合作概括对策，在此基础上确立不听、不信、不转账三大原则，由小到大，由简单个例上升到普遍现象，便于学生理解掌握。

环节四：听讲座·学知识

教师活动：邀请派出所警官开展关于"受骗后如何补救"微讲座，引导学生学习补救知识。

学生活动：聆听派出所警官关于"受骗后如何补救"微讲座，学会上当受骗后该如何补救。

师生共同小结：发现被骗后应当立即拨打110报警，在警方的专业指导下将损失降到最低。

【设计意图】借助专业人士讲解"受骗后补救措施"有利于让学生清楚地知道万一被骗后该怎么做，更容易被学生重视，也使整个教学更完整。

环节五：说方法·做使者

教师活动：引导学生化身"最美宣传小使者"，通过各种途径把防诈骗知识更好地宣传出去。

学生活动：思考、总结宣传防诈骗的知识；演唱班级改编的防诈骗说唱歌曲。

附件3：

防诈骗说唱

骗子的话永远不能相信
他办事从来不会讲诚信
诈骗越来越没有底线
白日里做的梦永远无法实现
永远别被钱给冲昏了头
永远想不到骗子们怎么逃走
自己的钱像随着风飘走
骗子们却永远不再回头

过自己的生活，让自己更快乐
不要在意他人的看法，逐渐自甘堕落
善意的谎言，也需要底线
别被不法分子钻了空子，骗走了本钱

看清生活中的骗子，不做被骗的傻子

认清高低好坏，分清是非黑白

是网络无赖，还是道德败坏

法律一直都在，别让自己无奈

美丽的泡沫　虽然一碰就破

但深陷迷惑　相信虚假承诺

我们都有错，竟然没看破

教训不够多

再美的诱惑　让信任都凋落

再真的谎言　用心就能识破

全都是泡沫　拒绝贪恋诱惑

陷阱能闪躲

全都是泡沫　只一刹那就犯错

骗局的轮廓　冷静就能看破

套路都掌握　他们其实很弱

就不会犯错

最真的承诺　110派出所

寻遍世界角落　他们无处藏躲

出手全抓获　戴上镣铐枷锁

铁窗里冷被窝

师生共同小结：宣传防诈骗知识可以通过做黑板报、做手工报、召开家庭会议、做义工进行宣传，或者通过教大家演唱防诈骗说唱歌曲来宣传。

【设计意图】学生通过分享学到的防诈骗知识帮助更多人，扩大班会课影响力，实现班会课的社会价值。

班主任总结：我们知道诈骗害人不浅，所以我们首先要做到"诚"，就是做到诚实守信，不做施骗者；其次，经过本次班会课，我们还应该做到"敏"，就是对诈骗的花样、对策要敏锐、敏感，不做被骗者；再次，我们还要做到"和"，积极主动地去宣传防诈骗知识，努力为建设和谐校园、和谐新乡做自己的贡献；最后，我们对抗诈骗者要合规、合法，做到"雅"。"诚敏和雅"既是防诈骗的具体要求，更是河南师范大学附属中学（以下简称附中）校园文化的核心。希望我们做聪明、智慧的初中生，做"诚敏和雅"附中人。

五、教学反思

本次班会主题为"诈骗花样多　防范有对策"，围绕该主题我设计了"读史料·明含义"环节、"展案例·议花样"环节、"析案例·找对策"环节、"听讲座·学知识"环节、"说方法·做使者"环节，最后班主任总结发言回应学生的努力付出，引出附中"诚敏和雅"的校园文化，帮助学生确定努力方向。由浅入深、层层深入，引导学生自觉加入本课的教学活动中，通过丰富多彩的课堂活动调动学生的多重感官，让学生在不知不觉中了解诈骗的含义、知道诈骗的花样、掌握防范诈骗的对策、明白上当受骗后该如何补救，以及如何将学到的防诈骗知识教给更多的人。同时，每项活动都是以学生为主体，切实锻炼学生的逻辑思维能力、辨析能力、语言表达能力等，培养学生的诚信意识、防范意识、和谐意识、规则意识等，是一节成功的班会课。

专家点评

该节班会课立足社会热点和学生实际，环节设计科学合理，具有借鉴性和推广性，主要表现在以下几个方面：

首先，班会设计注重渗透科学的德育内容。在环节一中了解了"诈骗"的古含义，渗透着"中华优秀传统文化教育"。在随后的环节中，不断引导学生进行是非辨别与判断，这是"社会主义核心价值观教育"内容的有效落实。邀请专家进行诈骗后的补救措施微讲座，对学生进行科学的技能指导和心理调适，也符合"心理健康教育"和《中小学德育工作指南》中的德育要求。

其次，班会设计注重生成性，注重学生的自我教育。班会主要由学生主持，班主任总结，符合"教师引导，学生自主"的新课标理念。学生在班会课的参与上既有前期的大量准备工作，也有过程中的展示活动，还包括课后的继续探讨，学生的主体地位得到有效落实。

再次，班会设计活动丰富，适应学生需求。各项寓教于乐的活动是对德育教育新途径的探索，道理在笑声中领悟，知识在活动中收获。

最后，班会注重家校合作。一方面包括要求家长代表进行微讲座活动，另一方面在前期收集和课后延伸方面，均引导家长积极去学习反诈骗知识，教育范围由学校教育向家庭教育延伸，从而取得更好的教育效果。

（王福东，河南师范大学附属中学，中小学二级教师，河南省王倩名班主任工作室核心成员）

专家点评：践行德育工作指南　培养全面发展的人

（魏俊起，济源市第一中学，中小学高级教师）

习近平总书记在全国教育大会上提出教育要培养德智体美劳全面发展的社会主义建设者和接班人，坚持把立德树人作为根本任务。河南省基础教育教学研究室为贯彻《中小学德育工作指南》，增强中小学德育工作的针对性和实效性，进一步推进我省德育教学工作，挖掘、提炼一批新时代中小学德育教学实践中的优秀方法和经验，开展了此次德育优秀教学案例评选活动。

心理健康、学科融合和其他德育活动三类获奖优秀教学案例显示了我省广大教育工作者积极贯彻落实立德树人任务，切实将党和国家关于中小学德育工作的要求落细落小落实；反映了我省基本建立了方向正确、内容完善、学段衔接、载体丰富、常态开展的德育工作体系；体现了我省德育工作的专业化、规范化、实效化；展示了全员、全过程、全方位育人的德育工作格局。参选的德育优秀教学案例德育目标明确，直指学生成长；德育内容紧扣时代主题、紧扣学生生活；德育形式丰富多彩，学生喜闻乐见；德育效果明显，学生成长可观可见。

总览这些德育优秀教学案例，主要呈现以下一些特点：

一、德育目标明确

德育总体目标是培养学生爱党爱国爱人民，增强国家意识和社会责任意识。教育学生理解、认同和拥护国家政治制度，了解中华优秀传统文化和革命文化、社会主义先进文化，增强中国特色社会主义道路自信、理论自信、制度自信、文化自信。引导学生准确理解和把握社会主义核心价值观的深刻内涵和实践要求，养成良好政治素质、道德品质、法治意识和行为习惯，形成积极健康的人格和良好心理品质，促进学生核心素养提升和全面发展，为学生一生成长奠定坚实的思想基础。

新县职业高级中学程霞老师的《青春心向党　建功新时代——18岁成人礼德育

活动案例》，是在中华人民共和国成立70周年、五四运动100周年这个时间点举行的。活动全面贯彻习近平总书记关于青年工作的重要思想，坚持不忘初心，立德树人，号召青年学生继承五四传统，弘扬以爱国主义为核心的伟大民族精神，做新时代的"四有"青年，以优异的成绩向伟大祖国70华诞献礼。

卢氏县育才中学吕建国老师的《以"卢氏好人"为线索，践行友善价值观》教学活动，立足社会主义核心价值观教育，以友善价值观培养为突破口，探索初中生友善价值观教育的策略。

河南省淮滨高级中学李森老师的《"美丽淮滨我可爱的家"主题实践活动》，在乡村振兴大背景下展开，以激发学生对家乡文化热爱与传承的主动性为活动目标，深化了学生对自然、社会、自我之间内在联系的整体认识，增强了学生对自然的热爱、对社会和自我的责任感。

二、德育内容丰富

德育内容主要包括理想信念教育、社会主义核心价值观教育、中华优秀传统文化教育、生态文明教育和心理健康教育。

济源高级中学张献辉老师的《行星的运动》从北斗系统这一热点和嫦娥五号的伟大成就引入新课，结合社会科技发展，激发了学生的爱国热情。从神话故事和历史典故中让学生了解航天科技的发展，体会科技发展的漫长历程。从伟大且悲壮的人物故事中体会科学家为科学而献身的精神，学习科学家一丝不苟、精益求精的工匠精神，感悟科学家在追求真理过程中奉献、创新的精神。

开封市第二十七中学王富洋老师根据中学生所处年龄阶段容易体验较多负面情绪这一心理发展情况，以负面情绪为主题，进行了观看视频故事、心理剧演绎、思考讨论和冥想练习等科学有趣的活动，让学生在参与活动的过程中了解负面情绪的相关知识，认识、接纳负面情绪，从而发现负面情绪背后真正的想法和需求，掌握正确缓解负面情绪的方法。

鲁山县第二高级中学赵庆锋、蔡丽丽老师的《生态系统的物质循环》以习近平生态文明思想为统领，以"生态系统的物质循环"（取材于普通高中课程标准实验教科书人教版生物学选择性必修2第3章"生态系统及其稳定性"）为主要授课内容，聚焦如何将生态文明教育融入高中生物课堂教学。通过《绿水青山就是金山银山》视频导入、"垃圾分类"和"低碳生活"等有关课程资源整合，强化学生的环境意识，倡导勤俭节约，崇尚垃圾分类，推广绿色出行，引导学生更好地树立爱护生态、珍惜资源、保护环境的生态文明思想认识。

三、德育选题接地气

德育教育不是高高在上的坐而论道，而是深入实践、深入学生生活的活的教育。只有接地气的德育活动，才能走进学生的内心，打动学生，教育学生。整体内容设计联系学生实际，以学生为主体，精心设计活动环节和内容，让学生自己去体会、去思考自己所面临的困难。教师以引导者的身份退居课堂幕后，把课堂与教育的主角让给学生，体现出"以生为本"的理念。

郑州经济技术开发区十一学校赵金利老师的《唱响自信之歌》在心灵演绎环节让学生自己去思考自信和不自信的同学面对同一问题的不同表现，并将其演绎出来，从而让学生认识到自信的重要性。

心理健康辅导课很重要的一点是让学生自己体验，自己感悟，自己分享，充分体现以学生为主体的教学思想。许昌市第九中学张艳华老师的《发现更好的自己》就设计了很多开放的提问和经验分享的环节，引导学生积极地探索和体验。

郑州市第十一中学弋松伟老师的《美好之旅——你眼中的"世界"和"世界"眼中的你》设计了一个"寻找镜中的我"的互动环节，请学生说一说自己眼中的某位同学，以便该同学更加客观、真实、全面地了解自己。

河南师范大学附属中学郭晨光老师的《诈骗花样多 防范有对策——防诈骗主题班会》针对近年猖獗的电信诈骗，教育学生能够识破骗子的骗术，保护自己和家人的财产安全，有很强的生活性和时代性。

这些案例从学生生活出发，解决学生切实面临的难题，引导学生给出解决方案，实现学生的自我教育。

四、德育途径多样

1. 学科课程育人

课堂教学是教育的主渠道，将德育内容细化落实到各学科课程的教学目标之中，融入教育教学的全过程。围绕课程目标，联系学生生活实际，挖掘课程思想内涵，充分利用时政媒体资源，精心设计教学内容，优化教学方法，发展学生道德认知，注重学生的情感体验和道德实践。根据不同年级和不同课程的特点，充分挖掘各门课程蕴含的德育资源，将德育内容有机融入各门课程教学中。

周口恒大中学吴凤娇老师的《学习好榜样　传递正能量》是一节英语写作课，通过各种教学准备和教学活动，顺利地实现了本节课的教学目标和在课堂中对学生渗透德育的目的。学生掌握了英语写作中人物描写的基本要素，即要包括人物背景、人物的个性品质、人物的贡献、对描述人物的客观评价以及自己对这些人物的所感所思；通过各种类型的图片、文字和视频素材，学生可以在真实的语境中学习并应用所学习的词汇、短语及句型；学生从钟南山、汪勇等生动鲜活的正能量榜样事例中获得了情感的升华和精神的引领。

英语是语言和文化学科，其德育特点主要是"人文性"。英语课程在培养学生英语语言运用能力的过程中，渗透着情感、态度、价值观的教育，集中体现为对学生进行具有多元文化素养、国际视野和家国情怀人文教育特性的培养。

2. 地方资源育人

地方自然地理、民族特色、传统文化以及重大历史事件、历史名人等，都可以因地制宜地开发为地方或学校德育课程，引导学生了解家乡的历史文化、自然环境、人口状况和发展成就，培养学生爱家乡、爱祖国的感情，树立维护祖国统一、加强民族团结的意识。

卢氏县育才中学吕建国老师的《以"卢氏好人"为线索，践行友善价值观》让学生走进"卢氏好人"主题公园，近距离感受友善价值观体现在普通人身上的品质，也为学生自己培养友善价值观提供了丰富的营养。通过参观"卢氏好人"主题公园和收集身边的好人事迹，学生以榜样为例，提炼出友善价值观的实际内涵，以此进一步增强学生热爱家乡、建设家乡的情感。吕建国老师结合当地精神文明建设，以"卢氏好人"为素材和榜样，带领卢氏学子践行社会主义核心价值观。

河南省淮滨高级中学李森老师的《"美丽淮滨我可爱的家"主题实践活动》通过子课题的形式让学生了解家乡淮滨的风土人情、人文地理、社情民生等状况，培养学生观察分析问题的能力；让学生对家乡的名胜古迹进行考察、调查和实践，写成简单的考察报告，并对家乡的现状提出合理建议，培养学生的实践能力；让学生深刻理解是家乡养育了我们，并深切感受到家乡的美，激发学生对家乡文化的热爱与传承的主动性，树立为振兴家乡而勤奋学习的崇高目标。整个主题实践活动历时近三个月，从准备阶段的子课题选择，到实施阶段的实地考察；从总结交流的优化指导，到评价延伸阶段的展示与指导实践，李老师满怀对故土的热爱，带领学生在故乡的大地上写下德育的大论文。

3. 活动育人

活动是学校生活的乐趣与魅力所在，活动育人是将学生的道德认知转化为道德行为的重要机制。学生不仅可以在活动中受到道德的浸润，更能得到能力和品质的提升。各地重视将育人理念融入系列化的德育活动中，强化学生对同一德育内容的认识和体验，形成相对稳定的道德品质，让学生在生动活泼、形式多样的活动中感受德育潜移默化的浸润和熏陶。精心设计、组织开展主题明确、内容丰富、形式多样、吸引力强的教育活动，以正确的价值导向引导学生，以积极向上的力量激励学生，促进学生形成良好的思想品德和行为习惯。

新县职业高级中学程霞老师的《青春心向党　建功新时代——18岁成人礼德育活动案例》，组织全校75个班级年满18岁的青年学生举行成人礼仪式，其他不满18岁的学生也到现场感受气氛，提前接受思想洗礼，同时邀请师长和家长参加共同见证学生的18岁成人时刻，让学生有仪式感的同时更有神圣感和责任感。活动精心设计每一个环节，让学生有参与感、获得感，从而激励青年学生知感恩、懂励志、负责任、敢担当。在活动中，学生的思想得到了洗礼，情感得到了升华，责任得到了加强。

五、德育方法灵活

这次德育教学案例评选活动，展现出丰富多彩的课堂形式和德育形式。课堂上下、校园内外，都是德育大舞台。情景剧让学生身临其境，心理游戏让学生体验心理抉择，生生互动让学生实现自我教育，说唱表演吸引学生更多眼球，大型典礼让学生全方位受教育等，活动形式不一而足，德育活动争奇斗艳。

开封市第二十七中学王富洋老师的《正确认识负面情绪》通过情景剧《小明的手机风波事件》，把学生生活中的常见场景搬到课堂上来，展现在学生面前，引导学生去思考。

郑州市第十一中学弋松伟老师的《美好之旅——你眼中的"世界"和"世界"眼中的你》通过设置情境，把学生直接带入到日常选择当中，引导学生深入反思，取得了很好的效果。"寻找镜中的我"游戏环节和郑州经济技术开发区十一学校赵金利老师的《唱响自信之歌》"优点轰炸，发现自信"等环节，组织学生相互评价、相互支招等，实现学生的自我教育。

河南师范大学附属中学郭晨光老师的《诈骗花样多　防范有对策——防诈骗主

题班会》在一段充满节奏感的说唱表演中结束，深受学生喜欢，令人印象深刻。

河南省淮滨高级中学李森老师的《"美丽淮滨我可爱的家"主题实践活动》、卢氏县育才中学吕建国老师的《以"卢氏好人"为线索，践行友善价值观》"育才中学友善价值观问卷调查"，调查问卷—实地参观—回归课本，大开大合，把学生个人认知、社会榜样实践和课本知识引导结合起来，在德育方法探究上走得更远。

六、专业力量助推德育效果

教育不仅是良心活，也是技术活。在当代，技术离不开理论的指导，教育也是一样，离不开教育学和心理学的理论指导。

确山县第一高级中学安芷萱老师的《我的"优势树"与"周哈里窗"——端正自我认知，学会自我欣赏》，让学生通过学习"周哈里窗"的知识内容认识到自身认识的局限性，在帮助学生比较全面认识自己的基础上，也打开了学生对未知世界探索的窗户。

开封市第二十七中学王富洋老师的《正确认识负面情绪》，引入冥想法，引导学生通过冥想的方法，正确认识和处理负面情绪，给学生开了一剂情绪管理的良药。

七、逻辑与思维有待提升

本次德育教学评选活动的案例，整体上主题选择科学，内涵准确；环节设计合理，衔接紧密；活动规则表述清楚，课堂互动充分；以多种形式唤醒学生的思考，是一次质量非常高的活动。不过，部分老师的德育活动案例，在逻辑方面存在有待提升的地方。

一位老师讲自信，前面几个环节"发现自信""珍视自信""提升自信"都是从学生个人的层面进行引导和推进，层次分明，环环相扣，逻辑性很强；但最后一个环节"唱响自信"却突然上升到国家和民族自信的层面，中间没有铺垫，没有讲清楚个人的自信和国家民族的自信的关系，显得有些生硬，在逻辑上也难以自洽。个人层面的自信和国家民族的自信是两个概念，一节40分钟的班会课要同时处理这两个概念，难度很大，不如分成两个班会。

这次德育教学案例的评选，既是对全省落实立德树人根本任务的一次检查，也是全省教育工作者一次自我总结和提升的契机，相信全省的教育工作者能够以本次活动为起点，更好地总结自己、提升自己，为中原崛起培养更多德智体美劳全面发展的人才。